당신을 '기도의 사람'으로 훈련시켜 줄

단단한 기도공부

알렉스 켄드릭 • 스티븐 켄드릭 지음
김진선 옮김

토기장이

The Battle Plan for Prayer
by Stephen & Alex Kendrick

Copyright ⓒ 2015 by Kendrick Brothers, LLC
All rights reserved.
Published by B&H Publishing Group

Korean translation copyright ⓒ 2020 by Togijangi Publishing House
2F, 71-1 Donggyo-ro. Mapogu, Seoul 04018, Korea

This Korean edition is published by the permission of B&H Publishing Group(Nashville, Tennessee USA) through the arrangement of Riggins International Rights Service.

본 저작물의 한국어판 저작권은 Riggins International Rights Service를 통해 B&H Publishing Group와의 독점계약으로 한국어 판권을 '도서출판 토기장이'가 소유합니다. 저작권법에 의하여 한국 내에서 보호를 받는 저작물이므로 무단 복제를 금합니다.

특별한 표기가 없는 모든 성경 구절은 개역개정성경을 인용한 것입니다.

단단한 기도공부

알렉스 켄드릭 • 스티븐 켄드릭 지음 | 김진선 옮김

토기장이

차례

들어가는 글

01 기도의 유산　　　　　　　　　　　　13
02 기도의 능력　　　　　　　　　　　　19
03 기도의 우선순위　　　　　　　　　　25
04 기도의 궁극적인 목적　　　　　　　　32
05 기도인 것과 기도가 아닌 것　　　　　38
06 기도의 유형　　　　　　　　　　　　47
07 하나님의 기도 응답은 무엇인가?　　　56
08 시간을 정해 드리는 기도　　　　　　64
09 즉각적으로 드리는 기도　　　　　　　69
10 기도의 자세　　　　　　　　　　　　75
11 기도의 자물쇠　　　　　　　　　　　81
12 기도의 열쇠　　　　　　　　　　　　89
13 강력한 기도의 전제조건　　　　　　　96
14 회개하며 겸손히 드리는 기도　　　　109
15 합심하여 드리는 기도　　　　　　　115
16 온전한 믿음으로 드리는 기도　　　　121
17 은밀한 중에 드리는 기도　　　　　　128
18 순종하는 마음으로 드리는 기도　　　134
19 끈질기게 드리는 기도　　　　　　　139

20 하나님의 말씀으로 드리는 기도　　　　　　　　　147

21 하나님의 뜻을 구하는 기도　　　　　　　　　　　153

22 '무엇이든지' 구하는 기도　　　　　　　　　　　　160

23 하나님의 이름으로 드리는 기도　　　　　　　　　168

24 하나님의 지혜를 구하는 기도　　　　　　　　　　174

25 성령의 인도를 받는 기도　　　　　　　　　　　　179

26 공격적인 기도　　　　　　　　　　　　　　　　　185

27 선제적인 기도　　　　　　　　　　　　　　　　　190

28 방어적인 기도　　　　　　　　　　　　　　　　　198

29 비상 상황에서 드리는 특별 기도　　　　　　　　207

30 잃어버린 영혼들을 위한 기도　　　　　　　　　　216

31 성도들을 위한 기도　　　　　　　　　　　　　　　222

32 가족을 위한 기도　　　　　　　　　　　　　　　　229

33 통치자와 권세 잡은 자들을 위한 기도　　　　　　236

34 추수할 일꾼들을 위한 기도　　　　　　　　　　　242

35 교회와 부흥을 위한 기도　　　　　　　　　　　　248

부록
부록 1. 기도의 리듬
부록 2. 영적 온도 테스트
부록 3. 복음
부록 4. 성경 구절에 근거한 기도
부록 5. 영적 무기
부록 6. 하나님의 이름
부록 7. 기도 사역의 시작

들어가는 글

주님은 우리를 더 깊은 관계로 부르고 계신다

우리 사무실에는 그동안 만들어 온 '기억의 벽'이 있다. 액자에 넣은 수많은 사진들은 하나님의 채워 주심을 보여 주는 시각적 증거이며, 누구도 부정할 수 없는 명백한 기도 응답이 있었음을 나타내는 상징물이다. 이 중에는 주님을 위해 영화를 만들겠다는 꿈으로 부푼 대학생 시절의 알렉스의 사진이 있다. 또 중국 난징의 두 살짜리 고아 소년의 사진도 있다. 하나님은 스테판과 그의 아내를 인도하셔서 이 아이를 입양하게 하셨다.

또 한 곳에는 선로에 앉은 포크리프트(지게차) 사진도 있다. 이 포크리프트는 우리가 필요로 할 때 마침 영화 세트장 근처의 한 남자의 집에 방치되어 있었다. 그리고 아프리카 말라위에서 한 무리의 남자들을 찍은 사진도 있다. 전에는 가족을 거의 내팽개치다시피 하고 살았던 이들은 이제 가족을 온전히 부양하고 가장으로서 역할을 다하겠다고 결심한 서약서를 손에 들고 있다. 서로 팔을 잡고 웃으며 찍은 우리 세 형제의 사진도 있다. 그 사진은 세 형제가 함께 일하게 해달라고 아버지가 기도하신 지 몇 년이 지나서 찍은 사진이다.

벽에 걸린 사진들은 저마다 우리 삶에 나타난 하나님의 신실하심에 대한 이야기를 담고 있다. 각각의 이야기가 담긴 사진들을 차근차근 살펴보고 있노라면 마음이 벅차오른다. 하나님의 놀라운 공급하심과 믿어지지 않을 정도로 세세한 인도하심을 생생히 느낄 수 있기 때문이다. 불가능이 가능으로 바뀐 시간들이었다. 사실 이런 이야기는 말하자면 끝이 없다.

하나님은 지난날 너무나 큰 은혜를 내려 주셨고, 이런 저런 방법으로 인애와 능력을 베풀어 주셨다. 물론 하나님은 그의 피조물과 말씀으로 그 일을 하신다. 하나님을 만나 인생이 달라진 이들을 통해 그 일을 하신다. 그러나 그의 축복의 가장 강력한 수단을 하나 꼽는다면 구체적으로 기도에 응답하시는 방법이었다.

기도에 효력이 있음을 우리는 안다. 그 점을 부인할 수 없다. 또 그러고 싶지도 않다. 기도 응답은 극히 희박하게 일어나는 우연의 일치가 아니다. 그것은 살아 계시는 사랑의 하나님, 가까이 다가가도록 우리를 초대하시는 분이 우리에게 남기시는 지문이다. 그는 우리를 창조하셨고, "우리 각 사람에게서 멀리 계시지 아니"하시며, 우리는 "그를 힘입어 살며 기동하며 존재"한다(행 17:27-28). 그러므로 사도 요한의 말을 인용해 보겠다. "우리가 보고 들은 바를 너희에게도 전함은 너희로 우리와 사귐이 있게 하려 함이니 우리의 사귐은 아버지와 그의 아들 예수 그리스도와 더불어 누림이라 우리가 이것을 씀은 우리의 기쁨이 충만하게 하려 함이라"(요일 1:3-4).

우리가 이 책을 읽는 독자들에게 바라는 기대도 비슷하다. 이 책을 읽으면서 기도 응답의 기쁨을 더 풍성히 경험할 뿐 아니라, 하나님을 더 깊이 알아 가고, 더 인격적으로 교제할 수 있기를 바란다.

그러므로 당신이 더 성경적이고 전략적으로 기도하는 법을 배우는 여정에 우리와, 또 한 길을 가는 수많은 이들과 함께했으면 좋겠다. 놀라운 자유와 믿음으로 하나님의 은혜의 보좌 앞에 나아가는 법을, 인생의 싸움을 무엇보다 기도라는 무기로 더 효과적으로 싸우는 법을, 우리를 살뜰히 돌봐 주시는 분의 어깨에 우리 염려를 내어 맡기는 법을 함께 배워 가도록 하자.

이제 기도에 관련된 가장 중요한 기본적인 성경 구절들과 원리들을 살펴보고, 더 큰 능력의 기도를 드리고 목적에 맞게 정확한 기도를 드리는 데 도움이 되도록 하나님이 주신 놀라운 많은 자원들에 대해 알아 볼 것이다. 기도의 유익, 목적, 하나님이 기도에 응답하시는 방법에 대해서도 이야기해 볼 것이다. 그런 다음, 믿음으로 하나님께 담대히 나아갈 수 있도록 우리 마음을 온전히 준비해야 함을 살펴볼 것이다. 마지막으로, 주변 사람들을 위해 중보기도를 할 때 더 성경적으로 기도하고 유혹과 영적 공격을 받는 순간에 흔들리지 않도록 도와줄 구체적인 기도의 전략을 함께 이야기해 볼 것이다.

하나님께 더 가까이 나아가고 싶고 더 효과적이고 전략적인 기도를 드리고 싶은 사람이라면, 당신이 지금 이 책을 읽고 있는 것은 결코 우연이 아니다. 우리는 주님이 당신을 더 깊은 관계로 부르고 계시기 때문이라고 믿는다. 용기를 내어 이 여정에 함께하도록 당신을 초청하며 응원의 박수를 보낸다.

이제 막 걸음을 내딛기에 앞서 다음의 세 가지를 꼭 지키겠다고 결심해 보자.

첫째, 하루에 한 장씩 이 책을 읽으라. 앞으로 7주 동안 일주일에 최소한 5일은 이 책을 읽기를 바란다. 필요할 경우 일정에 맞게 조절할 수도 있다. 한 장을 읽는 데 대략 10분 정도의 시간이면 충분하다.

둘째, 매일 성경을 읽으라. 우리는 하나님의 말씀을 통해 기도의 사람으로 변화되어야 한다. 앞으로 7주 동안 누가복음을 통독하고 기도에 대해 예수님께 배운 교훈을 렌즈처럼 사용하여 이 복음서를 배워 갈 것이다. 낯설고 익숙하지 않지만 흥미가 생기는 성경 구절은 자세히 연구하고 공부하는 것이 좋다.

셋째, 매일 기도하라. 기도는 규칙적이면서 자발적이어야 한다. 매일 혼자 기도할 수 있는 공간과 시간을 선택하라. 되도록이면 아침 시간이 좋다(시 5:3). 앞으로 몇 주 동안 집중적으로 기도하고 싶은 개인적인 요청 사항과 구체적인 필요들을 적어 보라. 아래 소개하는 기도를 참고하기 바란다.

하늘에 계신 아버지, 예수님의 이름으로 당신께 나아가오니 당신과 더 친밀해지고 인격적인 관계를 누리게 하소서. 저의 죄를 깨끗이 씻어 주시고, 주님이 기뻐하시는 상태에서 기도할 수 있도록 마음을 준비시켜 주소서. 이번 주에 주님을 더 깊이 알고 더 사랑하도록 도와주소서. 제 인생의 모든 환경을 사용하셔서 더욱 예수님을 닮게 해 주시고, 주의 뜻과 말씀에 따라 주의 이름으로 더 전략적이고 효과적으로 기도하게 가르쳐 주소서. 이번 주에 저의 믿음과 순종과 기도가 이웃들의 유익과 저의 유익과 하나님의 영광을 위해 사용되게 하소서. 예수님의 이름으로 기도합니다. 아멘.

> **Q 생각해 보기**
> 기도하는 가정에서 성장하였는가? 어릴 때 집에서 기도 응답을 받았던 기억이 있는가? 만약 집에 '기억의 벽'을 만든다면 구체적으로 사람들에게 나누고 싶은 기도 응답은 무엇인가?

서약서

우리 각 사람이 우리 세대에 나타난 하나님의 놀라운 능력을 경험함으로 그의 선하심을 증거하며 그에게 영광을 돌려 드리게 되기를 기도합니다.

기도 시간

오전/오후 _____ 시 _____ 분

기도 장소

_____

기도할 대상과 내용

아래 질문을 이용해 구체적인 개인 맞춤형 기도 리스트를 만들어 보라.

- 지금 가장 필요한 세 가지는 무엇인가?
- 가장 스트레스를 받는 세 가지는 무엇인가?
- 하나님이 기적적으로 해결해 주셔야 할 세 가지 문제는 무엇인가?
- 하나님이 허락하신다면 자신과 가족과 다른 사람들에게 큰 유익이 될 일은 무엇인가?
- 하나님이 순종하라고 요구하신다는 생각이 들지만 그의 자비하심과 인도하심이 필요한 일은 무엇인가?
- 기도가 요구되는 사랑하는 이의 필요는 무엇인가?

1.

2.

3.

4.

5.

6.

7.

8.

9.

10.

11.

12.

13.

14.

15.

16.

17.

18.

19.

20.

01
기도의 유산

기도를 들으시는 주여 모든 육체가 주께 나아오리이다 시 65:2

우리는 기도로 하나님이 이루고자 하시는 일을 이룰 수 있다. 기도는 아름답고 신비롭고 경이로운 선물이다. 전능하신 하나님과 개인적으로 대화하고 그 귀에 속삭일 수 있는 기도보다 더 놀라운 특권은 이 세상에 없다. 하나님께는 불가능이 없기 때문에 우리는 어떤 문제와 씨름하더라도 다 기도로 아뢸 수 있다. 신실한 기도는 우리가 물려받고 또 후대에 남길 가장 위대한 유산이다.

그런 점에서 성경에서 가장 위대하고 영적으로 성공한 사람들이 언제나 기도의 사람이었다는 사실은 별로 놀랄 일이 아니다. 아브라함은 믿음으로 행했지만 기도로 인도하심을 받았고, 세계 열방은 그 덕분에 운명이 달라졌다. 이삭이 아이를 갖지 못한 아내를 위해 중보기도를 한 덕에 이스라엘 민족의 조상인 야곱이 태어나게 되었다. 모세는 "사람이 친구와 이야기하듯이" 하나님과 이야기했고, 지도자로서 결단이 필요할 때 하나님의 인도하심과 계시를 받았다(출 33:11). 이런 모세 덕분에 우리는 토라와 십계명이라는 보물을 얻었다.

다윗은 "저녁과 아침과 정오에" 하나님과 대화했고(시 55:17) 그 덕분에 성경에서 가장 길고 아름다운 책을 쓸 수 있었다. 시편은 노래로 부를 수 있는 열정적인 기도들로 가득하다. 예루살렘 성벽은 느헤미야의 중보기도로 인해 불가능해 보이는 시기에 기적적으로 재건될 수 있었다. 이 도시를 방문해 보면 오늘날에도 느헤미야가 재건한 성벽 일부가 남아 있음을 볼 수 있다. 다니엘은 하루에 세 번 기도하는 일을 가장 중요한 우선순위로 지켰고, 기도 시간을 포기하기보다 차라리 목숨을 포기할 정도로 하나님과의 대화를 소중히 여겼다.

요셉, 예레미야, 한나, 호세아에 이르기까지 성경은 믿음으로 나아가는 자의 기도를 귀 기울여 들으시고 응답해 주시는 하나님을 발견한 사람들의 이야기로 가득하다. 엘리야는 기도 응답의 살아 있는 표본이었고, 신약 성도들에게 영감을 주는 대표적 인물이 되었다.

그러나 기도의 궁극적 모델이자 대가Master는 예수 그리스도다. 예수께서 공생애를 시작하시기 전에 세례를 받으시고 "기도하실 때에" 하늘 문이 열리고 성령이 그에게 임재하셨다. 예수님은 제자를 뽑기 전에 온 밤을 지새워 하나님께 기도하셨다. 예수님을 따르던 제자들은 그가 습관을 쫓아 해가 떠오르기 전에 일어나서 기도하시는 모습을 볼 수 있었다. 인기가 하늘을 찌를 듯 폭발할 때에도 그는 "물러가서 한적한 곳에서 기도"하셨다.

성경에 전문이 기록된 예수님의 첫 설교는 기도하는 법에 대한 기본 원리를 설명해 준다(마 5-7장). 예수님은 제자들에게 "깨어 있어 기도하라"고 가르치며 도전하셨고(막 14:38), 포기하지 말고 기도하라고 말씀하셨다(눅 18:1). 진노하시어 성전 환전상들을 성전 밖으로 몰아내실 때에도 "내 집은 기도하는 집이라 일컬음을 받으리라"라고 소리치셨다(마 21:13). 그는 이제까지의 기도 중 가장 위대한 기도의 모델을 우리에게 선물로 주셨고(마 6:9-13), 생애 말기에는 가장 강력한 대제사장의 기도를 드리셨다(요 17장).

예수님은 배신당하고 십자가 처형을 당하시기 전에 겟세마네 동산에서 홀로 무릎을 꿇고 땀이 말 그대로 핏방울이 되어 땅에 떨어질 정도로 간절하게 기도하셨다. 십자가에서 고통당하실 때에도 마지막 숨을 몰아쉬기 전에 세 번이나 큰 소리로 기도하셨다. 그 후에 하늘로 올라가신 예수님은 성령을 보내셔서 성도들을 충만하게 하셨고 구체적으로 더 효과적인 기도를 드리도록 우리를 부르셨다(롬 8:15-16). 이제 그는 우리의 대제사장으로서 하나님 우편에 서 계시며 우리를 위해 중보하고 계신다(히 7:23-28).

앤드류 머레이Andrew Murray는 이렇게 말했다. "그리스도의 생애와 사역, 고난과 죽음은 오직 성부 하나님만을 전적으로 의존하는 기도로 지탱이 되었다. 하나님께 모든 것을 공급받고 하나님께 굴복하는, 하나님에 대한 신뢰가 그 바탕에 있었다. 우리는 기도와 중보로 구속함을 실제로 누릴 수 있다. 그는 우리를 위해 사셨고 지금 우리 안에 살아 계신다. 그가 주신 삶은 하나님을 의지하고 하나님에게서 모든 것을 공급받기를 기뻐하는 삶이다. 그의 이름으로 기도한다는 것은 그가 기도하신 대로 기도한다는 것이다. 그리스도는 우리 머리이시고 구세주이시며 생명이시므로 우리의 모범이 되신다. 그의 신성과 성령 때문에 그는 우리 안에 사실 수 있다. 우리가 그 안에 거하고 그가 우리 안에 거하므로 우리는 그의 이름으로 기도할 수 있다."[1]

신약 교회의 태동과 모든 기독교의 역사는 오직 능력의 기도라는 렌즈로만 이해할 수 있다. 베드로는 끊임없이 기도에 의지했고 바울은 기도로 사는 사람이었다(빌 1:4-5; 살전 5:17).

역사상 가장 위대한 기독교 선교사들 역시 기도의 사람들이었다. 허드슨 테일러Hudson Taylor는 중국 내지 선교회를 설립하고 1800년대 중국에 지대한 영향을 미쳤다. 125개의 학교를 설립했으며 수많은 사람에게 그리스도에 대한 믿음을 소개했다. 그의 아들 부부는 자신들의 책에서 허드슨 테일러의 영적 비결은 기도로 하나님과 친밀하게 교제하며 순종한 데 있었다고 밝혔다. 하워드 테일러는 그의 부친에 대해 "그가 하나님 앞에 무릎을 꿇지 않고 중국의 태양이 떠오른 날은 40년 동안 단 하루도 없었다"고 썼다.[2]

조지 뮬러George Müller는 영국 브리스톨에서 애슐리 다운 고아원을 운영하며 평생 1만 명 이상의 고아를 돌보았다. 고아원을 운영하는 동안 그는 어느 누구에게도 돈을 달라고 요청하지 않았다. 은밀하게 하나님께 기도한 후 하나님이 공개적으로 필요를 채워

---

1) Andrew Murray, *The Ministry of Intercessory Prayer* (Minneapolis, MN: Bethany House, 1981), 106-107.

2) Howard and Geraldine Taylor, *Hudson Tayor's Spiritual Secret* (Chicago, IL: Moody, 2009).

주심을 평생 경험했다. 그는 기도 응답을 받은 내용을 일기에 세세히 기록해 두었는데, 그 수가 5만 건이 넘는다고 한다. 기도에 대한 그의 모범과 가르침은 전 세계의 수백만 사람들에게 큰 영감을 주었다.

그중 한 사람이 영국의 위대한 설교자인 찰스 스펄전Charles Haddon Spurgeon이다. 이 '설교의 황제'의 심금을 울리는 강해 설교를 듣고자 매주 수천 명의 사람들이 모여들었다. 그는 기도의 능력에 대해 가르치고 방대한 글을 썼다. 방문객들이 뉴파크가 교회를 찾아오면 그는 종종 그들을 데리고 지하 기도실로 갔다. 그곳에서는 사람들이 스펄전과 교회를 위해 무릎을 꿇고 하나님께 간절히 중보기도를 하고 있었다. 스펄전은 "이 교회의 발전소가 여기 있소이다"라고 외치고는 했다.

존 웨슬리John Wesley와 조나단 에드워즈Jonathan Edwards는 1700년대에 미국에서 대각성 운동이 시작되는 데 일조했다. 이 운동으로 악이 기승을 부리던 미국의 문화는 하나님을 향한 열심의 불길이 번져 나가는 문화로 근본적인 변화를 맞이했다. 그들의 전략에는 진지하고 특별한 기도로 성도들을 부르고 함께 모으며 하나님의 말씀을 선포하는 방식이 포함되어 있었다. 이런 예들은 지금까지 무릎으로 하나님을 발견하고 체험했던 수많은 무리들이라는 거대한 바다에서 한 방울의 물에 불과하다.

우리는 성경과 기독교 역사를 통해 기도의 힘과 중요성이라는 풍성한 유산을 물려받았다. 모든 세대는 말씀대로 하나님을 믿고 중보의 바통을 집어 들어 신실하게 무너진 곳을 메우며 기도로 하나님의 마음을 구하는 강력한 유산을 이어갈 용기 있는 성도들이 필요하다. 부디 바라기는 이 책으로 주님과의 관계가 더 풍성해지고, 그에게 더욱 가까이 나아가며, 그의 영광을 위해 헌신하는 기도의 신자로 훈련되어 가기를 바란다.

교회 프로그램이나 행사, 정치적 노력, 혹은 인본주의적 대의는 하나님께서 그의 백성들의 기도에 응답함으로 이루어 가실 놀라운 역사와 위력을 결코 능가할 수 없다. 오늘날 교회와 신자들이 성경과 기독교 역사에 나타난 위대한 사람들의 뒤를 따라 효과적이고 강력한 기도를 드리기 시작한다면 무슨 일이 벌어지겠는가? 하나님과 올바른 관계를 맺고 믿음으로 겸손히 그의 얼굴을 구하며 제1차, 2차 대각성 운동 때처럼 부흥과 영적 각성을 간구하기로 결단한다면 무슨 일이 벌어지겠는가? 하나님은 우리를 통해 그리고 당신을 통해 무슨 일을 하실 수 있겠는가?

이 일을 위해 기도할 준비가 되어 있는가?

아버지, 당신 앞에 나아와 기도라는 위대한 유산을 물려받게 해주심에 감사를 드립니다. 거룩한 성령을 저와 교회에 부어 주소서. 매일 당신과 더 친밀하게 동행하도록 이끌어 주소서. 기도가 호흡처럼 자연스러워지게 하시고 저의 기도를 통해 주의 나라와 주의 뜻이 저의 마음과 가정과 우리 세대에 이루어지도록 도와주소서. 예수님의 이름으로 기도합니다. 아멘.

> **Q 생각해 보기**
> 성경과 기독교 역사에 등장했던 이들 중 당신에게 가장 큰 도전을 준 사람은 누구인가?

02
기도의 능력

우리의 싸우는 무기는 육신에 속한 것이 아니요
오직 어떤 견고한 진도 무너뜨리는 하나님의 능력이라 고후 10:4

참호전은 현대 역사에서 거의 사용되지 않는 군사 작전이다. 처음에 참호전은 1860년대 미국 남북 전쟁에서 북군과 남군의 일부 장군들이 방어 전략으로 운용하기 시작했다. 하지만 총기의 살상 범위와 속도가 점점 더 강력해지면서 열을 지어 서로를 향해 진격하는 것이 더 이상 불가능해졌다. 그러기에는 양측에 사상자가 너무 많이 발생했던 것이다.

제1차 세계 대전 때는 무거운 고속 기관총이 사용되었기 때문에 더 이상 다른 선택을 할 수 없었다. 참호를 깊이 파서 방호하는 것이 표준적인 생존 방법이 되었다. 유럽의 서부 전선을 따라 형성된 전투지역으로 전선 양측에 대대적인 참호들이 등장하기 시작했다. 1914년부터 1918년까지 연합군은 독일군과 동맹군에 맞서 참호를 파고 대치했다. 추한 전쟁은 끝이 보이지 않을 듯 지루하게 계속되었다.

참호는 보호를 받을 수 있다는 강점이 있기는 했지만 기동성을 희생해야 했다. 진격 중인 군대가 적을 기습공격하려고 해도 철책선으로 만든 바리케이트와 보강벽을 격파하기란 쉬운 일이 아니었다. 장거리 곡사포가 최강의 공격용 무기였다. 기습공격을 시도하기란 거의 불가능했다. 끝없이 지루한 전투가 계속되었다. 그러다가 탱크가 등장했다.

윈스턴 처칠이 재임하던 영국은 농업용 트랙터에 무장한 병기를 장착한 최초의 군대용 탱크를 개발했다. 일종의 육상 군함이었다. 도로가 아닌 곳에서도 달릴 수 있는 강철로 된 이 결합물은 거의 방어에만 의존하던 지상전 전략에서 탈피해 공격적인 기동성이 가능한 전략을 수행하도록 전쟁의 양상을 바꾸었다. 전차 내부에서 보호를 받으며 적을 향하여 과감하게 공격할 수 있었기에 참호를 파서 최상의 전과를 기대하는 방식에서 벗어날 수 있었다.

기도는 무장한 탱크와 같다. 하나님의 백성들이 기도하면 "음부의 권세가 이기지 못한다"(마 16:18). 기도는 전투에서 사용할 우리의 주요 공격 무기다.

사도 바울은 확실히 다양한 방식으로 이 무기를 사용했다. 그는 '하나님의 전신갑주'로 알려진 여러 전투 장비를 소개한 후(엡 6:13), 방패와 검과 투구처럼 영적 전쟁의 꼭 필요한 요소로 기도를 언급했다. 그는 "항상 성령 안에서 기도하라"라고 말했다(18절). 그에게 기도는 하나님의 뜻을 추구할 때 힘을 공급하는 공성망치이자 앞으로 돌진하는 군대와 같았다. 이어서 그는 "또 나를 위하여 구할 것은 내게 말씀을 주사 나로 입을 열어 복음의 비밀을 담대히 알리게 하옵소서 할 것이니"(19절)라고 말했다. 기도는 승리를 향해 진격하는 데 필요한 전투 전략이었다.

그는 사실 감옥에서 "쇠사슬에 매인 사신"으로 이 요청을 하고 있었다(20절). 겹겹의 벽으로 둘러싸인 돌처럼 냉랭한 감옥이라는 현실과 사역을 계속해야 한다는 간절함 사이에서 그가 어떤 심정이었을지 생각해 보라. 그러나 기도는 꼼짝없이 갇힌 죄수의 신세였던 그에게 사명을 감당하지 못하도록 막는 모든 장벽을 뚫어 줄 무기였다. 손발은 다 묶여 있었지만, 누구보다 자유롭다고 생각하고 하나님이 예비하신 모든 것을 누릴 준비가 되어 있었던 담대함은 보통 사람이라면 생각할 수 없었을 것이다. 기도의 사람만이 생각할 수 있는 일이었다.

기도는 무엇이든 할 수 있다. 하나님은 "다 할 수 있기" 때문이다(마 19:26). 이 세상 어느 곳에서 누가 어떤 문제와 맞닥뜨리고 있더라도 기도로 나아가면 해결할 수 있다. 인생을 바꿀 대화, 머리와 가슴으로 우리의 사령관과 나누는 대화로 적에게 들키지 않고 조용하게 기도의 싸움에 참전할 수 있다.

그러므로 기도는 단순히 무해하게 보이는 사소한 교회 의식이 아니다. 불쌍한 거지가 지레 체념한 채 한 푼 적선해 주기를 바라는 일종의 구걸 행위도 아니다. 말 그대로 생생한 원시의 힘이 여기에 있다. 전능하신 하나님께 접근하는 통로가 바로 이 기도다. 기도는 그의 주권성에 대한 확신이다. 우리가 스스로 포기하지 않는 한 아무리 강력한 적의 방해로도 훔쳐갈 수 없는 담대함이 기도로 표현된다. 적의 방해는 기도하지 않을 때만 효력이 있다.

"의인의 간구는 역사하는 힘이 큼이니라"(약 5:16). 엘리야 선지자도 야고보와 비슷한 말을 했다. "비가 오지 않기를 간절히 기도한즉 삼 년 육 개월 동안 땅에 비가 오지 아니하고 다시 기도하니 하늘이 비를 주고 땅이 열매를 맺었느니라"(17-18절). 기도란 우리가 마주한 도전이 무엇이든, 기적을 일으키는 하나님의 능력으로 언제나 문제를 해결할 수 있음을 의미한다.

기도는 영적 데이터를 무제한으로 공급받게 해준다. 다시 말해, 시그널 타워signal tower의 범위에서 우리가 벗어날지 모른다고 해서 결코 불안할 필요가 없다는 것이다. 성경은 "쉬지 말고 기도"할 수 있다고 말한다(살전 5:17). 기도라는 우리의 신호가 언제나 매우 정확하게 하나님께 도달할 수 있으니 안심하라는 것이다. 기도는 우주의 하나님께 나아가는 특권으로, 그를 주로 믿는 모든 이들을 위해 그의 아들이 흘린 핏값으로 지불하고 산 특권이다.

바울은 "기도와 간구로 감사함으로" 하나님께 필요를 아뢰면(빌 4:6) 놀라운 힘을 공급받을 수 있다고 말한다. 기도하면 두려움과 염려에 짓눌리고 버거워하는 대신 "모든 지각에 뛰어난 하나님의 평강"을 얻게 된다(7절). 누구에게도 빼앗길 수 없는 이런 평강은 우리 마음과 생각을 지키는 일종의 무장 수비대 역할을 한다. 그것은 이른바 평화 유지군으로서 우리가 감정에 동요되어 두려움이나 절망감에 빠져 일을 저지르지 않도록 방어해 준다. 기도는 안식하며 신뢰할 수 있는 힘을 얻게 해준다.

기도는 전문 상담사가 상시 대기 중인 것과 같다. 구태여 상담 시간을 따로 잡을 필요도 없다. 그냥 문을 열고 들어가면 된다. 그

상담사는 우리의 상황을 이해하고 필요한 지혜를 나누어 줄 준비가 언제든 되어 있다(예수님은 성령을 상담사Counselor로 묘사하신다). 우리는 기도를 하면서 자신의 죄를 정면으로 지적받을 수도 있고, 적의 확실한 운명뿐 아니라 예수 그리스도의 의를 다시 확인하는 시간을 가질 수도 있다(요 16:8-11). 우리의 죄는 그의 은혜와 자비로 가려진다. 그러므로 기도할 때 아무것도 비밀로 하거나 숨길 필요가 없다. 그곳에는 완전한 정직함, 자유, 용서함, 확신이 있다.

이미 알고 있을지 모르지만, 기도는 이 모든 것이며 나아가 그 이상의 것이다. 그렇다면 이런 의문이 바로 생기게 될 것이다. '왜 우리는 기도를 하지 않는가?' 기도의 능력이 이렇게나 어마어마한데도 기도하지 않는 이유는 무엇인가?

열심히 일하고 계획을 세우며 개인적으로 책임을 지려고 애쓰는 것은 분명히 지혜로운 모습이다. 삶을 대하는 훌륭한 태도다. 그러나 이런 훌륭한 태도라도 하나님의 능력과 지혜를 불어넣어 줄 기도가 없다면 다 무용지물이다. 기도는 우리의 모든 노력과 마음속에 있는 진지한 관심에 한계가 없는 하나님의 능력을 불어넣는 일이다. 촌각을 다투는 긴급한 문제들을 하나님의 영원한 관점이라는 틀로 둘러, 가장 격렬한 싸움처럼 보이는 것들이 실제로 얼마든지 감당하고 이길 수 있는 일시적인 일에 지나지 않음을 알게 한다. 기도는 소망이자 도움이며 건지심이고 능력이다.

주님, 당신이 우리에게 기도의 힘을 활용하도록 하셨음에도 그 힘을 믿지도, 소중하게 여기지도 않았던 지난날들을 회개하오니 용서해 주소서. 저는 주님이 원치 않는 다른 방법을 의지하고 사용하였습니다. 하지만 그런 노력들은 아무 효과도 없었고, 그로 인해 오히려 좌절을 떠안은 적이 한두 번이 아니었습니다. 아버지, 믿음으로 기도하는 법을 배우고 싶습니다. 더 가까이 당신께 나아가고 싶습니다. 주를 믿고 온전히 의지하며 당신과 더불어 싸울 수 있도록 확신과 자유를 체험하고 싶습니다. 주를 더욱 의지하고자 하오니 저를 인도해 주소서. 저를 훈련시키시고 필요한 것을 갖추게 해주소서. 기도의 강력한 용사가 되게 해주소서. 주를 신뢰하는 저를 통해 영광을 받으소서. 예수님의 이름으로 기도합니다.

> **Q 생각해 보기**
>
> 영적 전쟁이 실재한다고 믿는가? 그렇다면 지금까지 어떻게 이 싸움을 싸워 왔는가?

03
기도의 우선순위

내 기도가 주께 이르렀사오며 주의 성전에 미쳤나이다 욘 2:7

하나님은 우리를 위한 주권적 계획의 일부로 기도를 활용하는 방법을 전략적으로 선택해 오셨다. 기도는 우리의 영적 생활에 산소와 같다. 기도는 성도로서 추진하고자 하는 모든 일에 필요한 동력을 제공해 주며, 교회의 사역이 성공할지 여부를 가르는 보이지 않는 열쇠이기도 하다.

기도는 사랑하는 자녀들이 육신의 아버지와 관계를 누리듯, 하나님의 자녀들이 하늘 아버지와 소통하도록 해준다(마 7:9-11). 기도로 그리스도의 몸 된 교회는 머리 되신 예수님과 긴밀하게 소통한다. 기도는 그리스도의 신부가 신랑 되신 그리스도와 친밀한 관계를 누리는 열쇠다. 인간의 연약함이 하나님의 완전하심에 접붙임할 수 있는 통로다. 쉽게 포기하기에 기도는 너무나 놀랍고 중요한 수단이다. 하나님이 기도를 중요하게 여기시듯이 우리도 기도를 중요하게 여겨야 한다.

그러나 기도가 항상 쉬운 것은 아니다. 신경 쓸 일이 수백 만 가지가 넘고 해야 할 일이 산적해 있어도 그 모든 것을 내려놓고 마음을 집중해야 하는 일이고, 우리의 이기적인 생각과 혼자서도 잘할 수 있다는 자기중심성을 단호히 끊어내야 하는 일이다. 게다가 우리의 통제권을 벗어나 계시며 우리 오감으로는 볼 수도, 들을 수도 없는 전능하신 하나님 앞에 겸손히 꿇어 엎드리고자 멈추어 서는 일은 우리의 직관과는 완전히 반대된다. 멈추어 서서 기도하는 일보다는 차라리 기도의 골방을 박차고 나가 우리 힘으로 상황을 해결하기 위해 주력하는 것이 더 쉬워 보인다. 그런 까닭에 우리는 위기가 찾아올 때 비상용 낙하산으로만 쓰기 위해 기도의 줄을 끊어서 고이 모셔 두는 경향이 있다.

그러나 거룩한 주권자 되신 하나님께 기도로 나아가는 일은 매우 귀하게 여겨야 하며, 절대 당연시해서는 안 된다. 우리는 하나님이 절대적으로 필요한 존재다. 하나님은 말씀으로 무無에서 우주를 창조하셨지만, 우리는 아무것도 창조한 적이 없다. 그는 완전하신 분이며 하늘과 땅의 모든 권세를 가지신 분이지만, 우리는 수없이 넘어지는 연약한 존재다. 하나님은 그 무엇에게도 의존하지 않으시지만, 우리는 매일 매순간 하나님을 절대적으로 의존해야 한다. 하나님은 모든 곳에서 일어나는 모든 일을 모든 세세한 부분까지 다 알고 계시지만, 우리는 내일 일어날 일도 알지 못하고 어제 일어난 일은 벌써 망각해 가고 있다. 모든 일의 순서에 기도가 가장 첫째가 되어야 할 이유가 여기에 있다.

예수님은 어떤 일보다 기도를 중요하게 생각하셨다. 제자들은 예수님이 은밀하지만 규칙적으로 기도하시며 공개적으로 영적 능력을 행하시는 모습을 보았다. 그들이 수많은 훈련 요구를 "주여, 기도를 가르쳐 주소서"라는 말로 요약한 이유가 이런 예수님의 모습 때문일 수 있다(눅 11:1).

또한 예수님은 교회의 가장 중요한 우선순위도 기도라고 생각하셨다. 그는 성전에서 환전상들을 몰아내시며 "기록된 바 내 집은 만민이 기도하는 집이라 칭함을 받으리라"(막 11:17)라고 선포하셨다. 이러한 폭력적이고 충격적인 행동으로 하나님의 집과 하나님의 백성들이 모이는 목적을 중요한 이 한 가지로 요약하셨다. '신자들은 기도하기 위해 교회에 모인다.' 예수님은 '내 집은 설교의 집'이라거나 '복음 전도의 집', '교제의 집'이라고 말씀하지 않으셨다. 물론 이런 일들은 더없이 소중하며 분명히 그 나름대로 목적이 있다. 하지만 기도를 우선시한다는 것은 하나님 그분을 가장 우선시한다는 것이다. 하나님의 활동을 인간의 활동보다 우선시한다는 뜻이다. 주님이 분명히 아셨다시피, 기도를 우선시하지 않는 상태에서 시간과 에너지를 들이는 교회의 모든 활동은 능력이 없을 것이며, 축복이 함께하지 않을 것이고, 하나님의 임재의 향기를 맡지 못할 것이다.

그러나 안타깝게도 기도를 부차적으로 생각하고 본말을 전도시키는 경우가 너무나 많다. 기도는 어쩌다 생각나면 하는 일이며, 하나님의 일보다 우리 일을 우선시하다가 보너스처럼 추가하는 행위 정도로만 생각한다. 그러나 이렇게 하면 결국 아무 생명력 없는 예배를 드리는 죽은 교회로 추락하고 말 것이다. 잘 준비되었지만 아무 능력이 없는 설교, 서로 피상적인 교제를 나누며 계속 패배하는 삶을 사는 미지근하고 나태한 신자들로 가득한 교회가 될 것이다. 슬프지만 이것이 오늘날 많은 교회의 현실이다. 열성이 모자라서가 아니다. 의도는 좋다. 열심히 노력한다. 최선을 다한다. 그러나 오히려 이것이 문제가 된다. 하나님은 우리의 지혜와 힘으로 이 땅에서 그의 뜻을 이루거나 신앙생활을 해내도록 인간을 만드시지 않았다. 늘 성령을 의지하며 기도로 순종의 삶을 사는 것이 우리를 향한 그의 계획이었다.

잠시 쉼 버튼을 누르고 회개하며 가정과 일정표와 교회 생활에서 기도를 가장 우선순위로 삼는다면 모든 일에 기도의 불을 붙일 수 있다. 이는 마치 불로 요리하기 전에 성냥을 켜는 것이나 전등불을 켜기 전에 플러그를 꽂는 것과 같다. 혹은 차에 기어를 넣기 전에 엔진에 시동을 거는 것과 같다. 무엇보다 먼저 기도로 겸손히 자신을 낮추고 죄를 고백하며 하나님의 성령이 충만하도록 구하며 그에게 우리를 의탁한다면, 우리는 더 잘 예배하고 찬송하며 더 잘 교제하고 더 잘 베풀고 더 잘 복음을 전하며 훨씬 더 신자다운 삶을 살 수 있을 것이다.

신약 교회는 언제나 기도에 철저히 헌신함으로 성공할 수 있었다. 오순절에 성령이 능력으로 임재하시기 전, 그리스도의 제자들은 "더불어 마음을 같이하여 오로지 기도에 힘"썼다(행 1:14). 여기서 '힘쓰다'devote라는 단어는 무엇인가를 끈질기게 주장하며 매달린다는 의미를 함축한다. 군인이 상관의 곁을 떠나지 않고 계속 충직히 지키는 그림을 연상하게 한다. 성실하고 꾸준하며 한결같고 충직한 경호원처럼 말이다.

오순절에 하나님의 성령이 임재하고 수천 명이 구원을 받은 후 성도들은 다시 무엇보다 "기도하기를 힘"썼다(행 2:42). 과부들이 방치되고 있다는 불만이 나오며 교회에 문제가 생길 때에도 사도들은 신속히 그 책임을 자격요건을 갖춘 집사들에게 맡기며 "우리는 오로지 기도하는 일과 말씀 사역에 힘쓰리라"(행 6:4)라고 선포했다. 그들은 계속해서 하던 식으로 기도하는 일에 힘썼다. 이런 우선순위는 갓 태어난 신생 교회들에게도 그대로 적용되었고, 오늘날 우리 생활과 교회에도 하나님의 말씀으로 남아 있다.

"그러므로 내가 첫째로 권하노니 모든 사람을 위하여 간구와 기도와 도고와 감사를 하되"(딤전 2:1). "기도를 계속하고 기도에 감사함으로 깨어 있으라 또한 우리를 위하여 기도하되"(골 4:2-3).

어디로 가든지 항상 기도를 우선해야 한다. 이렇게 할 때 점점 더 꾸준하게 다음과 같은 결과가 드러나기 시작할 것이다. 성경은 이런 일들을 하나하나 기도와 구체적으로 연결시킨다. 교회가 진심으로 기도에 전념할 때 어떤 일이 벌어질지 맛보기로 살펴보라.

- 잃어버린 영혼에 대한 복음 전도(골 4:3; 딤전 2:1-8)
- 제자도 훈련(눅 11:1-2; 요 17장)
- 현명한 결단(약 1:5)
- 장애 극복(막 11:22-24)
- 필요의 충족(마 6:11; 눅 11:5-13)
- 부흥(대하 7:14)

이 점을 염두에 두고, 기도에 힘쓴다는 사실에 비추어 초대 교회에 대한 아래 서술을 읽고 스스로 설득이 되는지 확인해 보라. 하나님의 말씀, 교제, 빵을 떼는 것은 모두 그들이 함께 나누는 삶의 일부였다. 그리고 기도는 이런 모든 경험에 생명을 불어넣어 주었다.

> 그 말을 받은 사람들은 세례를 받으매 이 날에 신도의 수가 삼천이나 더하더라 그들이 사도의 가르침을 받아 서로 교제하고 떡을 떼며 오로지 기도하기를 힘쓰니라 사람마다 두려워하는데 사도들로 말미암아 기사와 표적이 많이 나타나니 믿는 사람이 다 함께 있어 모든 물건을 서로 통용하고 또 재산과 소유를 팔아 각 사람의 필요를 따라 나눠 주며 날마다 마음을 같이하여 성전에 모이기를 힘쓰고 집에서 떡을 떼며 기쁨과 순전한 마음으로 음식을 먹고 하나님을 찬미하며 또 온 백성에게 칭송을 받으니 주께서 구원 받는 사람을 날마다 더하게 하시니라(행 2:41-47).

우리는 누구나 진정한 우정과 사랑이 넘치고, 하나님이 영광을 받으시며, 그의 능력이 우리 삶으로 드러나는 교회에 소속되기를 바란다. 그리스도의 교회에 이 일이 다시 일어날 수 있도록 기도하자. 기도하는 일에 전념하면 분명히 가능하다!

아버지, 주 안에 거하며 당신을 먼저 구하지 않고 우리의 지혜와 힘과 열정과 아이디어를 더 의지한 죄를 용서해 주소서. 최선을 다해 주를 추구하는 데 방해가 되는 모든 것을 내려놓게 도와주소서. 기도를 가장 중요한 우선순위로 삼게 하시고, 일상생활과 가정과 교회에서 기도에 힘쓰게 해주소서. 우리 교회가 열방의 기도하는 집이 되게 해주소서. 우리를 다시 부흥케 하소서. 오 주님, 당신의 힘으로 살게 하시고 우리 세대 속에서 당신이 큰 영광을 받을 수 있도록 도와주소서. 예수님의 이름으로 기도합니다. 아멘.

> **Q 생각해 보기**
> 교회가 기도를 우선순위로 두고 씨름해야 하는 이유는 무엇인가? 성도들이 전심으로 기도에 전념한다면 교회에 어떤 변화가 일어나겠는가?

04
기도의 궁극적인 목적

너희가 내 이름으로 무엇을 구하든지 내가 행하리니
이는 아버지로 하여금 아들로 말미암아 영광을 받으시게 하려 함이라 요 14:13

궁극적으로 모든 기도는 하나님의 영광을 위한 것이다. 주님이 주실 수 있는 최고의 기도 응답은 어떤 경우이든 하나님에게 가장 큰 영광이 된다.

성경은 "그의 이름이 홀로 높으시며 그의 영광이 땅과 하늘 위에 뛰어나심이로다"(시 148:13)라고 말한다. 또한 하나님은 "내 이름으로 불려지는 모든 자"는 "곧 내가 내 영광을 위하여 창조한 자"(사 43:7)라고 말씀하신다.

우리는 '영광'이라는 단어를 자주 듣는다. 특별히 예배를 드릴 때에 주로 듣는 익숙한 단어다. 하지만 정작 그 뜻이 무엇인지 제대로 이해하지 못하는 경우가 많다. 영광에 해당하는 히브리어는 '무거움, 중요함, 위엄'이라는 의미를 내포하고 있다. 그러므로 성경에서 수없이 반복되는 '여호와의 영광'이라는 구절은 하나님이 자신을 계시하실 때 사용된다. 그 기이하심을 드러냄과 동시에 그의 존재의 광대한 의미를 나타내는 뚜렷한 증거다. 그의 영광을 드러내실 때 그의 본성, 거룩하심, 권능, 사랑과 같은 정체성을 드러내시는 것이다.

물론 하나님은 그 형태와 표현에서 영광의 무게를 이미 완전히 소유하고 계신 분이다. 성부, 성자, 성령의 삼위로 영원히 존재하시며 이 삼위 안에서 그 자체적으로 절대 완전하시다. 완전한 기쁨과 완전한 충만함을 누리신다. 그 어떤 것도 필요하시지 않다. 하늘과 땅의 모든 권세를 지니신 그분은 우리를 필요로 하시지 않는다(롬 9:20-24). 그러므로 우리가 여기 존재한다는 사실 자체가 그의 영광을 나타내는 증거다. 우리가 살 수 있도록 세상과 우주를 창조하시고 우리를 창조하기로 선택하신 사실이 무엇보다 특별히 창조주로서 그의 놀라운 영광을 드러낸다. 광활한 은하와 별들은 기이하고 전능하시며 위엄에 찬 창조주의 작품으로서 그의 속성을 드러낸다. 실제로 그들의 일이 그것이다. "하늘이 하나님의 영광을 선포하고 궁창이 그의 손으로 하신 일을 나타내는도다"(시 19:1).

하지만 실제로 무슨 일이 벌어지는지 살펴보자. 역사 속에서, 성경에서 하나님은 그의 영광의 특성을 추가로 하나씩 풀어서 보여 주시며, 새롭고 예기치 못한 방법으로 개인들에게 자신을 계시하신다. 예를 들어 아브라함은 독자 이삭을 제물로 바치라는 하나님의 명령을 들었을 때(창 22장) 창조주이자, 안내자이며, 약속을 지키는 신실한 분이라는 하나님에 대한 선지식을 갖고 있었다. 그러나 이와 같은 현재적 도전에 직면한 상황 속에서 하나님은 놀라운 영광의 새로운 요소를 드러내실 참이었다.

성경의 기록은 아브라함이 하나님의 명령에 철저히 순종했음을 보여 준다. "네 아들 네 사랑하는 독자 이삭을 데리고 모리아 땅으로 가서 내가 네게 일러 준 한 산 거기서 그를 번제로 드리라"(창 22:2). 그가 이 명령의 비합리성을 몰랐던 것은 아니다. 이삭은 약속의 아들이었다(창 17:21). 백 살이 된 남자와 아흔 살이 된 여자에게서 태어난 기적의 아이였다. 25년간을 기다린 끝에 얻은 자식이었다. 언약의 자녀가 태어나는 놀라운 기적이 일어났는데 이제는 그 자녀를 죽이라는 명령을 내리시다니? 도무지 이해하기 어려운 일이었다. 마찬가지로 우리 인생에 일어나는 사건들 중에는 전혀 이해할 수 없어 보이는 일들도 있다. 기도하면서도 왜 그런 일이 일어났는지 믿어지지가 않는다. 하나님은 대체 무슨 꿍꿍이가 있으시다는 말인가?

하나님은 그의 영광을 생각하고 계신다. 아브라함은 이삭을 제물로 바치면 하나님이 그를 부활하게 해주실 것이라고 기대했다(히 11:19). 그러나 모리아 산에서 주의 천사가 아브라함의 믿음을 보고 이삭을 손대지 못하게 저지하였을 때 그동안 알려지지 않았던 하나님의 또 다른 면모가 선명히 드러났다. 하나님은 자신이 여호와 이레(여호와께서 준비하심)의 하나님임을 극적으로 계시하셨다. 하나님은 그의 영광 가운데 이 부분을 밝히지 않고 숨기시다가 아브라함이 그 어느 때보다 감사하게 여기고 엎드려 절할 수 있는 완벽한 순간에 그 속성을 계시하셨다.

하나님은 더 일찍 다른 식으로 아브라함의 부양자로 자신을 계시하실 수도 있었다. 그러나 하나님은 바로 이 시간과 이 방법을 선택하심으로 최대의 효과로 자신의 영광을 드러내셨다. 이것이 하나님의 방식이다. 그는 우리 인생의 상황에 맞게 점진적으로 그의 영광을 드러내신다.

모든 기도 요청(기도 요청이 필요한 모든 상황)은 실제로 그의 영광을 직접 목격할 수 있는 기회다. 하나님은 기도에 응답하실 때 그분의 영광을 드러내시기 때문이다. 하나님은 그가 어떤 분인지 우리가 보기를 원하신다. 우리의 필요를 채워 주시고, 우리를 치료하시며(왕하 20:5), 우리를 붙들어 주시고(시 54:4), 우리보다 더 지혜로우신(고전 1:25) 그분을 보기를 원하신다. 하나님은 우리가 그를 우리의 창조주, 구세주, 주님, 부양자, 보호자, 친구, 상담가로 알기를 원하시며, 그런 하나님에게 큰 감사함으로 예배하기를 원하신다. 단순히 다들 드리는 일반적인 예배가 아니라 개인적인 예배를 받기 원하신다.

우리는 하나님에게 "아버지, 우리에게 주의 영광을 보여 주소서"라고 기도한다. 그는 언제나 그 기도에 응답해 주실 분이다.

예수님은 나사로의 두 여동생에게 나사로의 병이 "하나님의 영광을 위함이요 하나님의 아들이 이로 말미암아 영광을 받게 하려 함이라"라고 말씀해 주셨다(요 11:4). 그리고 '부활이자 생명'으로서 그가 가진 능력이 극적으로 드러나도록 나사로가 사망할 때까지 의도적으로 기다리셨다(요 11:1-45). 나사로의 부활은 듣는 모든 자들에게 예수의 능력이 밝혀지는 결정적인 순간이었다.

바울은 데살로니가 교회를 위해 "우리 주 예수의 이름이 너희

가운데서 영광을 받으시고 너희도 그 안에서 영광을 받게 하려 함이라"라고 기도했다(살후 1:12). 베드로는 우리가 어떤 일을 하는 이유는 "범사에 예수 그리스도로 말미암아 하나님이 영광을 받으시게 하려 함이니"(벧전 4:11)라고 말했다.

필요를 위해 기도하며 "아버지께서 아들로 영광을 받으시도록" 구할 때(요 14:13) 최대한 그의 영광을 드러내시는 일을 하실 하나님을 기대하라.

그 영광을 드러내실 때 우리는 아브라함처럼 그를 예배함으로 반응해야 할 것이다. 하나님을 영화롭게 한다는 것이 바로 이런 의미다. 다시 말해서 하나님이 보이시고 밝히신 속성에 감사하고 찬양함으로 그를 높여 드리는 것이다. 하나님은 다윗을 보호하시고 인도하시면서 "긍휼히 여기시며 은혜를 베푸시며 노하기를 더디하시며 인자와 진실이 풍성하신 하나님"으로 자신을 보여 주셨다(시 86:15). 모세에게도 동일한 모습을 보여 주셨다(출 34:6). 이런 계시에 대해 다윗은 "주 나의 하나님이여 내가 전심으로 주를 찬송하고 영원토록 주의 이름에 영광을 돌리오리니"라고 반응했다(시 86:12).

이렇게 하나님을 찬양하면 당연히 두 번째 반응을 하게 된다. 사람들에게 그가 행하신 일을 알리는 것이다. 다윗은 하나님의 백성들에게 여호와의 도를 노래하자고 권면하며 "여호와의 도를 노래할 것은 여호와의 영광이 크심이니이다 여호와께서는 높이 계셔도 낮은 자를 굽어살피시며 멀리서도 교만한 자를 아심이니이다"(시 138:5-6)라고 말했다. 바울은 하나님의 은혜의 계시가 "감사하는 마음이 넘치게 하고, 하나님께 영광을 돌리게" 하기 때문에 (고후 4:15 새번역) 사람들은 하나님께서 자기 백성들에게 역사하신 일들로 영광을 받기에 마땅한 분임을 알고 찬송해야 한다고 말했다. 그러므로 우리는 하나님이 기도에 응답하실 때 그동안 그가 해 주셨고 지금 하고 계신 일을 마음껏 자랑하고 찬송해야 한다. 그렇게 함으로 우리는 그에게 영광을 돌려 드릴 수 있다. 기도의 이유와 목적은 수없이 많지만 그중 가장 중요하고 또 가장 큰 기쁨은 그의 사랑하는 자녀들인 우리가 기도로 그에게 영광을 돌릴 수 있다는 점이다. 하나님이 영광을 받으시기를!

주님, 당신의 나라와 능력과 영광은 영원합니다. 주의 영광보다 저의 뜻과 욕망에 더 급급했던 저를 용서해 주소서. 제가 해야만 한다고 생각하는 일, 당신이라면 하실 것이라고 생각한 일에만 몰두했습니다. 그러나 당신은 그 이상의 일을 제게 보여 주셨습니다. 당신은 스스로 무엇을 하는지 정확히 아시는 분입니다. 당신의 길은 저의 길보다 더 높습니다. 주님, 제 인생을 통해 당신이 영광 받으시기를 진심으로 원합니다. 제 인생이 당신께 최대의 영광을 돌리는 인생이 되게 하시며, 영광의 충분한 무게를 돌려 드리는 인생이 되게 하소서. 제 마음에 좌정하시고 제 인생에 낱낱이 개입해 주소서. 그래서 당신이 큰 영광을 받게 하소서. 예수님의 이름으로 기도합니다. 아멘.

> **Q 생각해 보기**
>
> 하나님의 영광은 무엇인가? 하나님은 응답된 기도로 어떻게 영광을 받으셨는가? 기도에 응답해 주심으로 계시해 주신 하나님의 속성은 무엇인가?

05
기도인 것과 기도가 아닌 것

내가 주께 기도하오니 시 69:13

기도는 그 자체만으로는 의미가 없다. 마치 스마트폰이 그 자체로 의미가 없는 것과 마찬가지다. 전화기의 가장 중요한 목적은 존재 그 자체에 있지 않고 사람과 사람의 관계를 이어 주는 수단으로 사용되는 데 있다. 만약 우리의 귀를 다른 사람들의 말에 귀 기울이는 데 사용하지 않고 귀 자체에 집착한다면 창조 본연의 용도로 귀를 사용하지 않는 것과 같다. 마찬가지로, 눈에 보이게 기도를 한다 하더라도, 그것이 하나님과 무관한 행위라면 결코 기도라 할 수 없을 것이다.

눈을 감고 앉아 머리를 비우고 의식적인 뇌 활동을 잠시 중단하는 행위는 기도가 아니다. 시민의 권리를 요구하는 집단에 굴복해 공적인 기도 대신 이루어지는 '묵도'moment of silence 역시 기도라 할 수 없다. 두서없이 말을 반복하는 행위도 기도가 아니다. 가부좌를 하고 주문을 외우는 것도 기도가 아니다. 초를 밝히고 신성한 분위기를 낸다든지, 생각이나 의식 속에 누군가를 반복해 떠올리는 행위 역시 진정한 의미의 기도가 아니다. 우리는 교회에서 무릎을 꿇고 고개를 숙이고 눈을 감을 수 있고, 실제로 기도하듯이 소리 내어 말을 할 수도 있다. 하지만 하나님이 아니라 사람들에게 보이려고 기도한다면 그것은 기도라 할 수 없다(눅 18:10-14). 그렇다. 사람들은 전통적으로 기도라고 생각하는 여러 행위를 함으로써 자신들이 기도를 하고 있다고 착각하지만, 단순히 그런 행위만으로는 기도가 되지 않는다.

기도는 본질적으로 하나님과 대화하는 것이다. 있는 그대로 그를 예배하며 진심을 다해 우주의 광대하신 하나님, 실제로 계시는 하나님과 직접 교통하는 것이 기도다.

이런 기본적인 내용들을 상기시키는 이유는, 사실 우리는 자신의 행위를 통해 스스로를 기만할 수 있기 때문이다. 또한 기도할 때 그의 임재 앞에 서 있다는 사실을 망각할 수 있기 때문이다. 그러나 기도할 때 우리는 요한계시록에서 묘사하는 그 하나님 앞에 무릎을 조아리는 것임을 잊지 말아야 한다. "그의 머리와 털의 희기가 흰 양털 같고 눈 같으며 그의 눈은 불꽃 같고 그의 발은 풀무불에 단련한 빛난 주석 같고 그의 음성은 많은 물 소리와 같으며 그의 오른손에 일곱 별이 있고 그의 입에서 좌우에 날선 검이 나오고 그 얼굴은 해가 힘있게 비치는 것 같더라"(계 1:14-16).

요한은 주님을 보자 "그의 발 앞에 엎드러져 죽은 자같이" 되었다(계 1:17). 주님을 뵌 그 순간 그는 두려워 떨며 엎드려 경배했다. 예수님이 요한을 만지시며 "두려워하지 말라"라고 말씀하셨지만, 그가 두려워 입을 열지 못할 만큼 위엄에 찬 분이라는 사실은 달라지지 않았다.

전능자의 존전에 있다는 사실을 제대로 이해한다면 생각이 흐트러지거나 자기 생각에 골몰할 수 없을 것이다. 졸다 깨다를 반복하며 건성으로 기도하지도 않을 것이다. 온 신경 세포까지 각성된 채 그 위엄에 압도당할 것이다. 모든 관심이 그분에게 쏠릴 것이다. 아무 말도 못하고 두려워 엎드리게 될 것이다. 혹시 입으로 말을 한다 하더라도 겸허히 자기를 낮추며 혹시 입으로 실수하지는 않을지 온 신경을 모아 조심할 것이다.

하나님의 종들 중에는 극히 일부지만 그분의 가시적인 임재를 체험할 기회를 허락받은 이들이 있었다. 모세는 시내산으로 홀로 올라오라는 하나님의 부르심을 받았고 백성들이 바깥에서 지켜보는 가운데 회막 안으로 들어오라는 명령을 받았다. 하나님의 임재 앞에 있다는 것은 거룩하다는 뜻이었다. 그들은 하나님과의 만남이 얼마나 엄중한 일인지 깨달았다. 우리 역시 기도가 엄중한 일임을 알아야 한다. 우리가 기도의 특권을 받은 유일한 이유는 '우리의 대제사장'이신 예수께서 그 피로 우리 죄를 대신 지시고 '승천하시어' 아버지께 나아갈 통로를 만들어 주셨기 때문이다(히 4:14).

성전을 지을 때 고대 이스라엘 백성들은 성소와 지성소 사이에 두꺼운 휘장을 달라는 지시를 받았다. 성소 뒤의 이 지성소는 하나님이 임재하시는 곳이었다. 오직 대제사장만 일 년에 한 번 대속죄일에 그곳을 들어갈 수 있었다. 하지만 우리의 완전한 대제사장이신 예수님은 하나님의 흠 없는 어린양으로, 오직 그의 제사만이 죄의 대속물로 용납받을 수 있었다. 그가 숨을 거두시는 순간, 성전의 그 두꺼운 휘장이 "위로부터 아래까지" 둘로 찢어졌다(마 27:51; 막 15:38; 눅 23:45). 그 결과 그리스도의 대속의 보혈로 죄가 용서받음을 믿음으로 받아들이면 누구든지 그 은혜 덕분에 "우리를 위하여 휘장 가운데로 열어 놓으신 새로운 살 길"로 하나님께 나아가도록 초청을 받게 되었다(히 10:20).

예수님은 우리의 중보자이시며 중재자이시다. 그는 고압 전선을 감싸서 전기가 통하지 않도록 절연 기능을 하는 피복과 같다. 그 피복 밑으로는 사람을 한 방에 죽일 수 있는 엄청난 전기가 흐른다. 그러나 성부 하나님이 아들을 세상에 보내어 죄가 없는 몸으로 살아가게 하셨기 때문에(예수께서는 지상에서 인간의 몸을 입으셨고 보통의 인간처럼 만지고 보고 느낄 수 있으셨다) 그리스도의 피는 '하나님의 거룩'이라는 무시무시한 삼키는 불로부터 우리를 보호해 준다. 이제 우리는 "예수의 피를 힘입어 성소에 들어갈 담력을" 얻었다(히 10:19). 이제 그의 임재로 죽음을 당하지 않고 축복을 누릴 수 있게 되었다(출 33:20-23).

우리 형제는 지역 소방서에서 시뮬레이션으로 소방 훈련을 한 적이 있다. 밀폐되고 위험한 공간에서 소방관이 맞서 싸우는 엄청난 열기를 바로 앞에서 느껴 보았다. 그러나 수백 도의 열기가 우리를 에워쌌음에도 우리는 화상을 입지 않았다. 머리부터 발끝까지 엄청난 고온을 견딜 수 있는 보호 장비를 착용하고 있었기 때문이다.

그렇다. "우리 하나님은 소멸하는 불"이시다(히 12:29). 죄인의 몸으로 그에게 나아가는 것은 얼음과자를 이글거리는 태양에 갖다 대는 것과 같다. 우리는 하나님이 우리와는 도무지 비교가 되지 않을 정도로 크고 위대하시며 높은 분임을 언제나 기억해야 한다. 하지만 우리의 대제사장이신 예수님은 죄에 굴복하시지는 않았지만 "우리와 같이 모든 일에 시험"을 받으셨기에 우리의 연약함을 체휼하실 수 있다(히 4:15). 그리고 그를 믿는 우리는 그의 의를 덧입게 되었다. 오직 그리스도를 통해서만 우리는 하나님 앞에서 안전할 수 있다.

기도와 짝을 이루는 이 두 진리는 건강한 긴장 관계에 있다. 우리는 기도로 하나님의 초월성과 내재하심을 동시에 경험한다. 그는 우리의 모든 상상을 넘어설 정도로 초월적인 하나님이시지만 우리 주변의 공기보다 더 가까우신 분이다. 그러므로 우리는 기도해야 한다. 그 안에서 우리의 크신 하나님은 또한 우리의 좋은 친구가 되신다.

우리의 기도는 여기서 출발한다. 또한 우리의 종착점이기도 하다. 기도의 가장 핵심적인 요소를 간추려 기도가 무엇인지 확인한 끝에 우리는 실제적인 한 가지 개념을 도출했다. 혹시 더 나은 개념이 있다면 얼마든지 제안해도 좋다. 우리가 도출한 개념이 기도를 요약할 유일한 개념이라고 고집하고 싶지는 않기 때문이다. 이제 우리는 기도에 관한 세 문장을 소개하고자 한다. 부디 당신의 신앙 여정에 도움이 되기를 바란다.

기도란 무엇인가? 기도는 하나님과의 소통이다.

1. 기도로 우리는 그를 친밀히 알고 사랑하며 예배할 수 있다.

기도는 사랑하는 두 당사자 간의 친밀한 나눔이자 교제다. 이것이 "하늘에 계신 우리 아버지여, 이름이 거룩히 여김을 받으시오며"라는 기도의 역동성이다. 기도는 관계와 예배다. 기도는 하나님을 더욱더 알아갈 수 있는, 다시 말해 그의 속성과 사역을 더 잘 이해할 수 있는 지속적이고 일상적인 방법이다. 그를 더 알고 경험할수록 그를 향한 사랑과 경외심은 더욱 깊어진다. 물론 우리가 그를 사랑한다고 해도 그것은 우리를 향한 그의 사랑과는 비교가 되지 않을 것이다(시 63:3-4). 바울은 에베소 교회를 위해 "능히 모든 성도와 함께 지식에 넘치는 그리스도의 사랑을 알고 그 너비와 길이와 높이와 깊이가 어떠함을 깨달아 하나님의 모든 충만하신 것으로 너희에게 충만하게 하시기를 구하노라"(엡 3:18-19)라고 기도했다. 그를 알고 사랑하면 당연히 그를 예배할 수밖에 없다. 하나님의 임재하심에 대한 자연적인 반응이 예배다. 그를 경배하고 사랑의 찬양을 드리게 된다. 헌신과 기쁨으로 반응하며 자발적으로 복종하게 된다. 이런 기도의 특성은 또 다른 기도의 목적으로 연결된다. 기도는 하나님과의 소통이다.

2. 그래야 우리 인생을 이해하고 그의 뜻과 길로 갈 수 있다. 기도는 단순히 상황을 바꾸는 것이 아니라 우리를 변화시킨다. 기도하면 하나님은 우리에게 그의 뜻과 길을 밝히 보여 주시고 우리 마음과 생각을 그의 뜻과 일치하도록 해주신다. 우리는 그의 주 되심에 복종하게 된다. 그리스도는 "몸인 교회의 머리"이시며 "만물의 으뜸"이 되기에 합당하신 분이다(골 1:18). 우리는 그분이 우리가 원하는 삶의 방식에 맞추어 주시도록 요구하지 않는다. 오히

려 그의 권위 아래 우리를 내려놓는다. "주의 나라가 임하시오며 주의 뜻이 저와 제 삶에서 이루어지게 하소서"라고 기도한다. 그리고 그분이 이끄시는 대로 따라간다. 우리는 하나님과 보내는 시간이 많을수록 더 겸손해지고 이타적으로 변하며 예수님을 더 닮아갈 것이다. 기도는 하나님과의 소통이다.

3. 그렇게 해서 그의 나라와 능력과 영광을 누리고 세상에 더욱 드러낸다. "오늘 우리에게 … 주시옵고 … 시험에 들게 하지 마시옵고 … 구하시옵소서"라고 기도한다는 것은, 하나님 나라의 자원을 활용하며 그의 능력이 우리 대신 역사하고 우리가 처한 상황에서 그의 영광을 보여 주시도록 구하는 것이다. 하나님은 그 능력에 제한이 없으신 분이므로 무슨 일이든 이루실 수 있다. 동시에 우리는 이런 것들을 단순히 받아들이는 데서 나아가 그 나라가 확장되도록 해야 한다. 먼저 그의 나라를 구하면 너무나 많은 다른 것들이 본연의 자리를 회복한다(마 6:33). 사람들이 그의 통치에 복종하고 그 이름으로 인해 영광을 돌리도록 기도하게 된다. "나라와 권세와 영광이 아버지께 영원히 있사옵나이다"(마 6:13)라는 주의 기도의 마지막 구절은 단순히 교회와 교회 예배에만 필요한 것이 아니다. 이 구절은 하나님이 모든 만물의 주인이시고 통치자이시며 그 모든 것을 갖기에 합당하신 분임을 알려 준다. 기도는 전능하신 하나님을 더 알아갈 수 있는, 값으로 매길 수 없는 특권을 허락할 뿐 아니라 그 영광을 위해 열국 가운데 이미 행하고 계신 일에 동참할 수 있는 놀라운 특권을 허락한다.

하나님은 우리를 구속하시고 용서하시며 유업에 참여하게 하시고 성령을 주심으로, 또한 그리스도 안에서 우리가 어떤 존재인지 설명하는 에베소서 1장의 모든 것을 주심으로 우리가 기도하고 이 일을 감당할 수 있도록 해주셨다. 하나님은 "그의 영광의 풍성함을 따라"(엡 3:16) 우리에게 필요한 모든 자원에 접근하도록 해주셔서 내적으로 강건하게 되어 완전한 승리를 거두며 그를 섬길 수 있는 힘을 얻도록 하신다. 기도로 우리는 그 축복을 넘치도록 풍성히 부어 주시는 분과 교제한다. 그를 예배하고 그에게 감사드리며 그 말씀을 청종하고 배우며 섬긴다. 우리는 그리스도를 통해 우리의 전 생애를 가장 중요한 대상에 헌신하고 있음을 확신하며 그에게 언제라도 나아갈 수 있다.

다시 말하지만 기도는 그 자체가 목적이 아니다. 기도는 하나님이라는 대상이 중요하다. 하나님의 인격을 알고 그를 기쁘게 해드리는 것보다 단순히 하나님의 채우심과 보호하심을 누리는 것만이 목적이 된다면 우리는 탈선하게 된다. 그러나 기도의 유일한 목표가 하나님과 일대 일로 관계를 누리는 삶이 된다면, 하나님은 기도로 그의 뜻과 계획과 공급하심과 보호하심, 그 외 모든 것을 누리도록 도와주실 것이다.

무슨 일을 하든지 그의 영광을 위해서 해야 한다.

기도의 정의

기도는 하나님과의 소통이다. 그러므로…
1. 그를 친밀히 알고 사랑하며 예배하게 된다.
2. 그의 뜻과 길을 이해하고 우리의 삶을 그 뜻에 맞추게 된다.
3. 그의 나라와 능력과 영광을 누리고 확장시킬 수 있게 된다.

아버지, 제가 기도할 때 주의 놀라운 임재 가운데 있음을 절대로 잊지 않게 도와주소서. 의무감이나 무성의한 의식을 치르는 것처럼 기도하지 않게 하시고, 무의미한 말을 단순히 반복하는 기도가 되지 않게 해주소서. 예배하는 가운데 사랑으로, 또한 주를 인격적으로 만나겠다는 진정한 갈망으로 기도하게 하소서. 저의 주장과 자기 확신을 포기하게 하시고, 오직 주의 뜻에 일치하고자 하는 간절함을 주소서. 주의 나라가 저의 마음과 집에서 시작되어, 주께서 이끄시는 곳이라면 어디든지 가게 해주소서. 예수님의 이름으로 기도합니다. 아멘.

> **Q 생각해 보기**
>
> 당신은 기도를 통해 하나님을 더 알아 가고 사랑하며 섬기게 된 경험이 있는가? 기도를 하면 할수록 하나님의 뜻과 길을 더 잘 알고 삶으로 실천하게 되는가?

06
기도의 유형

그러므로 내가 첫째로 권하노니
모든 사람을 위하여 간구와 기도와 도고와 감사를 하되 딤전 2:1

지금까지 많은 곳에서 기도의 여러 유형들을 설명하는 데 도움이 될 창의적인 리스트와 방법을 개발했지만, 이 책에서는 우리의 목적에 맞게 수년 전에 배웠던 방식인 A.C.T.S.(Adoration 찬양, Confession 고백, Thanksgiving 감사, Supplication 간구)를 사용할 것이다.

특정 순간의 기도는 어떤 경우이든 이 네 가지 포괄적 유형 중 하나에 해당할 것이다. 시간이 흘러도 하나님과 충만한 관계가 유지되기를 바란다면, 당신의 기도에 이 요소들이 모두 통합적으로 녹아들어 있어야 한다.

반드시 고수해야 할 엄격한 원칙 따위는 없다. 하나님은 우리가 기도할 때 필요한 대로 이 영역들을 자유롭게 드나들 수 있는 자유를 주신다. 오직 한 요소로만 하나님께 나아갈 수도 있고 이 모든 요소를 다 통합한 방식으로 하나님께 나아갈 수도 있다. 하지만 이 네 요소가 모두 포함된 기도는 주님과 교제할 때 매우 유용하고 자연스럽게 관계가 진전되도록 도와준다.

1. 찬양 Adoration은 하나님을 찬송하고 경배함으로 드리는 기도다. 그는 우리의 모든 찬양을 받으시기에 합당하신 분이다. 찬양으로 우리는 단순히 그에게 우리의 필요를 아뢰는 데 치중하지 않고 마음 깊이 그를 찬송하고 높여 드릴 수 있다.

우리는 각기 일생 동안 하나님을 찬양하도록 창조되었고 또 그렇게 부르심 받았다(엡 1:5-6; 히 13:15). 시편 기자는 "호흡이 있는 자마다 여호와를 찬양할지어다 할렐루야"(시 150:6)라고 말했다. 예수님은 기도하실 때 하늘 아버지를 찬양하셨고, 우리 기도의 가장 중요한 우선순위로 찬양을 제시하셨다. 그는 "이름이 거룩히 여김을 받으시오며"라는 내용으로 시범용 기도를 시작하셨는데(마 6:9), 그때 하나님의 거룩하심을 가장 먼저 인정하며 기도하셨다. 절대적으로 순결하고 완전하신 그분을….

시편 150편은 가능한 모든 수단을 동원해서 어디에서나 항상 하나님을 찬양하라고 우리에게 도전한다. '할렐루야'라는 히브리어는 실제로 '야'(Yah, 여호와)를 '할렐'(찬양하라)하라는 명령이다. 하나님을 누리고 지극히 놀라운 분에 대한 우리의 경이로운 마음을 표현하라는 초청이다. 영원에 대비해 연습하는 것이라고 생각하라.

우리는 무엇이든 찬양하는 존재로 만들어졌다. 진심으로 귀하게 여기는 대상이라면 마음과 관심과 돈과 시간을 기꺼이 바친다. 입술과 삶으로 전심을 다해 하나님을 찬양한다면 가장 위대하신 분을 위해 가장 위대한 방법으로 가장 위대한 일을 하는 셈이다.

찬양으로 기도할 때 우리는 자신과 인생에 몰아닥치는 폭풍에 집중하기를 멈추고 어떤 상황이나 요청도 너끈히 다루실 유일하신 분께 시선을 고정하게 된다(고후 3:18).

성경에 나타난 찬양을 살펴보면 사람들이 하나님께 다음과 같은 내용을 표현하는 모습을 볼 수 있다.

- **하나님이 어떤 분이신지를 상기함**: 주는 우리의 창조주이십니다, 주는 놀라우신 분이십니다, 만유의 주이십니다
- **하나님이 이루신 역사를 상술함**: 주가 우리를 건져 주셨습니다, 주가 우리를 구원해 주셨습니다, 주가 나의 필요를 공급해 주셨습니다
- **하나님의 거룩하심을 인정함**: 주와 같은 분은 없습니다, 주는 그 어떤 것보다 더 위대하시고… 뛰어나시며… 높으시고… 능력이 많으십니다
- **하나님의 이름을 기뻐함**: 주의 이름을 높여 드립니다, 제가 주의 이름을 찬양합니다, 우리가 주의 이름을 높여 드립니다
- **통치에 굴복함**: 주를 사랑하며 제 인생을 드립니다, 주께 굴복합니다, 저의 존재와 모든 소유는 당신의 것입니다

당신은 기도할 때 얼마나 하나님을 찬양하는가? 필요를 아뢰는 대신 그를 높이고 찬양하는 일에 얼마나 집중하는가? 그의 놀라우신 속성과 그가 우주에서 가장 위대하신 분임을 얼마나 진정성을 갖고 고백하는가?

찬양으로 우리는 그의 위엄을 기뻐하며 누린다. 그가 완전하시며 전능하시고 정확하신 분임을 기억한다. 그가 우리를 뛰어넘어 계시는 분임에도 우리 가까이 다가오시는 분임을 인정한다. 그

렇게 우리는 그의 사랑의 온기를 느끼며 목소리를 높여 그를 경배한다. 가장 먼저 그에게 찬양을 올려 드릴 때 우리는 인생의 모든 것을 더 정확하게 바라볼 수 있다.

2. 고백 Confession은 죄를 정직하게 드러내는 기도다. 하나님께 가까이 나아가며 효과적으로 기도드리기 위해서는 하나님 앞에서 잘못을 드러내고 정결함을 덧입는 것이 꼭 필요하다. 우리는 모두 죄인이며 모두 넘어진다(약 3:2). 우리가 하나님께 정직하게 죄를 고백하고, 우리 삶에서 아직 다루어지지 않은 죄를 돌이켜 회개하지 않는다면, 하나님을 제대로 섬길 수 없고 하나님께 어떤 것도 구할 수 없다. 그러나 우리 죄를 고백하면 복이 있을 것이다. "허물의 사함을 받고 자신의 죄가 가려진 자는 복이 있도다 마음에 간사함이 없고 여호와께 정죄를 당하지 아니하는 자는 복이 있다"(시 32:1-2).

하나님의 말씀, 하나님의 성령, 우리의 양심은 우리가 저지른 잘못이나 우리가 행하지 않은 선이 있음을 드러내어 알려 준다(약 4:17). 그러나 하나님은 그리스도의 십자가를 통해 누구나 용서받을 길을 마련해 놓으셨다. 하나님이 죄를 드러내시는 이유는 우리를 정죄하려는 것이 아니라, 죄에서 돌이켜 그 앞에 나아가 깨끗함을 입게 하려는 데 목적이 있다(요 3:16-17; 행 3:19). 우리는 언제나 죄를 합리화하거나 부정하고 고집스럽게 그 죄에 집착하고 싶은 유혹을 받을 것이다. 그러나 그런 상태에서 진정한 자유나 기쁨이 있을 리 만무하다. 오직 공허함과 원치 않는 결과만 있을 뿐이다. 예수님께서 우리에게 모델로 주신 일상 기도에 "우리가 우리에게 죄 지은 자를 사하여 준 것같이 우리 죄를 사하여 주시옵고"(마 6:12)라는 내용을 포함시키신 것도 같은 이유다.

다윗 왕은 밧세바와 간음하고 그녀의 남편을 살인했다는 죄를 지적받았을 때 간절한 고백의 기도를 드렸다. 그는 "내가 이르기를 내 허물을 여호와께 자복하리라 하고 주께 내 죄를 아뢰고 내 죄악을 숨기지 아니하였더니 곧 주께서 내 죄악을 사하셨나이다"(시 32:5)라고 증언했다. 기도는 매일 빛 가운데 행하며(요일 1:5-7) 정직하게 스스로를 되돌아보고 우리 안의 어둠을 처리할 수 있는 기회라 할 수 있다. 또한 그가 지적해 주시는 사실을 우리 스스로에게 적용하고 그 사실을 그분에게 고백하는 기회이기도 하다. 하나님이 우리의 잘못을 지적하실 때 우리는 마음 깊은 곳에서부터 그분의 지적에 동의해야 한다.

성경에서 반복적으로 사용하는 표현은 하나님 앞에 우리 마음을 '쏟아놓다'pour out라는 구절이다(시 62:8). 그 자비가 아침마다 새로운 분 앞에 우리는 자유로이 나아가야 한다. 그는 신실하게 우리 죄를 정결케 해주신다. 우리를 고쳐 주시며 그분과 우리의 교제를 회복해 주신다. 정직하게 죄를 고백하면 그의 용서를 새롭게 경험할 뿐 아니라 죄의 사슬에서 해방되어 더 큰 자유를 누릴 수 있다.

3. 감사 Thanksgiving는 하나님께 겸손한 마음으로 드리는 것이다. 찬양이 하나님의 속성에 더 집중한다면 감사는 그가 행하신 일을 부각시킨다. 부모가 감사를 표현하는 자녀들로 인해 기뻐하는 것처럼 우리는 하늘 아버지께서 우리의 진정한 감사를 너무나 기뻐

하신다는 것을 알고 "감사함으로 하나님을" 높여 드려야 한다(시 69:30). 감사는 "그 이름을 증언하는 입술의 열매"(히 13:15) 외에 어떤 대가도 치르지 않는다.

그러나 감사하지 않을 때는 참으로 큰 대가를 치르게 된다. 실제로 감사하지 않는 것은 유독성 죄악이다(롬 1:21; 딤후 3:1-5). 시기, 탐욕, 음욕, 원망, 절도, 질투, 탐심은 모두 감사하지 않음에서 비롯된다. 감사하지 않는 사람들은 거의 모든 환경에서 끊임없이 원망하고 투덜거린다. 매사에 불평하고, 현재 가진 것을 제대로 누리지 못하며, 언제나 더 많은 것을 원한다.

감사하는 마음을 훈련하는 것이 하나님의 중요한 관심사인 이유가 이 때문이다. 하나님의 말씀은 감사를 명령한다(살전 5:18). 주의 사역은 감사를 요구하며(시 106:47), 그의 성령은 감사의 마음을 불어넣는다(고전 2:11-12). 하나님의 은혜는 세상 모든 곳의 신자들이 어떤 상황에서도 감사할 수 있도록 돕는다(시 118:21). "이는 모든 것이 너희를 위함이니 많은 사람의 감사로 말미암아 은혜가 더하여 넘쳐서 하나님께 영광을 돌리게 하려 함이라"(고후 4:15).

인생에서 부딪히는 고통과 어려운 문제에도 불구하고 모든 사람에게는 감사할 일이 있다. 하나님의 말씀은 "범사에 … 항상 아버지 하나님께 감사"하라고 한다(엡 5:20). 성경은 모든 곤란과 어려움 속에서도 "감사함을 넘치게 하라"고 말한다(골 2:7). 그러나 어떻게 감사하라는 말인가?

감사는 하나님의 불변하는 속성과 직접적인 관련이 있다. 우리가 찬양하는 하나님의 바로 그 속성들이 감사의 상황을 조성한다. 비록 세상은 점점 더 암울한 상황으로 치닫고 있지만 하나님의 말씀은 선을 약속하며 그의 사랑에는 절대 변함이 없다. 그가 그를 사랑하는 이들을 위해 선을 이루고자 모든 상황에서(심지어 불행한 일에서까지) 늘 일하고 계시므로 우리는 항상 감사할 이유가 있다(롬 8:28-29). 따라서 우리의 머리가 감사할 일이 전혀 없다고 말할 때, 그 아들의 희생뿐 아니라 그가 과거에 보이신 신실하심과 지속적인 돌보심은 우리가 그를 신뢰해야 함을 일깨워 준다. 감사하게도, 그는 지금도 변함없이 신실하신 분이다. 우리는 그가 지금까지 일하신 것을 보았고(다른 설명이 필요 없는 기적들, 완벽한 때에 사건을 정리하신 일), 해가 떠서 질 때까지 그의 놀라운 신실하심을 확인할 수 있다.

만약 당신이 종으로 팔려 남의 집에서 노예로 섬기게 된 요셉이나 사자 굴에 들어간 다니엘, 골리앗의 조롱을 받은 다윗, 혹은 예수께서 십자가에 못 박히신 모습을 보고 있는 마리아라고 생각해 보라. 그리고 스스로에게 '이런 상황에서 어떻게 하나님께 감사할 수 있는가?'라고 자문해 보라. 이렇게 하나같이 암울하고 고통스러운 순간에도 하나님은 놀랍게도 선을 이루어 나가셨고, 그런 환경의 세세한 부분을 통해 큰 영광을 받으셨다. 그러므로 우리 역시 믿음으로 기도할 때 감사할 수 있다. 어둠은 잠시 있다 사라진다. 그러나 구원과 그의 성령과 말씀과 사랑은 모두 영원하다. 하나님이 달리 아무 일을 해주시지 않는다 해도 그가 이미 행하신 일들은 우리가 평생 감사할 충분한 이유가 된다.

4. 간구 Supplication는 하나님께 무엇인가를 요청하는 것이다. 나

자신이나 누군가의 필요를 채워 주시도록 하나님께 호소하는 것을 뜻한다(엡 6:18). 성경은 "너희가 얻지 못함은 구하지 아니하기 때문이요"(약 4:2)라고 말한다.

기도의 4가지 유형 중에서 간구를 가장 늦게 소개한 것은 성경적인 지혜로움에 기인한다. 먼저 하나님을 찬양하고 죄를 고백하며 그가 이루신 일에 대해 감사할 때 우리 마음은 더 순결해지고 믿음으로 기도할 준비가 된다.

간구의 중요한 한 가지 형태는 중보다. 중보란 누군가 다른 사람 대신 간청하며 개입한다는 의미를 내포하고 있다. 중보는 다른 사람들을 위해 사랑을 표현할 수 있는 가장 좋은 방법 중 하나다. 하나님이 이스라엘을 심판하시려 하자 모세는 그들을 위해 중재하며 자비를 구했다. 하만이 유대인들을 말살할 음모를 꾸미자 에스더는 기도로 중보한 후 자기 백성들을 위해 정치적인 중재에 나서서 동족을 구원했다. 성경은 예수님이 하나님 아버지의 오른편에 계시며 늘 우리를 위해 중보하신다고 말한다. 또한 성도의 마음에 계시는 성령께서 하나님의 뜻대로 우리를 위해 중보하고 계신다고 말한다(롬 8:27). 우리 역시 다른 이들을 위해 기도하는 법을 배워야 한다.

기도할 때 이 4가지 A.C.T.S.(찬양, 고백, 감사, 간구) 유형의 기도가 다 포함될 필요는 없다. 때로 "주여 나를 구원하소서"라고 소리친 베드로처럼 필요만 아뢰어야 할 경우도 있고(마 14:30), 예수님처럼 "아버지여, 아버지의 이름을 영광스럽게 하옵소서"라고 기도해야 할 때도 있다(요 12:28).

지금까지 주님과 함께한 시간 중에서 이 4가지 형태의 기도가 모두 포함된 경우는 얼마나 되는가? 어떤 요소는 과도하게, 혹은 어떤 요소는 거의 포함되지 않은 경우는 없었는가? 되도록 4가지 요소가 골고루 포함되도록 기도하며 각 요소들이 더 심층적으로 기도에 녹아나도록 훈련하라. 이렇게 모든 요소가 골고루 조화를 이룰 때 더 풍성하고 온전한 기도를 경험할 수 있을 것이다.

하늘에 계신 아버지, 거룩하시고 영광을 받으실 주의 이름을 찬양합니다. 저의 하나님이신 당신을 경배하오니 저의 삶을 통해 영광을 받으소서. 제 깊은 곳까지 살피시고 주님이 기뻐하시지 않는 모든 것에서 저를 깨끗하게 해주소서. 제가 다른 사람들을 용서한 것처럼 저를 용서해 주소서. 필요를 채워 주시고 보호해 주시며 신실함을 보여 주심에 감사드립니다. 매일 주의 존전으로 초청해 주셔서 감사드립니다. 제게 기도하는 법을 가르쳐 주소서. 오, 주여! 제가 기쁨으로 경배하고 예배하며 어떤 죄이든 주저 없이 고백하도록 훈련하게 해주소서. 겸허한 마음으로 주께 감사를 드리며, 저와 주변의 가장 가까운 이들에게도 이렇게 해주시도록 기도합니다. 오 하나님, 당신께 모든 영광을 돌려 드립니다. 예수님의 이름으로 기도합니다. 아멘.

> **Q 생각해 보기**
> 찬양이란 무엇인가? 고백은 무엇이며 감사는 무엇인가? 간구는 무엇인가? 당신은 어떤 기도를 가장 많이 하는 편인가? 어떻게 해야 이 모든 기도를 통합적으로 드릴 수 있는가?

07
하나님의 기도 응답은 무엇인가?

내가 여호와께 간구하매 내게 응답하시고 시 34:4

하나님은 기도에 응답해 주신다. 단순한 선전 구호가 아니다. 예수님은 "구하는 이마다 받을 것이요"(마 7:8)라고 말씀하셨다. 그러나 사랑하는 아버지가 자녀들의 요청을 걸러서 들어주듯, 하나님은 완전한 그의 뜻이라는 렌즈로 우리의 요청을 살펴보신다. 그리고 때로는 우리가 원하는 것보다 훨씬 더 나은 것으로 응답해 주신다.

하지만 어쨌든 그는 분명히 응답해 주신다. 그만의 지혜로운 방법으로, 그의 영광을 드러내시는 방향으로…. "정직하게 행하는 자에게 좋은 것을 아끼지 아니하실 것임이니이다"(시 84:11).

실제로 더 밝은 영적 불빛에 비추어 살펴보면 하나님의 기도 응답 중 얼마나 많은 경우가 '예스'의 다른 이름인지 알고 놀라게 될 것이다. 그러나 일반적으로 기도에 대한 하나님의 응답은 대략 다섯 가지 유형으로 나누어 볼 수 있다. 차례로 살펴보자.

1. 즉각적인 응답

기도할 때 우리의 요청이 하나님의 뜻과 시기에 정확히 일치하는 경우가 있다. 그럴 경우 하나님은 즉각적으로 기도에 응답해 주신다. 기도한 당일에 바로 기도가 응답될 수도 있다.

그러나 때로 하나님의 응답은 그보다 더 빠른 경우도 있다. "그들이 부르기 전에 내가 응답하겠고"(사 65:24). 주인의 아들(이삭)의 신붓감을 구하라는 임무를 받은 아브라함의 종을 생각해 보라. 그 종은 "오늘 나에게 순조롭게 만나게 하사"(창 24:12)라고 하나님께 기도했다. 그는 하나님이 정하신 신부임을 한눈에 알아볼 구체적인 증표를 구했다. 그리고 "말을 마치기도 전에" 리브가라는 이름의 처녀가 나타났다(15절). 그녀는 그가 기도한 대로 낙타에게 물을 주었다. 후에 이 처녀는 이삭의 어여쁜 아내가 되었다.

이것이 의미하는 바는 무엇인가? 그녀는 아브라함의 종이 기도를 하기도 전에 이미 집에서 우물로 출발했을 것이다. 더욱이 종이 찾던 신붓감임을 증명한 친절함과 배려심은 어릴 때부터 그녀가 길러온 덕목이었을 것이다. 즉 그녀는 이런 만남이 있기 전에 이미 준비되어 있었다. 하나님은 시간에 얽매이시는 분이 아니다. 우리가 기도하기 10년 전에 이미 기도에 응답할 준비를 하셨을지도 모른다. 언젠가 우리가 구할 기도에 대비해 지금 이미 준비를 하고 계실지도 모른다. 즉각적인 기도 응답은 언제나 즐거운 경험이다.

2. 때를 기다려야 하는 응답

지체되었다고 기도 응답이 거부당했다고 생각해서는 안 된다. 아홉 살 소녀가 웨딩드레스를 사 달라고 엄마에게 요청한다면 엄마는 안 된다고 거절할 수 있다. 그러나 실제로 그 거절은 "알았어, 사 줄게. 하지만 지금은 안 돼. 넌 아직 어려서 준비가 안 되어 있단다"라는 의미일 것이다.

제사장 사가랴는 아내가 아이를 갖지 못하자 젊을 때부터 자녀를 달라고 하나님께 수없이 기도했다. 그러나 세월이 흐르고 희망은 사라졌다. 이제 두 사람 다 나이가 들었고 자녀를 갖기에는 너무 늦어 버렸다. 그러나 어느 날 사가랴는 성전에서 섬기고 있을 때 "너의 간구함이 들린지라 네 아내 엘리사벳이 네게 아들을 낳아 주리니"(눅 1:13)라는 놀라운 천사의 말을 들었다. 그가 자녀를 구하는 기도를 마지막으로 드린 것은 아마 수십 년 전의 일이었을 것이다. 그러나 기도 요청이 거절당했다고 생각한 그 긴 세월 동안 하나님은 막후에서 움직이시며 놀라운 응답을 알려 주시고자 완벽한 순간을 기다리고 계셨다.

거짓 무고를 당해 석방될 날을 기다리며 감옥에서 생기를 잃어가던 애굽의 요셉을 생각해 보라. 약속된 메시아를 기다리며 구약 시대 내내 부르짖던 이스라엘 백성들의 절규를 생각해 보라. "아멘 주 예수여 오시옵소서"(계 22:20)라는 사도 요한의 기도를 되풀이하며 하나님이 영광 가운데 나타나셔서 최후의 구조 작업을 펼치시고 우리를 천국으로 데려가실 날을 기다리는 오늘날의 우리를 생각해 보라. 그렇다. 그분은 분명히 그 일을 하실 것이다. 그러나 아마 오늘은 아닐 것이다. 그가 오늘 우리에게 주시고자 하는 것은 때가 될 때까지 기다릴 수 있는 믿음과 인내심일 것이다. 어제 응답되지 않은 듯 보이는 기도로 인해 오늘이나 내일 자유와 믿음으로 다시 기도하기를 중단하지 말아야 하는 이유가 여기에 있다.

3. 배워야 할 교훈이 있는 응답

때로 하나님은 교훈을 가르치기로 작정하시고 우리가 구하는 것을 주신다. 예를 들어 우리가 구하는 것이 실제로 어떤 것인지 모를 때 이렇게 응답해 주신다. 주변 이방 나라들처럼 왕이 없다는 사실에 마음이 상한 이스라엘 백성들은 지도자 사무엘에게 왕을 요구했다. 사무엘은 그들이 세운 왕이 백성들의 아들과 딸들을 징발하고 세금을 매기며 부당하게 그들의 재산을 강탈할 것이라는 주님의 말씀을 전했다. "그 날에 너희는 너희가 택한 왕으로 말미암아 부르짖되"(삼상 8:18)라고 사무엘은 경고했다. 그러나 그들은 "아닙니다. 우리에게 왕을 주십시오"라고 항변했다. 하나님은 결국 그들에게 사울이라는 왕을 주셨고, 사울은 하나님의 예언을 모두 실현한 왕이 되었다.

우리는 욕심을 따라 구하지 말고, 무언가를 필요로 할 때 그 필요를 채워 주실 하나님을 신뢰해야 한다. 우리가 구한 대로 응답해 주신다 하더라도 언젠가 그것을 후회할 순간이 온다. 오히려 거절해 주심에 감사할 것이다. 우리는 예수님이 기도하신 대로 기도하는 법을 배워야 한다. "그러나 내 원대로 마시옵고 아버지의 원대로 되기를 원하나이다"라고 기꺼이 구할 수 있어야 한다(눅 22:42).

4. 마음 상태가 옳지 않아 거절당하는 응답

야고보는 하나님이 응답을 지체하시는 이유가 항상 시기가 맞지 않은 탓만은 아니라고 말했다. 때로 "구하여도 받지 못함은 정욕으로 쓰려고 잘못 구하기 때문"이다(약 4:3). 응답을 구하는 근본적인 이유가 탐욕이나 욕심, 교만이라면 하나님은 그 유해한 요청으로 인해 초래될 상처나 우상 숭배에서 우리를 보호하실 목적으로 응답을 거부하실 수 있다.

잠언 1장은 "그 때에 너희가 나를 부르리라 그래도 내가 대답하지 아니하겠고 부지런히 나를 찾으리라 그래도 나를 만나지 못하리니 대저 너희가 지식을 미워하며 여호와 경외하기를 즐거워하지 아니하며"(28-29절)라고 말한다. 그들의 태도와 행동, 다시 말해 그들의 마음 상태가 도움을 바라는 요청과 응답 사이를 가로막았다. 그러나 그들이 회개하고 들을 준비가 된다면 상황은 매우 달라질 것이다.

지혜로운 부모들은 종종 자녀의 마음을 돌리기 위해 요구를 들어주지 않고 보류한다. 그렇다고 영원히 거절하지는 않는다. 다만 지금은 자녀가 부모의 선물에 감사한 마음을 갖거나 제대로 그 선물을 다룰 상태가 아니라고 생각한다. 선물을 받으면 상황이 더 악화될 것이다. 우리를 사랑하시는 하나님 역시 동일한 이유로 기도 응답을 거절하실 수 있다. 하나님의 뜻이 아니라면 (하나님처럼

다 알지는 못하더라도) 우리 역시 그것을 진정으로 원하지 않을 것임을 기억하라.

5. 더 나은 계획 때문에 거절되는 응답

때로 우리는 너무 사소한 것을 구한다. 제한적인 지식에 갇혀 있거나 과거의 경험을 벗어나 생각하기 힘들어 하나님은 집처럼 거대한 것을 주려 하시는데 우리는 손바닥처럼 작은 것을 구할 수 있다.

베데스다 연못 근처에는 물이 움직일 때 그곳에 들어가 낫기를 기대하는 병든 사람들이 모여 있었다. 예수님이 만난 한 병자는 어떻게 해서든 물이 움직일 때 연못으로 내려가고 싶었다. 예수님은 단도직입적으로 "네가 낫고자 하느냐"(요 5:6)라고 질문하셨다. 하지만 모든 사람이 원하는 것은 남보다 먼저 그 연못에 몸을 담그는 것이었다. 예수님은 "내가 바로 지금 이 자리에서 낫게 해주면 어떠하겠느냐?"라고 그에게 다시 말씀하셨다. "일어나 네 자리를 들고 걸어가라"(8절). 하나님은 그가 원하는 것 이상을 그에게 주셨다.

예수님이 지체하심으로 나사로가 병에서 낫지 못하고 사망하자, 상심한 마르다는 "주께서 여기 계셨더라면 내 오라버니가 죽지 아니하였겠나이다"(요 11:21)라고 말했다. 그러나 예수님은 친구를 죽은 자 가운데서 살리는 것이 하나님께 더 큰 영광을 돌려 드리는 훨씬 더 나은 기도 응답임을 알고 계셨다.

마르다의 경우 표면적으로는 응답을 거부하신 것이지만 더 크게 보면 사실상 긍정적으로 응답해 주신 것임을 알 수 있다. 우리가 우리의 이해 범위를 넘어서는 것을 구할 때 하나님은 철저히 우리를 놀라게 하시는 방법으로 기도에 응답하실 수 있다. "우리 가운데서 역사하시는 능력대로 우리가 구하거나 생각하는 모든 것에 더 넘치도록 능히 하실 이에게" 기도하는 것이 유익한 이유가 여기에 있다(엡 3:20).

병을 낫게 해달라고 기도했던 사람이 사망할 수도 있다. 취직하게 해달라고 기도했지만 기회가 사라지는 경우도 있다. 결혼하게 해달라고 기도하거나 자녀를 낳게 해달라고 기도해도 응답되지 않을 수 있다. 최종적 응답이 올 때까지 포기하지 말고 믿음으로 계속 구하라. 그러나 최종 응답이 원하는 것과 다르더라도 하나님의 성령이 우리를 붙드실 것과 전능하신 분께서 후히 베풀어 주실 것을 신뢰해야 한다. 그는 언제나 그를 사랑하는 자들을 위해 모든 것이 합력하여 선을 이루게 하시는 분이다(롬 8:28). 우리는 그가 꼭 필요한 것을 주실 분임을 확신하며 구하고 기대할 수 있다.

그러나 얻지 못하는 유일한 이유가 무엇보다 한 번도 구하지 않았기 때문일 때도 있음을 잊지 말아야 한다(약 4:2). 하나님이 대부분 "안 돼" 혹은 "아직 안 돼"라고 말씀하신다 해도 구하기를 포기해서 응답받지 못하는 경우는 없도록 해야 한다.

아버지, 저는 그동안 주께서 저의 기도를 듣고 계시지 않을 것이라고 생각했습니다. 혹은 들으신다 하더라도 거절하실 것이라고 생각했습니다. 오늘 당신 앞에 무릎을 꿇고 엎드립니다. 지혜와 사랑이 많으시며 전능하신 손에 제가 붙들려 있음을 그 어느 때보다 더 깊이 확신하며 나아갑니다. 당신을 신뢰할 수 있음을 확신합니다. 당신이 저의 기도를 거절하신다 해도 어떤 면에서는 더 훌륭한 응답일 수 있음을 믿습니다. 당신은 사랑하는 자에게 모든 좋은 것을 아낌없이 주겠다고 말씀하셨습니다. 저로 기도하게 하시고, 진정으로 저의 유익을 원하시는 당신의 진심을 깨닫게 해주셔서 감사합니다. 더욱 당신을 신뢰하게 하시고, 당신이 기도 응답으로 영광 받기 원하심을 기억하며 더 큰 믿음으로 기도하게 하소서. 예수님의 이름으로 기도합니다. 아멘.

> **Q 생각해 보기**
>
> 기도가 즉각 응답된 경험이 있는가? 몇 년이 지나서야 응답된 기도는 무엇인가? 자녀 양육이 하나님의 기도 응답 방식을 이해하는 데 어떤 도움이 되었는가?

08
시간을 정해 드리는 기도

무리를 작별하신 후에 기도하러 산으로 가시니라 막 6:46

살다 보면 기도하고 싶은 마음이 생길 때가 있다. 위기 때문일 수도 있고, 어떤 소망이나 이성을 마비시킬 듯한 두려움 때문일 수도 있다. 그러나 기도는 매일 일상의 일부가 되어야 한다. 단순히 식전 기도나 취침 기도를 말하는 것이 아니다. 오직 주님께 집중하며 그분과의 관계를 위해서 따로 시간을 내어 기도하는 것을 말하는 것이다. 이번 장에서는 이처럼 시간을 정해서 드리는 기도에 대해 살펴볼 것이다.

데살로니가전서 5장 17절은 "쉬지 말고 기도하라"고 권면한다. 다시 말해서 늘 하나님께 말하고 귀 기울여 듣는 태도와 행동을 유지해야 한다는 뜻이다. 기도는 우리 사고 활동의 자연스러운 일부가 되어야 한다. 단순히 예배드릴 때만 기도할 것이 아니라 일을 할 때도 기도하라는 말이다. 조용한 순간뿐 아니라 혼란스러운 와중에서도 기도하라는 말이다. 그가 계시기 때문에 우리는 기도한다. 그가 하나님이시기 때문에 우리는 기도한다. 그가 우리를 돌보시기 때문에 우리는 기도한다.

그러나 매일 매순간 기도하지 않는다고 죄를 짓는다는 의미는 아니다. 그렇게 한시도 쉬지 않고 기도하기란 불가능하다. 아이들이 쉬지 않고 논다거나 십 대 아이들이 친구들과 계속 문자를 주고받는다고 해서, 그들이 놀거나 문자 주고받기 외에 아무것도 하지 않는다는 의미는 아니다. 단지 놀이가 아이들의 일상 활동에서 중요한 위치를 차지하고 있음을 말하는 것이다. 많은 십 대들은 문자 메시지로 친구들과 순간순간 대화를 나눈다. 마찬가지로 하나님은 기도하는 것이 우리가 온전히 활용하는 지속적인 기회가 되기를 원하신다. 어떤 상황과 순간에도 우리의 마음과 생각으로 고요히 하나님을 찬양하고 감사하며 의존하기를 원하신다.

흥미롭게도 성경은 기도를 하나님 앞에 향불을 피워 올리는 것이라고 표현한다. 계시록 5장 8절은 향이 가득한 금대접이 '성도의 기도'라고 말한다. 다윗 역시 "나의 기도가 주의 앞에 분향함과 같이 되며 나의 손 드는 것이 저녁 제사같이 되게 하소서"(시 141:2)라고 고백했다.

이 비유의 실제적인 의미가 무엇인지 알려면 성막 안에 위치한 분향단에 대해 하나님이 처음 주셨던 교훈을 살펴보아야 한다. "아론이 아침마다 그 위에 향기로운 향을 사르되 등불을 손질할 때에 사를지며 또 저녁 때 등불을 켤 때에 사를지니 이 향은 너희가 대대로 여호와 앞에 끊지 못할지며"(출 30:7-8).

우리는 기도를 이렇게 이해해야 한다. 기도는 신자의 삶의 중요한 일부다. 가장 우선순위를 두어야 하고 열정을 가져야 하는 것이다.

그러나 '지속적인' 태도로서의 기도는 일상의 규칙적인 계획의 일부로서 기도에 전념하는 시간이 동반되어야 한다. 일상의 다른 활동의 일부가 아니라 오직 기도에만 의도적으로 집중하는 시간이 있어야 한다. 하나님이 우리 삶에서 그 무엇보다 중요하신 분임을 우리 행동과 우선순위로 표현하는 시간이 있어야 한다. 실제로 그는 우리 생명이 되시는 분이 아닌가.

향을 피우는 일은 제사장들이 매일 해야 하는 일과이자 습관이었다. 하루 종일 향을 태웠지만, 하루를 시작할 때와 밤에 일과를 마무리할 때 향을 피우도록 정해져 있었다. 우리 역시 기도를 삶의 정해진 일부로 삼아야 한다.

다윗은 왕으로서 책무를 수행할 때도 "저녁과 아침과 정오에 내가 근심하여 탄식하리니"(시 55:17)라고 말했다. 다니엘 역시 방으로 가서 창문을 열고 하루 세 번 정해진 시간에 하나님께 기도했다. 심지어 그 시간에 기도함으로 목숨이 위태로워진다 해도 중단하지 않았다. 그의 대적들은 그가 언제 기도하는지 알고 있었다. 마가복음 1장과 누가복음 5장에서는 예수님이 정해진 일과의 일부로 일찍 일어나 기도하시는 모습을 볼 수 있다.

기업의 CEO이든, 직장을 구하는 중이든, 기도를 매일 일상에 꼭 필요한 일과로 삼아야 한다. 결혼한 부부는 시간을 정해 함께 기도해야 한다. 가족들은 일상의 일부로 매일 기도해야 한다. 교회는 기도 시간과 모임을 정해서 기도해야 하고, 도시 내 다른 교회들과 연합해 기도하는 시간을 가져야 한다.

일정한 시간을 정해 두면 기도를 잊어버리거나 "나중에 시간 내서 하자"라는 식으로 기도를 미루지 않게 된다. 그렇게 시간을 정해 훈련하면 기도가 거룩한 습관이 될 수 있다. 시간을 정해 기도하는 목표가 이것이다.

정말 중요하다고 생각하면 시간을 낸다. 아무리 바빠도 그 시간을 놓치지 않는다. 예수님은 우리보다 더 바쁜 분이었지만 매일의 기도를 삶의 중요한 우선순위로 삼으셨음을 기억하라.

오늘 엄청난 거부가 전화를 해서 당신이 아침 6시마다 자신을 찾아와 현관벨을 울리면 현금으로 만 달러를 주겠다고 말했다고 해보자. 당신은 어떻게 반응하겠는가? 그렇게 하겠는가? 당연히 그럴 것이다. 말이 필요 없다. 왜 그런가? 무엇인가를 정말 원하고 소중하게 생각하면 그 일을 실천하기 때문이다. 당신은 어떻게든 그 일을 중요한 일정에 포함시킬 방도를 찾아낼 것이다. 마찬가지로, 우리 구주이신 예수 그리스도는 우리에게 매일 말씀을 통해 영원한 보물을 주시고, 우주의 하나님이신 아버지와 대화를 나누고 우리 마음을 털어놓고 필요를 아뢸 기회를 주신다. 그러나 우리는 그런 시간을 낼 수 없는 이유를 찾아내고 여전히 온갖 핑계를 들이댄다.

그러므로 기도를 하나님이 우리 인생에 원하시는 중요한 우선순위로 받아들이겠다고 바로 오늘 결단하라. 매일 하루를 기도로 시작하고 기도로 마감하라. 하나님의 말씀을 읽고 기도하면 훨씬 더 나을 것이다. 1시간이든 단 15분이든, 주님과 함께하는

시간을 계획하고 하나님이 우리 인생을 어떻게 이끌어 가시는지 지켜보라.

주님, 하루의 일상을 돌아보면 꼭 해야겠다고, 혹은 꼭 시간을 내겠다고 생각한 일들이 많이 보입니다. 매일, 날마다 그렇습니다. 그러나 기도에 대해서는, 이렇게 중요한 일에 대해서는 시간을 정해서 실천하는 훈련을 왜 그렇게 쉽게 포기하는지 모르겠습니다. 이런 실수를 계속 범하지 않도록 저를 도와주소서. 언제나 우리 옆에 계시며 저와 대화할 준비를 하고 계신 주님 감사합니다. 당신과 대화하도록 늘 준비된 제가 되기로 결단합니다. 예수님의 이름으로 기도합니다. 아멘.

> **Q 생각해 보기**
> 가장 기본적으로 실천하는 기도 시간은 언제이며 장소는 어디인가? 당신의 기도 시간을 가장 크게 방해하는 세 가지는 무엇인가?

09
즉각적으로 드리는 기도

이로 말미암아 모든 경건한 자는 주를 만날 기회를 얻어서
주께 기도할지라 시 32:6

매일 시간을 정해 기도하면 더 깊이 있게 하나님을 구하고 그 음성을 들을 수 있는 기회를 얻을 수 있다. 그러나 매일 일정하게 기도 시간을 갖는 것 외에, 예기치 못한 사건들도 잠시나마 기도로 하나님께 나아갈 기회로 작용한다. 하루를 시작할 때 우리는 전쟁터에서 행진 명령을 하달받은 군인처럼 어떤 일이 닥치든 참여할 준비가 되어 있어야 한다. 그리고 바로 이럴 때 우리는 즉각적인 기도를 사용하는 법을 배운다.

이러한 기도는 규칙적인 기도와는 음영이나 색깔이 다르다. 그러나 그것 역시 기도라는 것은 분명하다. 그것은 예상치 못한 축복에 감사해서 하나님께 드리는 감사기도일 수도 있고, 위기를 만난 누군가를 위해 도움을 구하는 기도일 수도 있다. 재정적 결단을 내리는 데 필요한 지혜와 선명한 판단을 구하는 기도일 수도 있고, 이웃에게 복음을 전할 수 있는 용기를 구하는 기도일 수도

있다. 기도가 최후에 의지하는 수단이 아니라 즉각적인 반사작용처럼 된다면 전쟁의 판도는 유리한 방향으로 흘러가기 시작한다.

   삶의 문제와 부단히 씨름할 때 더욱 기도하는 계기로 삼아야 하는 경우들은 아래와 같다.

1. 무엇인가를 시작할 때

새로운 일을 시작할 때 항상 기도하는 시간을 가지라. 예를 들어 하루를 시작할 때 기도하라. 하나님께 하루를 바치며 정결케 하심과 보호하심과 인도하심을 구하라. 한 해를 시작하거나 새로운 일을 시작할 때, 혹은 새로운 관계를 시작할 때 기도하라. 성경에는 이런 자세로 기도한 하나님의 사람들의 이야기가 곳곳에 나온다. 여호수아는 이스라엘의 새로운 땅을 하나님께 바쳤다. 다윗은 예루살렘을 새 수도로 삼을 때 하나님께 헌신하여 드렸다. 솔로몬 왕은 기도하고 새 성전을 하나님께 바쳤다. 그러므로 새로운 차를 샀을 때, 새 집을 구입했을 때, 혹은 인생의 새로운 전기가 마련되었을 때 시간을 내어 기도하며 주님께 바치라.

2. 필요가 있을 때

우리가 섬기는 하나님은 우리의 필요를 채워 주시는 하나님이다. 육체적이고 정서적인 필요이든, 영적인 필요이든 그 필요 때문에 하나님께 나아가야 한다. 그는 필요를 채워 주시는 여호와 이레의 하나님이시다. 마태복음 6장 8-11절은 우리가 구하기도 전에 하나님이 이미 아신다고 말한다. 그러나 우리는 여전히 믿음으로 기도하며 우리의 필요를 채워 주시도록 구해야 한다.

3. 축복을 받았을 때

하나님이 필요를 채워 주시고, 보호하시며, 용서하시고, 인도해 주실 때 감사를 드리라. 매일 일상적으로 누리는 축복을 당연하다고 생각하지 말라. 데살로니가전서 5장 18절은 "범사에 감사하라"라고 말한다. 에베소서 5장 20절은 "범사에 우리 주 예수 그리스도의 이름으로 항상 아버지 하나님께 감사하며"라고 말한다. 하나님은 우리가 늘 감사하며 그 앞에서 겸손할 때 기뻐하신다. "주님, 감사합니다"라고 말하는 시간을 가지라.

4. 인생의 짐으로 힘들 때

인생의 짐, 즉 어려움은 여러 형태로 찾아온다. 하지만 우리는 그 모든 것을 주님께 가져가야 한다. 지금 당신은 스스로 인생의 짐을 지고 있거나, 아니면 인생의 짐으로 힘들어하는 누군가를 알고 있을지 모른다. 암에서 이혼에 이르기까지 인생의 짐은 우리 영혼을 뿌리까지 뒤흔들 수 있다. 갈라디아서 6장 2절은 "너희가 짐을 서로 지라 그리하여 그리스도의 법을 성취하라"라고 말한다. 어떤 인생의 짐을 지고 있든, 우리를 사랑하시며 그 짐을 가볍게 해주실 분에게 기도로 나아가라.

5. 위기를 만났을 때

우리는 누구나 인생의 위기를 만난다. 이는 단순히 인생의 작은 짐을 말하는 것이 아니라 운명이 달라질 수 있는 사건을 말한다. 그럴 때 역시 우리는 즉각 기도로 하나님께 나아가야 한다. 시편 50편 15절은 "환난 날에 나를 부르라 내가 너를 건지리니 네가 나를 영화롭게 하리로다"라고 말한다. 하나님의 행하심이 비록 우리 생각과 다를지라도, 하나님은 무엇이 가장 최선이며 무엇이 그분께 영광을 돌릴 수 있는 일인지 알고 계신다. 하나님은 기적이나 혹은 비극 가운데에서 우리가 받는 위로로 영광을 받으실 수 있다. 그러나 어떤 경우이든 우리에게 부르짖으라고 말씀하신다.

6. 걱정거리가 있을 때

염려와 근심이 덮칠 때 기도하라. 빌립보서 4장 6-7절은 어떤 일에도 불안해하거나 염려하지 말고 기도로 주님께 나아가라고 일깨워 준다. 베드로전서 5장 7절 역시 하나님이 우리를 돌보시므로 염려를 그에게 맡겨 버리라고 말한다. 그러므로 두려움이나 공포감이 우리 생각을 엄습할 때, 오히려 그 생각을 기도로 바꾸어 하나님께 내려놓으라. 하나님은 우리가 어떤 어려움에 맞닥뜨렸는지 알고 계시며 또 해결책을 주실 수 있는 분이다.

7. 죄를 지었을 때

죄와 관련된 일은 모두 기도로 하나님께 가져가야 한다. 죄의 유혹을 받았거나 이미 선을 넘어 버렸다면 즉각 주님께 나아가야 한다. 예수님은 제자들에게 시험받을 때 기도하라고 가르치셨다. 하나님은 감당하지 못할 시험을 허락하지 않으신다. 그러나 죄를 지었고 용서가 필요하다면 요한일서 1장 9절이 전하는 희소식이 있다. 스스로 겸비하고 죄를 고백하면 하나님은 우리를 용서해 주시고 깨끗하게 해주실 것이다. 그러나 이 기도는 진심 어린 회개의 마음과 다시는 그 잘못을 반복하지 않겠다는 결심이 동반되어야 한다.

어떠한 환경이라도 기도하는 기회로 삼는다면 우리는 하나님의 응답을 받을 전략적 위치를 고수할 수 있다. 예루살렘을 지킬 성벽을 재건할 때의 느헤미야처럼 우리에게는 자원이 턱없이 부족할 수도 있고, 심지어 대적들의 공격을 받고 마음이 짓눌릴 수도 있다. 그러나 느헤미야처럼 반응한다면 전능하신 하나님이 오직 그분만이 하실 수 있는 방법으로 일을 이루시는 장면을 목도할 수 있을 것이다.

느헤미야는 고비가 생길 때마다 기도했다. 은혜를 구하고 지혜와 도우심과 힘을 구하며 구원과 승리를 구했다. 감당하기 벅찬 어려움과 맞서야 했지만, 백성들을 소집하여 단시일 내에 성벽을 재건함으로 예루살렘을 보호했다. 하나님은 그에게 복을 주셨고 오직 하나님이 하실 수 있는 방법으로 기도에 응답하셨다.

기억하라. 우리는 무슨 일이든 모든 일에 기도할 수 있다는 사실을! 그러므로 언제라도 항상 일이 생길 때마다 기도하라. 최대한 아버지께 그 일을 아뢰라. 그는 늘 듣고 계신다.

하늘에 계신 아버지, 인생에서 어떤 상황을 만나든지 가장 먼저 기도로 반응하기를 원합니다. 걱정하고 원망하는 대신, 스스로에게 공을 돌리고 자축하는 대신, 다른 누구나 다른 곳으로 향하기 전에 당신께 나아가도록 가르쳐 주소서. 당신께서 제 기도에 귀 기울여 주시고, 구하기도 전에 이미 도와주시기 위해 기다리고 계시니 얼마나 위로가 되는지 모릅니다. 더 부지런히 주 앞에 나아가겠습니다. 예수님의 이름으로 기도합니다. 아멘.

> **Q 생각해 보기**
> 당신은 어떤 상황에서든 즉각적으로 기도하는 습관을 갖고 있는가?

10
기도의 자세

오라 우리가 굽혀 경배하며 우리를 지으신 여호와 앞에 무릎을 꿇자 시 95:6

기도할 때 자세나 목소리의 크기는 중요하지 않다. 하나님은 외양보다 마음이 중요하다고 힘주어 강조하셨다. 그러나 하나님은 우리를 몸과 마음과 영혼으로 된 통합적인 존재로 창조하셨다. 우리의 모든 다양한 요소들이 나머지 요소들에 영향을 미친다. 전문 골프 선수들은 몸의 자세나 그립의 상태에 조금이라도 개선할 부분이 있으면 코치들과 연구해 끊임없이 수정한다고 한다. 그들은 15미터 멀리 치는 티오프나 그린에서의 볼컨트롤 감각을 향상시키기 위해 끊임없이 자세를 수정한다. 그렇다면 우리의 자세가 온전한 기도를 드리는 데 미치는 영향을 확인하기 위해 우리는 얼마나 더 열심히 하나님의 말씀을 연구해야 하겠는가?

무릎을 꿇는 자세
예를 들어, 엎드려 절하는 자세는 경배하고 충성한다는 육체적 표현이다. 다른 신들을 섬기거나 우상을 만들지 말라고 금하는 십계명의 두 번째 계명에서 하나님은 "그것들에게 절하지 말며 그것들을 섬기지 말라"라고 말씀하신다(출 20:5). 절은 예배와 관련된 행위다. 머리를 조아리는 행위만으로도 완전한 충성을 맹세한 존재를 대하고 있다는 메시지를 우리 뇌에 전달한다. 하나님이 시내 산에서 모세 주위로 구름 가운데 임재하시자 모세는 "급히 땅에 엎드려 경배"했다(출 34:8). 수백 년 뒤 다윗 왕은 "나는 … 경외하는 마음으로 … 주님께 꿇어 엎드립니다"라고 말했다(시 5:7, 새번역). 엎드려 절하는 것은 기도의 적절한 자세라 할 수 있다.

이 외에도 무릎을 꿇고 기도한다고 표현한 성경의 구절들이 적지 않다. 성전 봉헌식 때 솔로몬이 드린 기념비적 기도는 "이스라엘의 모든 회중 앞에서 무릎을 꿇고" 드린 기도였다(대하 6:13). 다니엘은 왕 이외에 누구에게도 기도하지 말라는 명령을 어기면 목숨이 위태로울 수 있었음에도 창문을 열고 "전에 하던 대로 하루 세 번씩 무릎을 꿇고 기도하며 그의 하나님께 감사"하였다(단 6:10).

언젠가 우리는 그리스도 앞에서 "하늘에 있는 자들과 땅에 있는 자들과 땅 아래에 있는 자들로 모든 무릎을 … 꿇게 하시고"(빌 2:10)라는 말을 들을 것이다. 그 앞에 무릎 꿇기를 거부했던 자들도 예외가 아니다.

바닥에 엎드린 자세

때로 머리를 숙이거나 무릎을 꿇는 것으로는 우리가 작정한 헌신의 정도를 다 표현할 수 없을 수도 있다. 제사장 에스라가 오전 내내 예루살렘 귀향 포로들에게 하나님의 율법을 낭독해 주었을 때 그들은 "몸을 굽혀 얼굴을 땅에 대고 여호와께 경배했다"(느 8:6). 예수님은 고문과 죽음을 앞두고 겟세마네 동산에서 고통 가운데 부르짖으며 "얼굴을 땅에 대시고 엎드려 기도"하셨다(마 26:39). 밧모섬에서 요한은 부활하여 영화로운 몸을 입으신 주님을 뵈었을 때 "그의 발 앞에 엎드려져 죽은 자같이" 하나님의 권능 앞에 완전히 엎드려졌다(계 1:17).

우리는 종종 기도로 땅에 엎드리며 완전한 복종을 표현하지만, 또한 기도는 흙으로 돌아갈 실존적 비천함에서 우리를 끌어올려 주기도 한다.

두 손을 든 자세

성경의 기도들은 두 팔을 높이 들고 드리는 경우가 많다. 손을 모으고 기도하는 자세는 의미 있는 표현이지만 역사적으로는 비교적 최근의 일이다. 성경은 "나의 손 드는 것이 저녁 제사같이 하소서"라고 말한다(시 141:2). 바울은 "각처에서 남자들이 분노와 다툼이 없이 거룩한 손을 들어 기도하기를 원하노라"라고 말했다(딤전 2:8). 앞에서 언급한 솔로몬과 에스라 모두 절대적인 경배와 찬양의 몸짓으로 무릎을 꿇고 손을 들고 기도했다.

눈을 들어 보는 자세

눈을 감는 것은 산만하지 않게 집중해서 기도하는 데 도움이 되지만, 성경에는 하늘을 향해 눈을 들어 본다는 표현도 흔히 나타난다. 예수님이 나사로의 무덤 앞에서 기도하시기 전에 "눈을 들어 우러러" 보신 경우나(요 11:41) 5천 명의 무리들을 먹이시기 전에 빵 다섯 개와 물고기 두 마리를 앞에 두고 "하늘을 우러러" 축사하신 경우가 대표적이다(눅 9:16).

침묵 가운데 드리는 기도

몸의 자세 외에, 기도를 드릴 때의 목소리 역시 중요하다. 때로 기도할 때 최선의 자세는 말하지 않고 조용히 그가 하나님이심을 아는 것이다(시 46:20). 경이감을 느끼면 종종 침묵하게 된다. 시편 62편 1절은 "나의 영혼이 잠잠히 하나님만 바람이여 나의 구원이 그에게서 나오는도다"라고 말한다. 자식을 구하며 고통 중에 하나님께 기도한 한나에 대해 성경은 "한나가 속으로 말하매 입술만 움직이고 음성은 들리지 아니하므로"(삼상 1:13)라고 기록한다. 침묵으로 기도하였기에 누구도 그녀의 기도 내용을 들을 수 없었지만, 하나님은 그 기도를 들으셨고 요청에 응답해 주셨다.

음성을 높여 드리는 기도

두 손을 들고 하늘을 우러러 기도하는 것 외에 성경은 하나님께 목소리를 높여 기도하라고 말한다. 다윗은 "내가 주께 부르짖을 때에 내 음성에 귀를 기울이소서"(시 141:1)라고 기도했다. "내 음성으로 하나님께 부르짖으면 내게 귀를 기울이시리로다"(시 77:1).

부르짖는 기도

"저녁에도, 아침에도, 대낮에도 나는 탄식하며 부르짖습니다"(시 55:17, 쉬운성경). '부르짖음'은 성경에서 말로 드리는 기도를 가리킬 때 자주 사용되는 표현이다. 예수님은 지상 사역 기간 동안 "자기를 죽음에서 구원하실 수 있는 분께 큰 부르짖음과 많은 눈물로써 기도와 탄원을 올리셨"고 "하나님께서는 예수의 경외심을 보시어서, 그 간구를 들어주셨"다(히 5:7, 새번역). '부르짖다'에 대한 원어의 다양한 번역들은 고통으로 비명을 지르거나, 위험에 처한 짐승처럼 소리를 지르거나, 영혼 깊은 데서 울부짖는다는 의미를 내포한다. 이는 큰 소리를 내어 격렬한 감정을 분출할 때 사용되는 표현이며, 가슴 절절하게 드리는 기도를 말한다. 요한계시록은 하늘에서 들리는 말을 표현할 때 거의 절반가량을 '큰 소리'라고 분명하게 말하고 있다. 22개의 장에서 20번이나 등장한다.

다시 말하지만 몸의 자세가 기도의 결정적인 요소는 아니다. 기도 자세에 대한 강제적 규정이나 구체적인 지시는 성경에 보이지 않는다. 그러나 우리는 모두 바닥에 등을 대고 잠을 쫓으며 드리는 기도와, 무릎을 꿇거나 손을 들고 큰 소리로 부르짖는 기도는 분명히 다름을 알고 있다. 우리 몸은 우리의 생각과 영혼에 신호를 보내어 우리가 진정으로 그의 임재 가운데 있음을 알려 준다. 우리가 진정으로 그를 의지함을, 그의 온전한 종임을, 진심으로 그를 경배함을 알려 준다. 이런 마음의 상태를 뿌리내리게 하고 하나님께 집중하는 데 도움이 될 수 있다면 기도하는 자세를 하찮게 볼 이유가 없지 않겠는가?

   스스로의 기도 자세를 돌이켜보라. 기도의 성격과 집중력에 어떤 영향을 미치는지 살펴보라. 종교적 배경, 문화, 개인적 성향으로 선호하는 특정 방식이 있다면(조용하고 절제된 기도이든 큰 소리로 부르짖는 기도이든) 성경에서 소개하는 이런 자세들이나 혹은 평상시 본인이 선택하는 방법과는 다소 다른 방법을 사용하는 것도 생각해 보라. 그리고 그것을 이전에 몰랐던 하나님의 성품을 깨닫는 방편으로 사용해 달라고 하나님께 요청하라. 하나님과의 관계가 더 깊이 발전하도록 돕는 데 사용해 달라고 기도하라. 그분에 대한 확신이 더 강해지도록 요청하라. 더 집중해서 기도하도록, 그래서 주제에 더 집중할 수 있게 해달라고 요청하라. 의도적이고 구체적인 기도를 드리게 해달라고 요청하라. 아주 사소한 변화로도 종종 실제적인 변화와 결과를 낼 수 있다.

> 주님, 저의 모든 신체 부위를, 손과 눈과 발과 목소리를 받아 주소서. 당신이 주신 이 모든 선물을 사용하셔서 제가 드리는 예배와 헌신과 사랑과 복종을 당신께 더 선명하게 표현하도록 도와주소서. 경건의 흉내만 내다가 당신을 시야에서 놓치기가 얼마나 쉬운지 모릅니다. 주님, 저의 기도 자세가 산만한 마음을 가라앉히고 귀를 열어 당신의 음성을 듣는 수단으로 사용되게 해주소서. 예수님의 이름으로 기도합니다. 아멘.

> **Q 생각해 보기**
> 당신이 주로 하는 기도 자세는 무엇인가? 성경에서 말하는 기도 자세 중 한 번도 시도해 보지 않은 것이 있다면 시도해 보라.

11
기도의 자물쇠

헛된 것은 하나님이 결코 듣지 아니하시며 욥 35:13

기도로 하나님께 나아간다고 해서 강제로 금고를 여는 것처럼 접근해서는 안 된다. 하나님은 기도라는 금고의 열쇠 번호를 숨기신 적이 없다. 무작정 번호를 누르는 것 외에 달리 방법이 없는 것처럼 열쇠의 비밀 번호를 숨기시지 않았다. 그러나 전지하신 하나님은 자신의 거룩하심과 우리의 죄성의 상호 관계를 알고 계시기에, 우리가 아니라 하나님이 손수 기도의 작동법을 결정하시고 우리를 지도하고 가르쳐 주신다. 동시에 우리가 몸담은 지상의 삶은 "통치자들과 권세들과 이 어둠의 세상 주관자들과 하늘에 있는 악의 영들을 상대"로 피할 수 없는 싸움을 해야 한다(엡 6:12). 하나님은 은혜롭게도 우리의 기도와 싸움이 성공하는 데 도움이 되도록 보호 차원에서 규칙을 마련해 주셨다.

예수님은 자신을 따르는 자들에게 "내가 너희를 고아와 같이 버려두지 아니하고"라고 말씀하셨다(요 14:18). 예수님은 제자들이 돌봐 주고 이끌어 줄 이가 하나도 없는 버림받은 아이처럼 늑대들에게 방치되기를 원치 않으셨다. 그래서 하나님은 우리가 말씀을 통해 당당하고 용감하게 앞에 놓인 어려운 나날과 싸울 전투 대비를 하도록 몇 가지 교전 수칙을 전수해 주셨다. 이 수칙들을 점검하고 따라야 할 항목으로 여기지 말고, 아주 만족스러운 기도를 드리는 법을 알려 주는 안내서로 생각하라. 어떤 기습 공격에도 허둥거리지 않고 용감하게 공격 태세로 전환할 수 있도록 철저히 준비시켜 우리를 내보내기 원하는 대스승의 전문가적 훈련 팁이라고 생각하라.

우리는 지금까지 이런 성경 원리들 중 20개를 이른바 기도의 '자물쇠와 열쇠'로 분류하는 작업을 해왔다. 그중 10개는 우리의 기도 행위를 방해하고 기도의 자유와 효력을 제한하는 원리들이다. 반대로 나머지 10개는 기도에 계속해서 강력한 바람을 불어넣어 모든 한계를 뛰어넘게 할 원리들이다. 이 장에서는 기도의 열 가지 장애물(자물쇠)을 살펴볼 것이다.

1. 예수님을 통해 하나님을 알아 가는 과정을 무시하고 드리는 기도

힘들고 고통스러운 일을 당할 때 흔히 보이는 보편적인 반응이 기도임은 분명하다. 무서운 기세로 토네이도가 다가왔을 때 얼마나 많은 집의 벽장이 기도의 골방이 되었는지 모른다. 물론 하나님은 어떤 기도에도 응답하실 수 있다. 그러나 아버지 되신 하나님을 더욱 알아 가고 동행하기를 구하는 기도에 대해 예수님은 "내가 곧 길이요 진리요 생명이니 나로 말미암지 않고는 아버지께로 올

자가 없느니라"라고 말씀하셨다(요 14:6). 관계를 누리며 서로의 공감대를 넓혀가지 않는 사람들이 계속해서 대화를 나누기가 쉽지 않듯이, 죄를 용서해 주실 하나님을 믿지 않는 사람들은 하나님이 반드시 응답해 주시리라고 기대하지 않는다.

2. 회개하지 않는 마음으로 드리는 기도

성경은 하나님이 "우리의 체질을 아시며 우리가 단지 먼지뿐임을 기억하심이로다"(시 103:14)라고 말한다. 하나님은 우리가 견고히 서 있지 못해도 놀라지 않으신다. 또한 그는 우리 마음을 들여다보시며, 우리가 죄로 마음이 '상할' 때가 언제인지 알고 계신다(시 51:17). 그러나 문제는 우리 마음이 전혀 상하지 않을 때다. 말씀과 그 말씀을 어김에 대해 냉담하고 무관심할 때다. 시편 66편 기자가 쓴 대로 "내가 나의 마음에 죄악을 품었더라면 주께서 듣지 아니"하신다(18절). 우리가 죄를 떨쳐내지 못하고 하나님을 밀어내면, 하나님도 우리가 기꺼이 회개할 때까지 우리의 기도를 밀어내신다. 스스로 자기 인생의 주인이 되기로 작정한다면 기도에 관한 한 스스로 자기 발등을 찍는 셈이다.

3. 보이려고 하는 기도

사람들에게 보이려고 기도하는 자는 기회가 있을 때 사람들의 "아멘"과 칭찬을 최대한 누려야 할 것이다. 예수님의 말씀에 따르면 그런 사람들이 받을 보상은 그게 전부이기 때문이다. "또 너희는 기도할 때에 외식하는 자와 같이 하지 말라 그들은 사람에게 보이려고 회당과 큰 거리 어귀에 서서 기도하기를 좋아하느니라 내가 진실로 너희에게 이르노니 그들은 자기 상을 이미 받았느니라"(마 6:5). 은밀한 기도로 스스로를 돌아보지 않고 남들에게 보이려고 하는 기도는 그 정도로 열의를 쏟을 가치도 없다. 많은 사람들을 대표해서 기도를 한다 하더라도 당신이 기도드리는 대상은 단 한 분임을 기억하라.

4. 공허하게 반복하는 기도

기도는 여러 방식으로 표현될 수 있다. 준비 없이 즉석으로 기도할 수도 있고, 원고를 써서 그대로 읽을 수도 있다. 말로 다 표현할 수 없을 정도로 간절하고 깊어서 한 문장 외에는 달리 입으로 내뱉지 못할 수도 있다. 기도가 무의미한 말의 향연이 되는 경우는 계속해서 입으로 웅얼거리지만 그 내용을 전혀 귀담아듣지 않을 때다. 예수님은 "또 기도할 때에 이방인과 같이 중언부언하지 말라 그들은 말을 많이 하여야 들으실 줄 생각하느니라 그러므로 그들을 본받지 말라 구하기 전에 너희에게 있어야 할 것을 하나님 너희 아버지께서 아시느니라"(마 6:7-8)라고 말씀하셨다. 기도는 훈련이 따라야 하는 의무다. 우리는 항상 기도하고 싶어 하지 않는다. 심지어 기도한다 해도 억지로 할 때가 있다. 우리는 판에 박힌 듯 깊이도 없고 무의미한 말을 나열하는 것에 불과한 기도를 드리기도 한다. 이런 식의 무성의한 대화에는 어떤 사람도 동참하기를 원하지 않는다. 당연히 하나님도 마찬가지다.

5. 아예 기도하지 않는 기도

기도 중에 가장 효과가 없는 기도는, 당연하겠지만 아예 기도할 시간을 갖지 않는 경우다. 야고보는 "너희가 얻지 못함은 구하지 아니하기 때문이요"(약 4:2)라고 말했다. 해야 할 일이 너무나 많아서, 서둘러 갈 데가 있어서 시간을 내어 그분의 지혜를 구하지 못할 때가 얼마나 많은지 모른다. 그분을 그냥 지나쳐 달려가느라 차를 멈추고 방향을 묻거나 조언을 구하지 않는다. 기도할 마음이 없지는 않다. 기도해야 한다는 생각은 한다. 그러나 실제로 일정 속에 따로 기도 시간을 내려고 노력하지 않는다. 그러므로 기도하지 않는 사람은 불만족스러운 침묵 외에 무엇이라도 응답받을 기대를 해서는 안 된다.

6. 욕심으로 드리는 기도

하나님보다는 자신의 행복에만 급급해서 하나님께 구하는 낮은 차원의 모습을 벗어 버리지 못하는 사람들이 있다. 야고보는 "구하여도 받지 못함은 정욕으로 쓰려고 잘못 구하기 때문이라"(약 4:3)라고 말했다. 기도의 동기가 욕망과 탐욕과 원한이나 교만이라면 하나님은 응답하지 않으신다. 현명한 부모가 떼를 쓰는 자식을 볼 때처럼, 하나님은 우리의 유익을 위해 무엇을 주어야 할지, 또한 무엇을 주지 말아야 할지 알고 계신다. 그러나 우리가 하나님을 진심으로 사랑한다면 하나님은 우리가 바라는 좋은 것을 흔쾌히 베풀어 주신다. 시편 37편 4절은 "여호와를 기뻐하라 그가 네 마음의 소원을 네게 이루어 주시리로다"라고 말한다.

7. 배우자를 괴롭히면서 드리는 기도

사랑하고 존중하겠다고 맹세한 사람을 함부로 대하고 사랑하지 않을 때, 하나님은 그것이 기도를 가로막는 강력한 방해물로 작용한다고 특별히 지적해 주셨다. 주님의 경고는 일차적으로 남성들을 겨냥한다. "남편들아 이와 같이 지식을 따라 너희 아내와 동거하고 … 생명의 은혜를 함께 이어받을 자로 알아 귀히 여기라 이는 너희 기도가 막히지 아니하게 하려 함이라"(벧전 3:7). 그러나 이 원리는 남편뿐 아니라 아내에게도 동일하게 적용된다. 가정에 불화의 씨를 뿌리면서 어떻게 기도로 하나님과 화평을 누리기를 기대할 수 있단 말인가? 아내를(혹은 남편을) 힘들게 하는 사람은 올바른 기도를 드릴 수 없다.

8. 가난한 이웃을 무시하며 드리는 기도

성경에는 가난한 자들, 불우한 자들, 무력한 희생자들, 자기 목소리를 내지 못하고 박해와 불의로 고통당하는 자들을 긍휼히 여기시는 하나님의 모습이 수없이 등장한다. 우리가 어려운 이들에게 관심을 기울이고 돌볼 때 하나님은 우리의 요청에 긍정적으로 반응하신다. 그러나 정반대일 경우도 있다. "귀를 막고 가난한 자가 부르짖는 소리를 듣지 아니하면 자기가 부르짖을 때에도 들을 자가 없으리라"(잠 21:13). 가난하고 궁핍한 이들을 마치 인간 이하의 존재처럼 무시하거나 완전히 없는 사람들처럼 취급한다면, 기도에 응답받겠다는 기대를 버려야 한다. 우리처럼 비천하고 궁핍한 죄인들이 주위의 어려운 이웃들보다 하나님의 돌보심과 관심을 더 받을 자격은 없다.

9. 누군가에 대한 마음의 원한을 해결하지 않고 드리는 기도

아무 자격이 없음에도 하나님의 용서를 받은 우리가 다른 사람들을 용서해야 할 책임을 스스로 면제해 준다면 죄를 짓는 것이다. 예수님은 "서서 기도할 때에 아무에게나 혐의가 있거든 용서하라 그리하여야 하늘에 계신 너희 아버지께서도 너희 허물을 사하여 주시리라 하시니라"(막 11:25-26)라고 말씀하셨다. 원한은 영적으로 정신적으로 심지어 육체적으로 우리를 해치는 독소일 뿐 아니라, 기도의 효과와 하나님과의 풍성한 관계 맺음을 해치는 유해한 방해물이다.

10. 믿음 없이 드리는 기도

기도의 마지막 장애물은 믿음이라는 필수 요건과 관련이 있다. 히브리서 11장 6절은 "믿음이 없이는 하나님을 기쁘시게 하지 못하나니 하나님께 나아가는 자는 반드시 그가 계신 것과 또한 그가 자기를 찾는 자들에게 상 주시는 이심을 믿어야 할지니라"라고 말한다. 누군가를 불신하면서 그 사람은 입으로 한 말을 지킬 의지나 능력이 없다고 단정해 버린다면 그 관계는 파국을 맞고 말 것이다. 하나님이 우리의 필요를 도와주실 수 없을 것이라고 믿을 때에도 동일한 일이 일어난다. 미지근한 믿음으로 기도하면 그 기도는 별로 힘이 없다. 의심하면 기도의 골방에 들어가지 못한다.

주님, 기도생활을 방해하는 것이 무엇인지 알게 해주시고 신속히 해결하도록 도와주소서. 제 안에 교만함이나 위선, 원망, 무자비함, 속임, 믿음의 부족함이 있다면 용서해 주시고 깨끗하게 해주소서. 당신께서 저를 용서해 주셨듯이 저도 저를 힘들게 한 사람을 용서하겠습니다. 제게 은혜를 베푸시고 인내해 주셔서 감사합니다. 당신과의 친밀한 관계를 가로막거나, 당신이 주시고자 하는 것을 받지 못하게 스스로 방해하는 일이 없도록 해주소서. 기도하오니 기도의 모든 방해물에서 저를 자유롭게 해주소서. 저의 마음을 활짝 열어 주셔서 당신이 저를 통해 마음껏 역사하실 수 있게 해주소서. 예수님의 이름으로 기도합니다. 아멘.

> **Q 생각해 보기**
>
> 자신의 삶에서 기도를 방해하는 자물쇠를 확인했는가? 그렇다면 그 방해물을 제거하기 위해 어떤 조치를 취하겠는가?

12
기도의 열쇠

*너는 내게 부르짖으라 내가 네게 응답하겠고
네가 알지 못하는 크고 은밀한 일을 네게 보이리라 렘 33:3*

기도의 자물쇠가 우리를 회개하게 하고 마음의 잘못된 동기들을 처리하게 해준다면, 기도의 열쇠들은 생동감 넘치고 효과적인 기도를 드리도록 우리를 이끌어 준다. 그 열쇠들은 우리가 승리의 삶을 살아가고 하나님을 더 풍성하게 알도록 도와준다. 이런 기도의 열쇠를 잘 사용한다면 더 순전하고 즐거우며 진정한 기도를 드릴 수 있을 것이다. 이제부터 열 가지 기도의 열쇠에 대해 알아보도록 하자.

1. 구하고 찾고 두드리며 끝까지 드리는 기도

우리는 잠시 짬을 낼 여유도 없이 바쁘게 살아가는 사람들을 어디서나 흔하게 볼 수 있다. 다시 말해서 진심으로 우리를 사랑하고 염려하는 사람이 아니라면 좀처럼 보기가 어렵다는 말이다. 기도생활도 이와 비슷하다. 성경이 아버지와 자녀라는 하나님과 우리의 관계를 근거로, 포기하지 말고 구하라고 말하는 이유도 바로 여기에 있다. "구하라 그리하면 너희에게 주실 것이요 찾으라 그리하면 찾아낼 것이요 문을 두드리라 그리하면 너희에게 열릴 것이니"(마 7:7). 효과적인 기도의 가장 놀라운 열쇠 가운데 하나는 날마다 포기하지 않고 끈질기게 계속 구하는 것이다. 때가 되면 하나님은 응답해 주실 것이다. 포기하지 않고 구한다면 그가 우리에게 응답해 주심을 알게 될 것이다.

2. 믿음으로 드리는 기도

기도에 응답받을 수 있다는 사실을 확신하지 못하는 사람들은 기도한 대로 응답받을 가능성이 높지 않다. 이런 태도는 결코 바람직하지 않다. 하나님은 믿음을 기뻐하신다. 예수님은 믿음으로 구하는 자들을 칭찬하셨다. 그와 그의 말씀을 전심으로 신뢰하면 하나님이 들으신다. 예수님은 "내가 너희에게 말하노니 무엇이든지 기도하고 구하는 것은 받은 줄로 믿으라 그리하면 너희에게 그대로 되리라"(막 11:24)라고 말씀하셨다. 물론 기도는 마법의 램프에 나오는 지니가 아니다. 그러나 기도는 사랑의 관계에 근거하고 있기 때문에 하나님의 성령이 그의 뜻을 계시해 주실수록 우리는 그가 주시고자 하는 것을 더 분명하게 알 수 있다. 그가 우리를 어디로 이끄시기 원하는지 더 잘 알 수 있다. 그러므로 우리는 그가 이루실 줄을 완전히 믿으며 기도할 수 있다. 믿음으로 드리는 기도가 이런 것이다. 그리고 이런 것이 효과적인 기도다.

3. 은밀하게 드리는 기도

예수님은 마태복음 6장 6절에서 "너는 기도할 때에 네 골방에 들어가 문을 닫고 은밀한 중에 계신 네 아버지께 기도하라 은밀한 중에 보시는 네 아버지께서 갚으시리라"라고 말씀하셨다. 신앙생활의 기본적인 원리를 소개하겠다. 누군가에게 보이려고 하는 기도는 육체를 위하여 심는 것이다. 하지만 은밀한 중에 드리는 기도는 마음을 더 집중하여 겸손하게 하나님께 나아가는 것이다. 그는 우리와 함께 은밀한 곳에 계시는 분이다.

4. 하나님의 뜻대로 드리는 기도

우리는 하나님의 뜻이 은밀하고 비밀스러워 이해할 수 없다고 생각하기 쉽다. 그러나 성경은 그렇게 말하지 않는다. 하나님께 우리를 드리고 "이 세대를 본받지 말고" 새로운 마음으로 "변화를 받"으면 "하나님의 선하시고 기뻐하시는 완전한 뜻"을 분별할 수 있다(롬 12:2). 그러므로 기도는 하나님이 우리에게 가야 할 길(혹은 가지 말아야 할 길)을 보여 주시는 것을 기다리는 것이다. 우리가 진심으로 그의 뜻을 알기 원한다면, 그리고 안 대로 따르기로 결단한다면 그는 우리가 기도할 때에 새로운 수준의 확신을 우리에게 불어넣어 주실 것이다.

5. 예수님의 이름으로 드리는 기도

"예수님의 이름으로"라는 구절은 "당신의 신실한 벗"이라는 편지 말미의 표현처럼 기도를 마무리하는 단순한 의례적 표현이 아니다. 기도 '발송'용 상투어도 아니다. 그것은 주를 예배함과 더불어 우리의 필요를 인정한다는 고백이다. 이 고백으로 우리는 그의 능력과 권세를 높이며, 그 능력과 권세를 우리에게 기꺼이 주시고자 하는 그의 마음을 찬양한다. 주님은 이렇게 말씀하셨다. "너희가 내 이름으로 무엇을 구하든지 내가 행하리니 이는 아버지로 하여금 아들로 말미암아 영광을 받으시게 하려 함이라 내 이름으로 무엇이든지 내게 구하면 내가 행하리라"(요 14:13-14). 그의 이름으로 기도한다는 것은 그가 원하시는 대로 기도한다는 말이다. 그와 우리의 관계에 의지하여 기도한다는 말이다. 우리는 우리의 권위나 의가 있어서, 혹은 우리가 이룬 공적 때문에 하나님께 나아가지 않는다. 그리스도의 의와 권세, 그리고 그의 공적을 힘입어 하나님께 나아간다.

6. 다른 성도들과 뜻을 모아 드리는 기도

한 차원 높은 기도를 경험하기 위해서는 다른 성도들과 꾸준히 기도하는 습관을 개발해야 한다. 예수님은 제자들에게 "너희 중의 두 사람이 땅에서 합심하여 무엇이든지 구하면 하늘에 계신 내 아버지께서 그들을 위하여 이루게 하시리라 두세 사람이 내 이름으로 모인 곳에는 나도 그들 중에 있느니라"(마 18:19-20)라고 말씀하셨다. 뜻을 모으면 조화로운 교향곡을 만들어 낼 수 있다. 서로 한마음이 되어 기도하며 뜻과 생각을 모아 같은 것을 구하면 하나님이 기뻐하신다. 하나님은 함께 모여 기도할 때 생기는 시너지를 좋아하시고 귀하게 여기신다. 우리는 다른 성도들이 기도할 때 마음으로 흔쾌히 "아멘, 맞습니다"라고 기도에 동참해야 한다. 함께 우리 아버지께 나아가야 한다. 공식적으로나 비공식적으로, 시간을 정해서나 즉흥적으로 하나 되어 기도해야 한다. 한마음으로 드리는 기도는 힘이 있고 아름답다. 우리는 이런 기도의 선물을 손도 대지 않고 개봉하지도 않은 채 둘 때가 너무나 많다. 당신은 어떤 사람들과 함께 기도할 때 좋은가? 우선 가족과 함께 시작하라. 모든 필요를 내어놓고 함께 기도해 보라.

7. 금식하며 드리는 기도

관심을 두지 않고 쉽게 무시하는 또 다른 기도의 열쇠는 금식이라는 집중 훈련이다. 금식 기도는 일정 기간 동안 음식을 금한 채 주님께 더 집중하는 것이다. 예수님은 금식하며 기도하셨다. 에스더 역시 금식하며 기도했고 느헤미야도 금식하며 기도했다. 사도행전 14장 23절은 바울과 바나바가 선교 여행 중에 개척한 여러 교회에 장로들을 세웠다고 이야기하고 있다. 올바른 지도자를 세우는 것은 매우 중요한 일이었다. 그래서 그들은 계획대로 실행하기 위한 모임에만 치중하지 않고 '금식하며 기도'했다. 금식하면 육신을 먹이고 있을 시간에 영을 열어 하나님을 바라보게 된다. 하나님을 바라보지 못하도록 관심을 분산시키는 모든 일에 일체의 관심을 두지 않게 된다. 모든 욕구를 미루고 주님을 구하게 된다.

8. 순종의 삶으로 드리는 기도

"만일 우리 마음이 우리를 책망할 것이 없으면 하나님 앞에서 담대함을 얻고 무엇이든지 구하는 바를 그에게서 받나니 이는 우리가 그의 계명을 지키고 그 앞에서 기뻐하시는 것을 행함이라"(요일 3:21-22). 순종하는 자녀는 부모에게 큰 사랑과 재량권을 얻는다. 하나님과 친밀함을 누리고 싶다면 그분에 대한 순종이라는 끈으로 연결되어 있어야 한다. 순종하는 마음으로 기도하면 아무 부끄러움 없이 자유롭게 필요를 아뢸 수 있다. 그에 맞서지 않고 그와 더불어 사역할 수 있다.

9. 그리스도와 그의 말씀 안에 거하며 드리는 기도

예수님은 "너희가 내 안에 거하고 내 말이 너희 안에 거하면 무엇이든지 원하는 대로 구하라 그리하면 이루리라"(요 15:7)라고 말씀하셨다. 거한다는 것은 누군가와 친밀한 교제를 유지한다는 뜻이다. 하나님의 말씀을 읽고 묵상하며 시간을 사용하고, 그 말씀이 우리 마음에 가득하여 우리 생각을 지배하고 그가 명하시는 대로 순종하며 사는 것이다(요 15:10). 하나님의 사랑을 받고 그 사랑을 다시 주님과 주변 사람들에게 다시 돌려주는 것이다(요 15:9,12). 마지막으로 거한다는 것은 죄나 '경건치 않음'을 계속 방치하거나 고백하지 않은 채로 두지 않음으로 하나님 앞에서 늘 정결을 유지한다는 것이다(요 15:3; 요일 1:9). 바로 이런 상황에서 우리의 기도생활은 하나님 앞에서 새로운 생동감과 결실의 풍성함을 누릴 수 있다(요 15:5). 요한복음 15장 7절은 이렇게 그 안에 거하면 마음이 원하는 좋은 것들을 간구하게 된다고 말한다.

10. 주 안에서 기뻐하며 드리는 기도

하나님이 우리의 가장 큰 기쁨이자 가장 사랑하는 존재가 되면 마음의 소원대로 하나님의 축복을 받을 수 있다. 오직 그의 구원을 받음으로, 다시 말해서 의를 미워하는 우리 마음의 적대감을 버리고 그의 의의 순결함을 받음으로 우리는 진정으로 그를 사랑할 수 있다. 그를 사랑하면 그의 말씀에 순종하기를 원하며 결국 그를 기쁘게 된다. 성경은 "여호와를 기뻐하라 그가 네 마음의 소원을 네게 이루어 주시리로다"(시 37:4)라고 말한다. '소원'에 해당하는 히브리어는 간청을 의미하는 단어다. 그를 기뻐하고 그의 소원대로 행하면 하나님은 우리를 기뻐하시고 우리의 소원을 들어주신다.

> 주님, 당신은 선하신 사랑의 하나님이십니다. 구태여 우리로 당신을 알게 하시고 기도하게 하실 필요가 없음에도 당신은 그렇게 해주셨습니다. 도움이 필요할 때 예수님을 통해 은혜의 보좌 앞에 담대히 나아갈 길을 열어 주셔서 감사합니다. 저로 강하고 효과적인 기도의 용사가 되게 해주소서. 당신과 친밀히 동행하며 믿음으로 기도하고 예수의 이름으로 기도하며 다른 성도들과 합심하여 기도하게 해주소서. 당신을 그 어떤 것보다 기뻐하게 해주소서. 주를 신뢰하도록 은혜와 믿음을 주소서. 정말 중요한 일을 위해 기도할 마음을 주시어 당신께 그 요청을 간절히 아뢰며 응답하심을 경험하고 그에 기뻐하며 영광을 돌리게 하소서. 예수님의 이름으로 기도합니다. 아멘.

> **Q 생각해 보기**
> 가장 힘이 된 기도의 열쇠는 무엇인가? 그리스도 안에 거한다는 것은 무슨 의미인가?

13
강력한 기도의 전제조건

친히 나무에 달려 그 몸으로 우리 죄를 담당하셨으니
이는 우리로 죄에 대하여 죽고 의에 대하여 살게 하려 하심이라 벧전 2:24

많은 종교인이 생활 속에서 기도 응답의 증거를 거의 보지 못하는 가장 일차적인 이유는 그들이 예수 그리스도와 인격적인 구원의 관계에 실제로 들어가지 않았기 때문이다. 종교인으로서 하나님에 대해서는 알지만, 하나님과 진정한 관계를 누리며 인격적으로 그분을 아는 상태는 아닌 것이다.

예수님은 이렇게 경고하셨다. "나더러 주여 주여 하는 자마다 다 천국에 들어갈 것이 아니요 다만 하늘에 계신 내 아버지의 뜻대로 행하는 자라야 들어가리라"(마 7:21). 단언컨대 이 말씀은 성경에서 가장 두려운 구절 중에 하나다. 그러나 예수님은 우리를 위협하기 위해 이 말씀을 주신 것이 아니다. 우리를 도우시려고 이 말씀을 주셨다. 그러므로 더 생동감 있고 효과적인 기도생활을 하기 위한 조건을 분석하기 전에 먼저 하나님과 진정한 관계가 우선되어야 한다.

사도 바울은 "너희는 믿음 안에 있는가 너희 자신을 시험하고 너희 자신을 확증하라 예수 그리스도께서 너희 안에 계신 줄을 너희가 스스로 알지 못하느냐 그렇지 않으면 너희는 버림받은 자니라"(고후 13:5)라고 말했다.

단순히 착한 사람이라서, 헌신하겠다는 결단을 했거나 세례를 받아서, 교회에 등록하고 열심히 자원해 섬기고 있어서 천국에 간다고 생각한다면 스스로에 대해 진지하게 걱정해야 한다. 그 모든 행동은 물론 귀하고 칭찬받아야 마땅하지만 그러한 행동으로는 절대 구원을 받을 수 없다. 그 각각의 상황들에서 행동의 유일한 주체가 하나님이 아닌 사람이라는 사실을 유의해서 살펴보라. 서기관들과 바리새인들 역시 이런 열심을 보였지만 하나님을 알지 못했다. 스스로 선하다는 자기 확신에도 불구하고, 주님께서 그들에게 마지막 심판 때 정죄를 받을 것이라고 반복해서 경고하신 이유가 여기에 있다(마 23:13-33).

각자 속한 교파는 다르다 해도 하나님과의 관계는 반드시 예수 그리스도의 십자가에 대한 믿음과 회개로 시작되어야 한다. 그렇다. 이런 말이 어떤 이들에게는 답답하게 들릴지도 모르겠다. 그러나 성경이 오직 예수님만이 하나님이 보내신 메시아로서, 단절된 관계를 이어주고 죄인 된 사람들을 구속해 완전하신 하나님과 사랑의 관계를 회복하도록 하실 분이라고 강조하는 데에는 이유가 있다.

사람이 아니라 하나님이 그분을 알고 그에게 기도하며 그와 함께 영원히 살기 위해 필요한 의의 요건을 확정해 주신다. 어리석고 교만한 우리는 우리 스스로 이런 일들을 결정해야 한다고 생각한다. 마치 운동장에서 어린아이들이 그들의 교육 방침과 시험 기준과 교과 과정에 대해 서로 언쟁을 벌이는 셈이다. 그들에게는 교육에 대한 정확한 이해도 없고 교육 방향을 결정할 권한도 없다.

하나님만이 우리를 창조하셨고 우리를 아시며 하늘과 땅의 모든 권세를 갖고 계신다. 그의 길은 우리의 길보다 높다. 그러므로 "하나님이 무엇을 하셔야 한다고 생각하는가?"가 아니라 "하나님이 무엇을 결정하셨는가?"라고 물어야 한다. 도덕성, 심판, 구원, 그리고 기도 역시 마찬가지다. 하나님과 어떤 식으로 관계 맺고 기쁘게 해드리기로 결정했는지, 혹은 어떻게 기도로 하나님께 나아갈 것인지, 기도 응답을 받는 내용이나 방법이 무엇인지는 하나님의 권한이지 우리의 권한이 아니다.

예수님이 교만해서 "내가 곧 길이요 진리요 생명이니 나로 말미암지 않고는 아버지께로 올 자가 없느니라"(요 14:6)라고 말씀하신 것이 아님을 알아야 한다. 오히려 그는 신뢰하고 믿을 수 있는 분이었다. 하나님과 인간이 서로 손을 잡고 화해하도록 하기 위해서는, 인간이어야 하고 거룩해야 할 뿐 아니라 신성과 인성을 동시에 지닌 분이 중재자가 되셔야 했다.

바울은 "하나님은 한 분이시요 또 하나님과 사람 사이에 중보자도 한 분이시니 곧 사람이신 그리스도 예수라 그가 모든 사람을 위하여 자기를 대속물로 주셨으니 기약이 이르러 주신 증거니라"(딤전 2:5-6)라고 말했다. 중재자는 양 당사자와 동등해야 한다. 그

것이 하나님이 육신이 되셔서 우리 죄를 위한 완전한 희생 제물이 되심으로 그의 거룩한 기준을 만족시켜야 하셨던 이유다. 우리는 그 기준을 만족시킬 수 없다.

예수 그리스도의 온 생애는 이 일을 이루실 자격이 그에게 있음을 보여 준다. 성경 66권은 잘 맞춘 퍼즐처럼 완벽한 조화를 이루며 예수님만이 우리가 인간으로서 처한 영적 조건을 해결해 줄 하나님의 방법임을 알려 준다(요 5:37-40).

마태복음, 마가복음, 누가복음, 요한복음이라는 예수님의 생애에 관한 4권의 역사 이야기는 그의 탄생, 가르침, 기적, 죽음, 부활에 대한 세세한 증언을 담고 있다. 로마서에서 계시록까지의 일종의 신학서들은 하나님이 그리스도를 통해 우리에게 구원의 수단을 제공하신 내용과 그의 십자가상의 죽음이 죄에 대한 하나님의 진노, 거룩, 정의를 만족시키신 이유를 설명해 주며, 또한 믿음으로 그를 기꺼이 믿는 죄인들에게 하나님이 자비와 은혜와 사랑을 베풀어 주심을 알려 준다.

"하나님이 죄를 알지도 못하신 이를 우리를 대신하여 죄로 삼으신 것은 우리로 하여금 그 안에서 하나님의 의가 되게 하려 하심이라"(고후 5:21).

히브리서는 오직 예수 그리스도만이 구세주로서 하나님의 요구 조건을 모두 만족시키셨다고 설명한다. 죄가 없는 자로서 죄의 대가를 치르는 희생 제물이 되심(레 17:11), 하나님의 율법의 성취(히 9:19-22), 우리와 하나님 사이의 완전한 언약의 확정(히 8:6), 이 언약을 영원히 실행할 영원한 제사장 되심(히 7:20-28)이 여기에 해당한다. 다른 종교 지도자는 그리스도께서 우리를 위해 이루신 사역을 감당할 수도, 설명할 수도 없다.

그러나 또한 예수님은 사랑으로 모든 이들에게 구원의 손길을 내미시므로 우리는 걱정할 필요가 없다. 다시 말해 누구나 어디서나 구원을 받을 수 있다는 말이다(요 3:16). 그러므로 '오직 그리스도로' 구원받을 수 있다는 것이 지나치게 독선적이라는 말은 전혀 사실이 아니다. 그리스도 외에는 그 어떤 것도 모두를 포괄하거나 모든 사람의 죄를 해결할 수 없으며, "누구든지 주의 이름을 부르는 자"(롬 10:13)에게 육신의 죽음 이후의 영생을 줄 수도 없다.

그밖에도 기독교는 믿음을 통해 은혜로 구원을 얻는다는 점에서 다른 종교들과 차이가 있다. 하나님은 용서와 영생을 값없이 선물로 주신다(롬 6:23; 엡 2:8-9). 일생 동안 희생의 삶을 살도록 강요하며 달성 불가능해 보이는 종교 의식으로 천국과 하나님의 용서를 쟁취하라고 요구하시지 않는다. 그가 값없이 이런 선물을 주시는 이유는 그의 사랑과 자비를 드러내시기 위함이다. 우리가 그 선물을 믿음으로 받을 때 그는 영광을 받으신다.

성경은 이렇게 말한다. "우리를 구원하시되 우리가 행한 바 의로운 행위로 말미암지 아니하고 오직 그의 긍휼하심을 따라 중생의 씻음과 성령의 새롭게 하심으로 하셨나니 우리 구주 예수 그리스도로 말미암아 우리에게 그 성령을 풍성히 부어 주사 우리로 그의 은혜를 힘입어 의롭다 하심을 얻어 영생의 소망을 따라 상속자가 되게 하려 하심이라"(딛 3:5-7).

이 점을 염두에 두고 하나님의 계획에 복종하며 우리 자신이 아니라 예수를 통해 하나님의 방식으로 구원을 얻음을 분명히 해야 한다. 예수님은 "진실로 진실로 네게 이르노니 사람이 거듭나지 아니하면 하나님의 나라를 볼 수 없느니라"(요 3:3)라고 말씀하셨다. 구원은 사람이 아니라 주님이 주시는 것이며 우리 마음과 인생에 하나님이 일으키시는 영적인 변화다. 어떤 개인이나 교회는 구원을 줄 수 없다. 우리가 회개하고 믿음으로 오직 그리스도만을 신뢰할 때 하나님은 구원을 주신다.

하나님은 이렇게 말씀하신다. "네가 만일 네 입으로 예수를 주로 시인하며 또 하나님께서 그를 죽은 자 가운데서 살리신 것을 네 마음에 믿으면 구원을 받으리라 사람이 마음으로 믿어 의에 이르고 입으로 시인하여 구원에 이르느니라"(롬 10:9-10).

그렇다면 당신은 어떤가? 누구를, 혹은 무엇을 믿고 신뢰하는가? 자기 자신? 교회? 자신의 선함? 교육 수준? 아니면 예수님? 당신은 예수님이 말씀하신 대로 진정으로 거듭났는가?

우리의 궁극적인 운명을 부정하기에는 영원은 너무나 긴 시간이다. 요한일서는 진정으로 하나님을 알고 있는지 확인하도록 도움이 될 7가지 중요한 구원의 지표를 소개하고 있다. 이 장 말미에 수록한 성경 가이드라인을 활용해 스스로를 점검해 보기 바란다. 그 가이드라인을 읽으며 '참된 구원의 열매들'이 현재 내 생활 속에서 확인되는지 자문해 보라.

그리스도를 통해 하나님을 진심으로 아는 방법을 아직 모르고 있다면 지금 죄를 고백하고, 스스로를 신뢰했던 죄를 회개하며, 믿음으로 그리스도께 복종하고, 오직 그의 십자가로만 구원을 얻음을 믿으라. (진심으로 이것을 바란다면 261페이지에 참고할 기도문을 수록해 두었다.)

지금까지 설명한 내용은 이 책의 의도를 살리기 위한 1단계에 해당한다. 회개하고 예수 그리스도를 주와 구주로 신뢰한다면 강력한 기도생활을 위한 토대가 마련된 셈이다. 그러므로 성경은 하나님이 하늘의 아버지이시며(요 1:12), 우리는 그의 사랑하는 자녀이고(엡 1:5-6), 그의 거룩한 성령이 우리 마음에 들어오셨으며(엡 1:13-14), 우리는 예수의 보혈로 구속함과 정결함을 받았기에(엡 1:7) 이제 기도로 담대히 하나님께 자유로이 나아갈 수 있다고 말한다(엡 3:12). 그리스도를 안다는 것은 바로 이런 의미다. 그것은 우리에게 하나님과 대화할 수 있는 놀라운 기도의 통로를 열어 준다.

그리고 이제부터는 이 기초를 토대로 친밀함과 믿음을 키우고 하나님과 더 깊은 교제를 나누는 법을 배우는 다음 단계로 나아가야 할 것이다.

하늘에 계신 아버지, 당신의 아들 예수 그리스도에 대한 믿음으로, 우리 대신 십자가에서 흘리신 보혈을 힘입어 당신께 나아갑니다. 저는 죄인이며 예수 그리스도께서 저를 위해 죽으시고 무덤에서 다시 살아나셔서 당신의 아들임을 증명해 주셨음을 믿습니다. 당신을 믿는 믿음을 고백하고, 이제 영원히 예수께서 저의 구주가 되심을 고백합니다. 사랑으로 제게 다가오시고, 사람들이 용서함을 받고 당신을 알며 당신과 영원히 함께하도록 길을 열어 주셔서 감사합니다. 저로 하여금 그리스도 안에 있는 저의 정체성에 맞게 살게 하시고 당신의 인도하심과 명령에 순종하며 사랑으로 겸손히 행하게 하소서. 그리스도를 통해 매일 기도로 당신께 나아갈 수 있는 특권을 최대한 누리도록 도와주소서. 예수님의 이름으로 기도합니다. 아멘.

> **Q 생각해 보기**
>
> 예수 그리스도와 그의 십자가 죽으심이 어떻게 기도 응답의 열쇠가 되는가? 다음 페이지에 나오는 '참된 구원의 7가지 지표'는 당신에게 어떤 의미가 있는가?

참된 구원의 7가지 지표

그리스도인이라는 이유로 시련을 받고 있다면 당신이 그리스도를 알고 그가 당신을 안다는 삶의 증거가 분명하게 보이는가? 진정한 구원은 인생이 변화되는 경험으로 나타난다. "그런즉 누구든지 그리스도 안에 있으면 새로운 피조물이라 이전 것은 지나갔으니 보라 새 것이 되었도다"(고후 5:17).

선행으로는 죄를 없게 할 수 없고 누구도 선행으로 구원을 얻을 수 없다. 그러나 진정으로 구원을 얻고 그리스도로 실제적인 변화를 경험하였다면, 구원을 받았다는 증거로 구체적인 선행을 행하게 될 것이다. 앞으로 살펴볼 7개의 증거는 구원의 원인이나 뿌리가 아니라 참된 구원의 열매다. 요한일서는 실제로 구원을 받고 하나님을 아는 사람인지 보여 줄 7개의 핵심 지표를 소개한다.

지표1: 하나님께 순종하는 생활

넘어지고 실수를 한다 해도 참된 신자라면 그리스도께 복종하고 순종하는 모습을 증거로 보일 것이다. 하나님의 말씀을 읽고 따르기를 원할 것이다. 그들의 삶에 함께하시는 성령이 점점 더 온전한 순종에 이르도록 이끌어 줄 것이다. 당신은 어떤가? 하나님을 향해 순종의 삶을 살고 있는가? "우리가 그의 계명을 지키면 이로써 우리가 그를 아는 줄로 알 것이요 그를 아노라 하고 그의 계명을 지키지 아니하는 자는 거짓말하는 자요 진리가 그 속에 있지 아니하되 누구든지 그의 말씀을 지키는 자는 하나님의 사랑이 참으로 그 속에서 온전하게 되었나니 이로써 우리가 그의 안에 있는 줄을 아노라 그의 안에 산다고 하는 자는 그가 행하시는 대로 자기도 행할지니라"(요일 2:3-6).

지표2: 예수를 그리스도이자 하나님의 아들로 고백함

요한일서 2장 22-23절은 "거짓말하는 자가 누구냐 예수께서 그리스도이심을 부인하는 자가 아니냐 아버지와 아들을 부인하는 그가 적그리스도니 아들을 부인하는 자에게는 또한 아버지가 없으되 아들을 시인하는 자에게는 아버지도 있느니라"라고 말한다. 이단은 예수님이 단순히 좋은 스승이거나 선지자라고 말하지만, 하나님의 말씀은 그가 그리스도이시며 하나님의 죄 없는 아들이자 만유의 주라고 말한다. 당신은 예수 그리스도가 하나님의 아들이심을 공개적으로 고백하는가? 아니면 그가 단순히 훌륭한 선생이거나 선지자라고 믿는가?

지표3: 죄를 회개하는 생활

예수님은 "너희도 만일 회개하지 아니하면 다 이와 같이 망하리라"(눅 13:3)라고 말씀하셨다. 누구나 넘어질 때가 있다(약 3:2). 넘어지면 진정한 신자들은 죄를 고백하고 돌이키지만 거짓 신자들은 그렇게 하지 않는다.

지표4: 다른 성도들을 진정으로 사랑함

"우리는 형제를 사랑함으로 사망에서 옮겨 생명으로 들어간 줄을 알거니와 사랑하지 아니하는 자는 사망에 머물러 있느니라 그 형제를 미워하는 자마다 살인하는 자니 살인하는 자마다 영생이 그 속에 거하지 아니하는 것을 너희가 아는 바라"(요일 3:14-15). 하나님의 성령은 하나님의 자녀들의 마음에 하나님의 사랑을 부어 주신다(롬 5:5; 갈 5:22). 당신은 다른 성도들을 진정으로 사랑하는가?

지표 5: 아버지 하나님의 징계

"보라 아버지께서 어떠한 사랑을 우리에게 베푸사 하나님의 자녀라 일컬음을 받게 하셨는가, 우리가 그러하도다"(요일 3:1). 육신의 아버지가 자녀를 사랑해서 징계하듯이, 하나님은 자녀가 어긋날 때 반드시 징계하겠다고 말씀하신다. 이것이 참된 구원의 증거 중 하나라고 말씀하신다. 당신은 하늘에 계신 아버지의 징계를 받아 본 적이 있는가?

지표 6: 하나님의 성령의 임재

"우리에게 주신 성령으로 말미암아 그가 우리 안에 거하시는 줄을 우리가 아느니라"(요일 3:24). 우리가 진정한 신자라면 하나님의 성령이 우리 안에 계실 것이며, 우리의 영과 더불어 우리가 하나님의 자녀인 것을 증명해 주실 것이다(롬 8:16). 또한 그는 죄를 지을 때 죄를 깨닫게 하시고(요 16:8), 우리 안에 참된 사랑과 기쁨과 평강을 부어 주시며, 우리를 통해 사람들에게도 그 사랑을 전하게 하실 것이다(갈 5:22). 당신은 성령의 이런 증거들을 체험해 본 적이 있는가?

지표 7: 오직 예수를 믿음으로만 구원을 얻음

"아들이 있는 자에게는 생명이 있고 하나님의 아들이 없는 자에게는 생명이 없느니라"(요일 5:12). 혹은 빌립보서 3장 9절에서 바울이 한 말을 기억하라. "내가 가진 의는 율법에서 난 것이 아니요 오직 그리스도를 믿음으로 말미암은 것이니 곧 믿음으로 하나님께로부터 난 의라." 당신은 오직 예수로만 구원을 얻는다고 믿는가? 아니면 자기 자신이나 교회를 믿는가?

이런 7가지 지표는 변화된 삶의 증거다. 하나님이 우리를 새로운 피조물로 만드셨는지 아닌지를 확인하는 리트머스 시험지다. 이런 지표들은 그냥 주어지지 않는다. 오랫동안 누군가를 속이기란 불가능하다. 세상, 육신, 사탄은 모두 이런 변화가 일어나지 못하게 우리를 대적하며 정반대 방향으로 우리를 밀어내려 할 것이다. 그러나 지난 몇 개월 동안 살았던 자신의 모습을 15,000미터 고도에서 내려다본다면 아래의 모습들을 보여야 할 것이다.

다른 성도들을 진정으로 사랑하는가? 그렇지 않은가?
죄를 회개하는가? 그렇지 않은가?
하나님께 순종하는가? 그렇지 않은가?
아버지의 징계하심이 있는가? 없는가?
예수를 하나님의 아들로 고백하는가? 고백하지 않는가?
오직 예수님만을 믿는 믿음으로 구원받는다고 생각하는가? 그렇지 않은가?

이런 지표들을 통해 자신이 그리스도와 참된 관계를 맺고 있음을 드러내고 있다면 기뻐하며 그 길에서 떠나지 말라. 반대로 그리스도와 참된 관계를 맺지 못하고 있다는 사실이 드러난다면 회개하고 예수 그리스도를 믿으라는 성경의 명령에 지체하지 말고 순종하며 온전히 구원해 주실 주님만을 신뢰하라. (그리스도를 영접하는 기도에 대해서는 261페이지를 참고하라.)

14
회개하며 겸손히 드리는 기도

주 앞에서 낮추라 그리하면 주께서 너희를 높이시리라 약 4:10

예수님은 성전에 기도하러 간 두 사람에 대한 이야기를 들려주셨다(눅 18:9-14). 한 사람은 종교심이 투철하고 경건한 바리새인이었고 또 다른 사람은 죄인으로 세간의 지탄을 받는 세리였다. 바리새인은 당당히 서서 주변의 악한 죄인들과 달리 의롭게 살 수 있게 해주신 것에 감사하는 기도를 올렸다. 그동안 실천했던 선행을 자랑하고 회개할 필요가 전혀 없는 사람처럼 자기 의를 자랑했다. 그러나 세리는 혼자 멀찍이 서서 하나님의 용서가 필요함을 인정하며 머리를 숙여 회개하고 죄를 용서해 주시도록 하나님의 자비를 구했다.

    결국 세리는 하나님께 의롭다 함을 입고 하나님과 관계를 회복한 채 성전에서 떠났지만, 교만한 바리새인은 그렇지 못했다는 말로 예수님은 이야기를 마무리하셨다. 당시 청중들은 바리새인은 하나님 앞에서 거룩하다고 여기며 존경했고, 세리는 죄인이라고 멸시했기 때문에 예수님의 이 비유가 충격적으로 들렸을 것이다. 예수님은 이렇게 결론을 내리셨다. "무릇 자기를 높이는 자는 낮아지고 자기를 낮추는 자는 높아지리라 하시니라"(14절).

기도로 하나님께 나아가는 자신의 태도를 가장 잘 표현할 수 있는 말은 무엇인가? 겸손함? 교만? 겸손할 때 우리는 하나님이 필요하다는 사실을, 그의 인도하심과 은혜와 용서가 필요하다는 사실을 더 잘 볼 수 있다. 겸손한 가운데 우리는 자신의 죄를 정직하게 인정하고 회개하며 그분이 싫어하시는 모든 것에서 돌이켜 기꺼이 그분에게 부르짖을 수 있다. 그러나 교만은 이런 태도를 거부한다. 겉모습과 달리 연약하기 그지없는 자신에 대해 고백하기를 거부한다. 교만은 혼자 힘으로 살 수 있다고 착각하고 자기 의를 자랑한다.

교만은 "나는 착한 사람이야. 그렇게 나쁜 일을 한 적도 없지. 사실상 회개할 필요가 없어"라고 말한다. 또한 "이건 내 인생이야. 내가 주도해서 살아가는 거야. 누구의 도움도 받지 않고 내 힘으로 해내다니 나 스스로도 자랑스러워"라고 떠벌린다. 다른 사람들과의 관계에서도 교만은 조용히 속삭인다. "저 사람들보다 내가 더 잘 알아. 내가 더 중요한 사람이야. 나는 그들보다 더 대접받을 자격이 있어." 결국 "그 왕국도 권세도 영광도 다 내 차지야"라는 식이다.

교만에 도사리고 있는 자기기만은 자신을 실제보다 훨씬 중요한 존재로 믿게 한다. "만일 누가 아무것도 되지 못하고 된 줄로 생각하면 스스로 속임이라"(갈 6:3). 우리 인생이 하나님의 선물이라는 것과 하나님이 우리에게 베푸신 자비와 은혜와 축복이 받을 자격이 있어서 받은 것이 아님을 간과한다면 우리는 큰 문제에 봉착하게 된다. 우리가 성취한 업적은 그가 능력을 주심에 따른 결과일 뿐이다. 그런 이유에서 교만은 모든 죄악 중에 가장 심각한 죄악에 해당한다(잠 6:16-17). 교만은 만악의 근원이다.

잠언 11장 2절은 "교만이 오면 욕도 오거니와 겸손한 자에게는 지혜가 있느니라"라고 경고한다. 아이러니하게도 교만한 사람들은 스스로 지혜롭다고 생각한다. 스스로 자격이 있다고 생각하므로 기꺼이 명예를 차지하려고 한다. 하지만 사실은 정반대다. 우리가 겸손할 때 하나님은 우리를 축복해 주시고 기꺼이 세워 주시지만, 교만한 태도는 스스로에게 상처를 주고 축복에서 멀어지게 할 뿐이다.

잠언 29장 23절은 "사람이 교만하면 낮아지게 되겠고 마음이 겸손하면 영예를 얻으리라"고 결론 내린다. 현대 문화는 겸손을 권장하지 않는다. 하지만 겸손이 결핍되어 있으면 매일 기도 가운데 하나님을 구하며 회개함으로 행해야 하는 우리의 절박한 필요가 보이지 않게 된다. 스스로도 그 필요성을 인지하지 못한 상태에서 교만한 자신을 안타까워하고 용서를 구할 사람은 없다.

하나님과 친밀한 교제를 누리며 기적적으로 쓰임 받았던 성경 인물들은 한결같이 겸손한 사람들이었다. 이스라엘의 가장 위대한 왕 다윗은 자신이 누린 축복들이 결코 당연하다고 생각하지 않았고, 끊임없이 "나는 누구인가?"라고 자문했다(삼상 18:18; 대상 17:16; 29:14). 사도 바울은 자기 자신을 죄인 중의 '우두머리'라고 불렀다(딤전 1:15, 새번역). 그는 스스로를 죄인 중의 가장 악한 죄인이라고 생각했지만, 신약 성경의 거의 절반을 썼을 뿐 아니라 수많은 사람을 그리스도에게로 인도하기 위한 하나님의 도구로 사용되었다. 구약에서는 여호수아가 하나님 앞에 겸손히 엎드리며 하나님의 도우심을 구했고 하나님은 그를 통해 약속의 땅을 정복하셨다. 에스더는 겸손히 복종함으로 자기 백성을 위해 목숨까지 걸었고, 그 결과 하나님은 유대인들이 멸절당하지 않도록 보호해 주셨다. 다니엘은 바벨론에서 늘 겸손하게 행했고 왕의 호의를 입었다.

스스로를 과대평가하며 으쓱거리는 사람을 보면 누구나 혐오감과 불쾌감을 느낀다. 하나님도 마찬가지이실 것이다. 하나님의 말씀은 우리의 관계에 대해 "다 서로 겸손으로 허리를 동이라"(벧전 5:5)라고 권면한다. 모두가 서로를 향해 겸손으로 허리를 동이면 결혼생활과 가정생활 그리고 교회 성도들의 관계에 어떤 변화가 생기겠는가? 자기중심성을 버리고 상대방을 중심으로 행동하고 생각하지 않겠는가? 더 감사하고 불평을 줄이며 상대방을 더 존중하고 쉽사리 판단하지 않을 것이다. 아집을 버리고 남을 더 배려하며 협조할 것이고, 비난을 줄이고 사과할 일이 있으면 흔쾌히 사과할 것이다. 지적을 받으면 불쾌하게 받아들이지 않고 조언과 책망과 권면에 겸손히 귀 기울여 경청할 것이다. 무엇보다 예수님을 더 닮아가고 사탄의 모습을 본받지 않을 것이다. "그러므로 하나님의 능하신 손 아래에서 겸손하라 때가 되면 너희를 높이시리라 너희 염려를 다 주께 맡기라 이는 그가 너희를 돌보심이라"(벧전 5:6-7).

야고보서 4장 6절은 하나님이 교만한 자를 대적하시고 겸손한 자에게 은혜를 베푸신다고 말하며, 하나님께 복종하고 (우리를 교만하도록 부추기는) 마귀를 대적하라고 명령한다. 하나님은 그에게 가까이 나아오라고 말씀하신다. 우리가 회개하고 정결케 하시는 그의 은혜를 구할 때 그는 우리를 가까이하실 것이다. 그렇다면 왜 마음에 교만을 품는가? 사람들이 우리의 교만한 모습을 싫어하고 하나님은 그 교만을 죄라고 부르신다면 교만함으로 얻는 유익이 어디에 있단 말인가? 전혀 없다. 우리가 추구하는 재물, 성공, 사람들의 박수갈채, 보상은 우리를 더 큰 교만에 이르게 한다.

성경은 이렇게 경고한다. "지혜로운 자는 그의 지혜를 자랑하지 말라 용사는 그의 용맹을 자랑하지 말라 부자는 그의 부함을 자랑하지 말라 자랑하는 자는 이것으로 자랑할지니 곧 명철하여 나를 아는 것과 나 여호와는 사랑과 정의와 공의를 땅에 행하는 자인 줄 깨닫는 것이라 나는 이 일을 기뻐하노라 여호와의 말씀이니라"(렘 9:23-24).

우리는 아무리 많은 선행을 행하고 좋은 것을 소유했다 하더라도 결코 자랑하거나 교만해서는 안 된다. 오히려 하나님께 더욱 나아가며 감사하고 그를 섬겨야 한다. 세례 요한처럼 그리스도를 더욱 높이고 자신은 더욱 낮추는 방법을 찾아야 한다(요 3:30). 하나님은 우리를 사랑하셔서 어려운 일이나 연약함이나 힘든 문제를 주실 수 있다. 겸손함으로 행하며 그분을 더욱 의지하고 더 나은 도구로 사용되며 그의 은혜를 더 누릴 수 있는 방법을 배울 실제적인 기회를 가지라고 이런 일들을 허락하실 수 있다(고후 12:7-10).

요약하자면, 하나님은 교만을 미워하시고 겸손을 기뻐하신다.

참으로 간명하다. 이런 진리를 우리 마음에 깊이 새기고 그와 긴밀하게 동행해야 한다. 거룩하시고 주권자 되시며 전능하신 하나님께 온전히 나아갈 길은 철저한 겸손과 온전한 죄 고백이 유일하다. 우리의 교만과 계속 싸우며 하나님과 우리의 관계가 방해받지 않고 힘 있는 기도를 할 수 있도록 그가 원치 않는 모든 일은 신속히 처리하겠다는 결단이 필요하다. 겸손은 하나님과 친밀함을 유지하고 살아 있는 기도생활을 누리는 데 있어 꼭 필요한 마음의 태도다. 우리 죄를 회개하고 매일 하나님 앞에서 겸손히 행할 때 주님을 기쁘시게 해드릴 수 있고 더 강력하고 지속적으로 기도할 수 있다.

주님, 주님을 향한 저의 한결같은 충성심이나, 죄에 대한 자각이나, 회개에 대한 필요성이나, 매사에 주를 겸손히 의지하려는 노력보다 저를 먼저 내세우며 교만했던 적이 얼마나 많았는지 모르겠습니다. 그러나 스스로를 세우려고 그렇게 애쓰고 노력했음에도 실제로는 주님과의 관계를 무너뜨리고 있었음을 이제야 알았습니다. 주님, 오늘 감사하는 마음만 가지고 당신께 나아갑니다. 제 안에 있는 교만을 없애 주시고, 있는 그대로의 저의 실상을 보도록 도와주소서. 주님이 늘 먼저 영광을 받으소서. 예수님의 이름으로 기도합니다. 아멘.

▶ 하나님과의 관계에 성장이 필요한 영역을 진단하고 싶다면 258페이지의 '영적 온도 테스트'를 참고하라.

> **Q 생각해 보기**
> 교만의 가장 큰 문제들은 무엇인가? 교만을 회개하기 위해 성경은 우리가 무엇을 해야 한다고 말하는가?

15
합심하여 드리는 기도

이 모든 것 위에 사랑을 더하라 이는 온전하게 매는 띠니라 골 3:14

창세기 11장은 바벨탑 건축에 대한 흥미로운 이야기를 소개한다. 이 이야기에 등장하는 경건치 않은 사람들은 스스로의 영광과 명성을 위해 거대한 탑이 있는 성을 건축하기로 결정한다. 그들은 그 계획을 실행에 옮기고자 거대한 도전을 감행하였고 처음에는 그 노력이 일정 부분 성공을 거둔다. 그러나 하늘에서 내려다보시던 하나님은 '저들이 합심하면 못할 일이 없겠구나'라고 생각하시고 그 일을 방해하신다. 하나님은 언어가 통하지 않게 하셔서 소통이 불가능하게 만드셨고, 결국 교만의 상징인 그 기념물을 완공하지 못하게 하셨다. 그들은 대혼란에 빠졌고 결국 계획을 포기하고 언어별로 갈라져 온 땅으로 흩어졌다.

이 성경 이야기에는 너무나 놀라운 부분이 있다. 사람들이 합심하면 엄청난 힘과 추진력을 발휘할 수 있다고 하나님이 직접 언급하셨다는 점이다. 경건치 않은 사람일지라도! 그러니 우주의 하나님을 예배하고 순종하는 사람들이 하나가 될 때는 얼마나 강력한 힘을 발휘할지 생각해 보라. 마음을 하나로 모아 주를 찾고 행동하면 아무것도 그들을 저지하지 못할 것이다.

우리의 대적 원수가 하나님의 백성들을 분열시키려고 온갖 노력을 다하는 이유가 바로 이 때문이다. 우리가 하나 되면 엄청난 추진력이 생기고 그 나라를 세울 터를 단단히 다질 수 있다.

합심해서 드리는 기도는 강력한 힘을 발휘한다. 그러나 분열된 사람들이 드리는 기도는 그렇지 않다. 그러므로 반드시 서로에 대한 원망을 버리고 용서해야 한다. 실제로 교만이나 이기심은 합심하여 드리는 기도를 방해하는 원수와 같다.

요한복음 17장에는 예수님이 드린 아름다운 기도가 기록되어 있다. 예수께서는 성도들이 한 몸이 되어 연합을 이루도록, 그리고 이들의 하나 됨으로 하나님이 세상을 구원하시려 그를 보내셨음을 세상이 알게 해달라고 기도하셨다(21절). 시편 133편 1절은 동일한 주제를 반복한다. "보라 형제가 연합하여 동거함이 어찌 그리 선하고 아름다운고."

하나님은 우리의 하나 됨을 기뻐하시고 축복해 주신다. 우리가 함께 예배하고 하나님의 뜻대로 서로를 사랑할 때 그리스도의 몸이 무엇인지 알릴 수 있다. 또한 우리 죄를 정결케 하고자 죽으시고 이제는 하나님 아버지께 우리를 중보하시는 우리 주님을 사람들이 바라보게 할 수 있다. 사람들은 우리의 하나 됨을 보고 사랑과 능력과 존재 목적을 확인한다. 참으로 아름답고 매혹적일 것이다. 하나님을 믿는 사람들의 군대가 합심하여 목표를 이루면 그들은 실제로 난공불락의 군대가 된다.

사도행전의 초대 교회에는 이런 추진력이 있었다. 성경은 그들이 한마음으로 힘쓰고 기도에 전념하며 서로의 필요를 도왔다고 말한다. 실제로 그들의 하나 됨이 너무나 강력하고 매력적이어서 하나님의 은혜의 손이 그들에게 임하였고 교회는 단시간 내에 수천 명씩 무서운 기세로 성장하였다. 사도행전 2장 43절은 그로 인해 사람들이 두려워했다고 말한다.

하지만 분열된 상태에서는 어떤 메시지를 전달할 수 있겠는가? 신자들이 믿음의 비본질적인 문제들로 언쟁하고 화를 내며 서로의 화를 돋울 때, 자기주장만 앞세우고 상대방의 말을 듣지 않을 때, 그리스도에 대한 믿음이 해결책임을 알려 주어야 할 세상은 어떻게 생각하겠는가? 예수님이 나누이셨는가? 아니면 인간의 교만과 이기심과 무지로 분열이 일어나는가?

에베소서 4장 1-3절은 이렇게 촉구한다. "너희가 부르심을 받은 일에 합당하게 행하여 모든 겸손과 온유로 하고 오래 참음으로 사랑 가운데서 서로 용납하고 평안의 매는 줄로 성령이 하나 되게 하신 것을 힘써 지키라."

기도와 하나 됨을 통해 놀라운 하나님의 운동들이 일어난 사례들은 역사적으로도 적지 않다. 대각성 운동과 그 외 유사한 부흥 운동들은 항상 사람들이 합심해 기도하고, 하나님의 용서하심과 정결하게 하심을 구하며, 차이를 내려놓고 서로를 용서하며 손과 마음을 맞잡고 주의 나타나심을 간절히 구할 때 일어났다. 하나님은 합심해 구하는 기도에 실제로 응답하신다.

신자들이 하나 될 때 하나님의 축복이 임한다. 우리를 얽매이게 하는 죄를 마음에서 벗어버리고 함께 그의 얼굴을 구할 때 하나님은 역사하신다. 마가복음 11장 24-26절에서 주님은 서로를 용서하고 하나님 앞에서 자신을 깨끗이 할 때 우리의 필요를 채워 주겠다고 약속하셨다. 또한 요한일서 4장 20-21절에서는 형제를 미워하면서 하나님을 사랑할 수 없다고 경고하셨다. 우리가 용서하지 않으면 하나님도 우리를 용서하지 않으실 것이다.

가정이 형통하기 위해서는 남편과 아내가 서로를 원망하지 않고 하나 되어 연합을 이루어야 한다. 교회가 형통하기 위해서는 이기적인 생각과 원망이나 교만을 버리고 하나 되어야 한다. 한 국가가 번성하기 위해서는 국민들이 서로 생각과 세계관과 가치 판단의 기준이 다르다는 이유로 극단적으로 충돌하지 않고 서로 마음을 모아 하나가 되어야 한다.

로마서 12장 18절은 모두와 평화롭게 살아야 한다고 강조한다. 최소한 우리 쪽에서라도 통제 가능한 수준까지 평화롭게 살고자 노력해야 한다. 하지만 우리 능력의 범위를 벗어날 경우에는 기도해야 한다. 간절히 열정적으로 다른 성도들과 한마음으로 기도해야 한다. 마태복음 18장 20절은 두 사람이 합심하여 간절히 주를 찾을 때 하나님이 그들 중에 함께하실 것이라고 약속해 주고 있다.

그러므로 하나 될 수 있도록 기도하라. 합심으로 드리는 기도는 적과 싸울 강력한 무기가 된다. 부차적인 문제들로 분열이 틈 탈 기회를 허락하지 말라. 서로 사랑하고 용서하며 겸손히 한마음으로 주를 구함으로 반격을 가해야 한다. 그렇게 할 때 승리의 동력이 생긴다. 동력이 생기면, 그리고 그것을 사람들이 확인하면 우리의 하나 됨이 하나님의 아들 예수 그리스도, 우리를 사랑하사 자기를 내어주신 분 덕분이라고 공개적으로 선언할 수 있다.

한 도시에서 모든 교회가 잃은 영혼을 찾기 위해 실제로 협력하고 마음을 하나로 모으는 장면을 상상해 볼 수 있는가? 목회자들이 다른 목회자들과 함께 기도하고, 서로 공로를 내세우거나 신경전을 벌이지 않은 채 자원을 함께 나누는 모습을 상상해 볼 수 있는가? 내가 사는 도시의 자원하는 사람들 속에 보이는 하나님의 강력한 역사를 보고 외부 사람들이 몰려드는 장면을 생각해 볼 수 있는가? 그렇다면 기도하라. 힘써 싸우라. 같은 꿈을 꾸는 이들과 하나로 연결되게 해달라고 주님께 구하라.

이전에는 그런 일이 있었다. 전혀 가능성이 없어 보이는 곳에서 실제로 그런 일이 일어났다. 그리고 하나님은 지금 다시 그런 일이 일어나기를 원하신다. "너는 내게 부르짖으라 내가 네게 응답하겠고 네가 알지 못하는 크고 은밀한 일을 네게 보이리라"(렘 33:3).

하나님께서 다시 우리를 하나로 묶어 주셔서 이 땅에 새로운 부흥이 일어나게 되기를! 정말 이런 부흥이 일어나기를 원하는가? 그렇다면 무엇을 해야 하는가?

주님, 사람들끼리, 특히 같은 성도들끼리 서로를 멀리하며 갈등을 겪을 때 어떤 안 좋은 결과가 나타나게 되는지 보았습니다. 그 모든 것에 도사린 위선을 보았습니다. 늘 얼굴을 대하고 살아가는 사람들과 화해하지 못하고 갈등하는 저 자신을 보았습니다. 주님, 그럴 때는 기도하기도 어렵고 자유를 누리기도 힘이 듭니다. 제가 모든 깨어진 관계를 회복하고 그리스도의 이름을 주장하는 모든 이들과 하나 되는 데 필요한 모든 노력을 다하게 도와주소서. 그렇게 해서 함께 주의 나라와 주의 이름의 영광을 위해 힘쓰게 해주소서. 예수님의 이름으로 기도합니다. 아멘.

> **Q 생각해 보기**
>
> 원망은 교회와 우리의 기도생활에 어떤 방해가 되는가? 어떤 면에서 사랑이 "온전하게 매는 띠"(골 3:14)인가? 합심해 기도한다는 것은 무슨 뜻인가?

16
온전한 믿음으로 드리는 기도

오직 믿음으로 구하고 조금도 의심하지 말라
의심하는 자는 마치 바람에 밀려 요동하는 바다 물결 같으니
이런 사람은 무엇이든지 주께 얻기를 생각하지 말라 약 1:6-7

기도할 때 우리는 하나님이 무지하시거나 무능력하시지 않으며 무심하시거나 응답하실 의지가 없으신 분이 아니라는 확신을 가져야 한다. 하나님이 우리에게 믿음으로 기도하도록 계속 재촉하시는 이유가 여기에 있다. 우리 마음은 하나님과 화평을 누리며 다른 사람들과 아무 거리낌 없이 하나가 될 수 있다. 하지만 의심하며 기도하면 마음에 기도의 장애물이 생긴다.

예를 들어 베드로는 세 번이나 예수님을 부인했다. 때로 우리 역시 하나님께 나아갈 때 하나님의 신실하심과 선하심과 능력을 불신할 수 있다. 이렇게 믿음이 결여되면 기도생활은 교착상태에 빠진다. 하나님을 신뢰하거나 그의 선하심을 믿지 않으면 하나님께 나아가고 싶은 마음이 사라질 것이다.

당신이 더 이상 기도하고 싶은 마음이 들지 않는다면 그것은 하

나님의 마음과 정체성에 대한 4가지 오해 중 하나가 원인일 것이다.

1. 하나님은 나의 필요를 모르시거나 이해하시지 못한다

그렇지 않다. 그는 우리를 아신다. 우리 자신보다 우리를 더 잘 아신다. 하나님의 이러한 속성을 가리키는 신학적인 용어는 전지하심omniscience이다. 그는 땅에 참새가 떨어질 때가 언제인지 알고 계시며(마 10:29) 우리 머리의 머리카락 개수도 다 알고 계신다(마 10:30). "그가 별들의 수효를 세시고 그것들을 다 이름대로 부르시는도다"(시 147:4). 그의 눈앞에 "만물이 벌거벗은 것같이 드러"난다(히 4:13). 그리고 이미 보았듯이 그는 "구하기 전에 너희에게 있어야 할 것을" 모두 다 알고 계신다(마 6:8).

그렇다면 '이미 우리 생각을 다 알고 계시는데 왜 기도하라고 하시는가? 대체 무슨 말씀을 하시는 것인가?'라는 의문이 들 수 있다. 기도는 첫째, 하나님을 친밀하게 알고 사랑하며 섬기는 것이며 둘째, 그의 뜻과 길에 우리 인생을 맞추는 것이고 셋째, 그에게 나아가 그의 나라와 능력과 영광을 높여 드리는 것임을 기억하라. 이 모든 것은 하나님과 우리의 상호 교류를 필요로 한다. 하나님은 우리 없이도 모든 일을 처리하실 수 있다. 하지만 지극히 선하시고 인애가 풍성하신 분이므로 우리를 불필요한 존재로 버리시거나 외면하시지 않는다.

만약 당신이 부모로서 자녀의 생각을 다 읽을 수 있는 능력이 있다고 해보자. 그들이 마음으로 당신을 무시하는 것을 보면 기분이 좋겠는가? 어떤 문제로 계속 힘들어하거나 곤란한 상황에서 헤어 나오지 못하는 모습을 본다면 마냥 두고 보겠는가? 아니면 부모인 당신과 관계를 유지하며 부모의 사랑을 경험하고 지혜를 배워 가기를 원하겠는가? 당연히 친밀한 관계를 원할 것이다. 하나님도 마찬가지다. 그렇다. 그는 우리를 이해하신다. 그리고 항상 우리 옆에서 기다리고 계신다.

2. 하나님은 우리를 도울 힘이 없다

사도 바울은 이런 오해를 어느 경우보다 더 단호하고 강력하게 반박했다. 하나님은 우리가 생각하는 그 어떤 일도 능히 하실 수 있을 뿐 아니라 "우리가 구하거나 생각하는 모든 것에 더 넘치도록 능히 하실" 분이라고 선언했다(엡 3:20). 이 문장에 사용된 헬라어 원어는 인간이 사용하는 어떤 도구로도 측량할 수 없는 수준의 능력 또는 풍성함이라는 의미를 함축하고 있다. 하나님이 가진 능력이 그 정도다. 그는 절대적 능력과 힘의 소유주이시며 전능하신 분이다.

별들을 보고 거울을 들여다보라. 그가 지으신 세계는 어떤 경우에도 제약이 없는 그의 능력을 드러낸다. 진심으로 이 사실을 믿는다면 "그의 뜻대로 무엇을 구하면 들으심이라"는 사실을 주저하지 말고 받아들여야 한다(요일 5:14). '겨자씨'만 한 믿음만 있으면 아무리 큰 산이라도 "이 산을 명하여 여기서 저기로 옮겨지라 하면 옮겨질" 것이다(마 17:20). 그런 전능하신 하나님을 믿으면 우리 같은 사람들도 "그 영광 앞에 흠이 없이 기쁨으로 서게" 될 수 있다(유 24). 그에게는 진정으로 불가능이 없다. 예수님은 심지어 "사람으로는 할 수 없으나 하나님으로서는 다 하실 수 있느니라"(마 19:26)라고 말씀하셨다. 그분이 세운 완벽한 기록을 확인하고 기도할 때 그의 능력을 의심하지 말라.

3. 하나님은 우리에게 관심이 없다

하나님의 전능하심과 전지하심을 인정한다 해도 '그가 모든 것을 다 아신다면, 그리고 무엇이든 다 하실 수 있다면 왜 나를 도와주시지 않는 거지? 알면서도 돌봐 주시지 않는다면 더 최악이 아닌가?'라는 의문이 생길 수 있다. 하지만 즉각적인 행동이 없다고 관심이 없다는 식으로 해석해서는 안 된다. 예수님은 공중의 새를 가리키며 하나님이 그들을 먹이신다고 말씀하셨다. 그런 새들도 돌봐 주시는 분이 하물며 우리를 돌봐 주시지 않겠는가? 모든 호흡은 그분의 선물이며 그가 우리를 돌보신다는 외침이다.

성경에서 예수님은 우리를 돌봐 주시는 하나님의 성품과 완전히 상반되는 기도 응답에 관한 두 가지 예화를 들려주셨다. 한밤중에 한 남자의 집에 예기치 못한 손님이 방문했다. 그는 집 안에 대접할 거리가 없어 이웃집으로 급히 달려가 남은 빵이 있으면 줄 수 있느냐고 물었다. 집 안에서는 "귀찮게 하지 말라"는 대답이 들려왔다. "문이 이미 닫혔고 아이들이 나와 함께 침실에 누웠으니 일어나 네게 줄 수가 없노라"(눅 11:7). 하지만 남자는 포기하지 않고 끈질기게 요구했고 마침내 이웃은 성화를 이기지 못하고 요청을 들어주었다.

두 번째 예는 억울한 취급을 당하던 한 과부의 이야기다. 불의

한 재판으로 괴로워하던 그녀는 지역의 무정한 재판관을 끈질기게 찾아가서 자신의 억울한 사정을 하소연했다. 그러나 재판관은 냉담했고 도와주려 하지 않았다. 지친 재판관이 마침내 요구를 수락할 때까지 그녀의 이런 하소연과 간청은 계속되었다(눅 18:1-5).

무정한 친구와 오만한 재판관. 예수님은 이 두 이야기에서 끈질기게 구한 사람은 요청한 대로 얻게 되었다고 말씀하셨다. 주님이 말씀하시고자 했던 요지는 하나님이 무정하고 냉담한 재판관이나 잠자리에 들었던 이웃과 다르다는 것이었다. 그렇다면 하나님은 그 재판관이나 이웃보다 우리 요청에 얼마나 더 적극적이고 신속하게 응답해 주시겠는가? "하물며 하나님께서 그 밤낮 부르짖는 택하신 자들의 원한을 풀어 주지 아니하시겠느냐 그들에게 오래 참으시겠느냐 내가 너희에게 이르노니 속히 그 원한을 풀어 주시리라"(눅 18:7-8). 그런 의미에서 그는 "구하라 그러면 너희에게 주실 것이요 찾으라 그러면 찾아낼 것이요 문을 두드리라 그러면 너희에게 열릴 것이니"(눅 11:9)라고 말씀하셨다. 그는 우리가 인생에서 만날 수 있는 그 어떤 이보다 더 확실하게 우리를 돌봐 주신다.

4. 하나님은 아무것도 하지 않으시려는 분이다

마가복음 11장 24절은 이런 오해와 전혀 다른 내용을 말한다. "그러므로 내가 너희에게 말하노니 무엇이든지 기도하고 구하는 것은 받은 줄로 믿으라 그리하면 너희에게 그대로 되리라." 그렇다. 그는 기꺼이 들으시고 응답하시며 조언해 주시고 위로하시고 격려해 주시고 인도해 주시며 건져 주실 것이다.

예수님은 도움을 구하며 나아온 나병 환자에게 "내가 원하노니"라고 말씀하셨다. 상한 사람의 그 믿음을 보시고 "불쌍히 여기사" 그의 몸을 낫게 해주시고 기도에 응답해 주셨다(막 1:41). 우리는 믿으려고도 하지 않고, 기다릴 마음도 없으며, 우리 요청대로 응답받겠다는 의지도 없는 연약한 자들이다. 하지만 예수님은 우리를 위해 기꺼이 십자가로 나아가셨다. "이는 그가 항상 살아 계셔서 그들을 위하여 간구하심이라"(히 7:25). 그렇다. 지금도 예수님은 기도를 쉬지 않으시며 우리를 위해 일하고 계신다.

물론 하나님은 우리의 소원을 이루어 주는 요술 램프의 요정이 아니다. 하지만 우리는 이 사실을 오히려 기뻐해야 할 것이다. 만물을 다스리며 모든 것을 꼼꼼히 살피고 고려하시는 분이 아닌, 우리의 통제대로 움직이는 신을 숭배하는 것은 얼마나 공포스러운지 모른다. 하나님은 우리에게 그의 이성이 그의 지혜와 의지와 일치한다는 사실을 신뢰할 수 있게 해주신다. 하나님은 주권자이시므로 능력이 있어도 이행하지 않으실 수 있다. 그러나 그 능력을 행사하시든 행사하지 않으시든, 우리가 할 일은 그가 그 일을 이루실 수 있고 또 그러실 의사가 있음을 믿는 것이다. 그러므로 우리 인생의 전투 계획은 아래의 기도를 포함해야 한다.

- 그가 우리 마음을 아시고 우리에게 진정으로 필요한 것이 무엇인지 아실 것을 기대하며 드리는 기도
- 그에게는 어떤 한계도 없으며 무엇이든 이루실 수 있음을 믿고 드리는 기도

- 우리에게 사랑과 긍휼함과 자비로 응답해 주실 것을 기대하며 드리는 기도
- 그가 귀 기울여 듣고 계시며 기꺼이 우리 도움이 되어 주실 것을 확신하며 드리는 기도

주님을 더 계시해 주셔서 그의 말씀을 잘 받아들이고, 가르침을 따르며, 약속을 적용하고, 지식과 지혜가 자라가게 해달라고 매일 기도로 구하라. 그를 더 깊이 알아갈수록 그분과 더 많은 시간을 보내고 싶을 것이다. 그와 더 많은 시간을 가질수록 이런 모든 오해가 사라지고 믿음이 더욱 자랄 것이다.

주님, 당신이 저를 완벽히 알고 이해해 주실 것을 믿습니다. 주의 거룩한 뜻을 이루실 능력이 무한하시며 완전하심을 믿습니다. 저를 돌봐 주시고 기꺼이 도와주심으로 저와 저의 필요에 대해 최선의 방향으로 적절한 사랑의 조치를 취해 주시리라 확신합니다. 당신 안에서는 어떠한 소망도 안전하고 확실하기에, 나는 당신께 포기하지 않고 나아갑니다. 전지하시며 능력이 많으신 사랑의 하나님이심을 확신하며 믿음으로 당신께 구합니다. 예수님의 이름으로 기도합니다. 아멘.

Q 생각해 보기

믿음과 관련해 사람들이 믿는 거짓말 중에 믿음으로 기도하지 못하도록 막는 것은 무엇인가? 기도할 때 믿음으로 하나님을 신뢰하도록 도와줄 하나님의 속성은 무엇인가?

17
은밀한 중에 드리는 기도

감추어진 일은 우리 하나님 여호와께 속하였거니와 신 29:29

성경은 예수님이 무엇보다 은밀하게 기도하셨다고 말한다. 물론 길게 기도하신 대제사장의 기도뿐 아니라(요 17장) 공개적으로 짧게 기도하신 기록도 일부 있기는 하다. 하지만 예수님은 일상적으로 아침 일찍 일어나 홀로 기도하는 시간을 가지셨고(막 1:35), 오후에는 사람들을 모두 보내고 한적한 곳에서 기도하셨으며(막 6:46), 모두 잠든 늦은 시간에 기도하시기도 했다(눅 6:12).

당시 종교 지도자들은 완전히 정반대였다. 그들은 외식적으로 기도했고 기도 시간은 일종의 공연과 같았다. 그들은 무리에게 자랑하고 싶었고 자신이 거룩한 영적 거인임을 확인시키고 싶었다. 예수님은 그들을 위선자, 다시 말해 무대 위의 배우라고 부르셨다. 마태복음 6장 5절에서 하신 예수님의 말씀을 보라. "또 너희는 기도할 때에 외식하는 자와 같이 하지 말라 그들은 사람에게 보이려고 회당과 큰 거리 어귀에 서서 기도하기를 좋아하느니라 내가 진실로 너희에게 이르노니 그들은 자기 상을 이미 받았느니라."

사람은 누구나 사랑받고 존중받기를 원한다. 주변 사람들이 우리를 인정해 준다고 생각하면 기분이 좋아진다. 그러나 한 개인으로 존중받을 때 우리에게 건강한 유익이 따른다 해도, 하나님을 향한 우리의 믿음과 봉사는 언제나 겸손과 진실함이 뒷받침되어야 한다. 언제나 우리의 유일한 청중이신 놀라운 하나님을 향해야 한다. 단순한 인간의 변덕스럽고 찰나적인 인정과 칭찬에 매달려서는 안 된다.

그렇다고 공개적인 기도가 잘못이라는 말은 아니다. 사람들을 대표해서 기도드리는 것은 때로 우리가 할 수 있는 가장 그리스도적인 사랑의 행위일 수 있다. 모세, 여호수아, 다윗, 솔로몬, 심지어 예수님도 필요에 따라 수많은 대중 앞에서 기도하였다. 그러나 칭찬이나 인정을 받기 위해서가 아니라 오직 사람들이 하나님께 집중하도록 기도를 이끌었다. 사람이 두려워서 공개적으로 기도하는 일을 주저하지도 않았다. 그러나 "사람의 영광을 하나님의 영광보다 더 사랑"한 1세기 사람들은 바리새인들의 미움을 살까 봐 두려워 그리스도를 공개적으로 인정하려 하지 않았다(요 12:43).

우리는 어떤 일을 하든지 자신에게는 죽어야 하고 하나님을 기쁘시게 해드리는 것이 목표가 되어야 한다. 우리는 하나님이 우리를 창조하셨고 그분만이 우리의 주인 되심을 기억해야 한다. 하나님만이 거룩하시고, 주권자로 통치하시며, 우리보다 우리를 더 잘 아심을 알아야 한다. 그분만이 기도에 응답하시며 언젠가 우리를 심판하실 것이다. 우리에게는 하나님의 의견만이 유일하게 중요하다. 그 무엇보다 그를 구하고 기쁘시게 해드리는 일이 우리의 가장 중요한 우선순위가 되어야 한다.

우리는 이런 마음가짐으로 늘 기도해야 한다. 하나님께 나아갈 때 가지는 경외하는 마음, 겸손함, 진실함은 누가 듣든지 말든지 기도하는 태도에 그대로 반영되어야 한다. 기도할 때마다 자신의 동기를 돌아보고 모든 교만을 십자가에 못 박아야 한다.

외식을 버려야 한다. 사람을 두려워하지 말아야 한다. 사람들을 기도로 이끄는 일은 중요한 책무다. 이때 기도하는 당사자는 절대 관심의 대상이 되지 말아야 하며 사람들이 오직 하나님께만 집중하도록 해야 한다.

하지만 올바른 동기의 공적 기도가 신자의 생활에 중요하며 또한 강력한 힘을 발휘한다 해도, "너희가 기도할 때에"라는 주님의 말씀은 기본적으로 "네 골방에 들어가 문을 닫고 은밀한 중에 계신 네 아버지께 기도하라 은밀한 중에 보시는 네 아버지께서 갚으시리라"(마 6:6)라는 말씀에 따른 일상적인 기도를 강조하는 것이다.

교회에서 합심해 드리는 공동 기도는 큰 힘을 발휘한다. 하지만 여기서 예수님은 혼자 하나님께 은밀히 드리는 기도가 기본적으로 중요함을 암시하시고 있다. 누군가에게 보이려고 기도하는 사람은 이미 받을 보상을 받았다. 청중에게 받는 알량한 인정이 그 '공연'으로 받는 혜택의 전부다. 그런 사람에게 하나님의 축복이나 공급하심은 전혀 무관한 일이다.

실제로 하나님은 교만을 미워하신다. "무릇 마음이 교만한 자를 여호와께서 미워하시나니 피차 손을 잡을지라도 벌을 면하지 못하리라"(잠 16:5). 하나님께 영광을 돌리는 척하지만 실상은 자기 영광을 구하는 이들의 위선을 미워하신다(잠 8:13; 마 15:8).

은밀히 기도하면 산만해질 가능성을 차단할 수 있고, 하나님을 찬양하고 죄를 고백하며 그의 축복과 인도하심에 감사하고 필요와 요청을 아뢰는 데 모든 관심을 집중할 수 있다. 은밀히 기도하면 겸허하게 자기를 드러내고, 진실하며, 하나님과 함께 보내는 시간에 대해 다른 어떤 보상도 바라지 않고, 그를 더욱 알고 사랑하며, 영광을 돌리고 싶은 마음을 보상으로 받을 수 있다. 은밀한 기도는 이기적 동기를 버리는 데 도움이 된다. 나와 하나님만이 중요해진다.

그리고 또 다른 유익이 있다. 예수님은 마태복음 6장 6절에서 아버지께서 은밀한 중에 계시며, 그를 위해 은밀히 행한 일을 보고 계시고, 은밀히 이루어진 일을 보상해 주신다고 말씀하셨다. 그가 은밀한 곳에 계신다고 하나님이 말씀하시는데 우리가 그렇게 은밀한 중에 계신 하나님을 만나려 하지 않을 이유가 어디 있겠는가? 하나님의 보상을 받고 싶지 않은 이가, 그 요청에 응답받고 싶지 않은 이가 누가 있겠는가? 하나님의 아들이 은밀하게 아버지를 구하고 우리에게도 그것을 명령하신다면 그렇게 하지 않을 이유가 무엇이겠는가?

이런 일련의 질문에 대답하다 보면 우리의 마음 상태가 드러나게 된다. 은밀하게 기도하기보다 사람들 앞에서 기도하는 경우가 더 많다면 우리는 사람들의 인정을 구하고 있을 가능성이 높다. 은밀히 기도한다 해도 나가서 그 사실을 떠벌린다면 그것 역시 우리의 교만함을 보여 주는 것이다. 그러나 아무도 보는 이 없이 오직 주님만이 보고 계실 때, 그 누구도 듣는 이 없이 오직 그분만이 듣고 계실 때 우리의 동기는 더 이상 순수할 수 없다.

우리의 실제 본심은 은밀한 중에 가장 잘 드러난다. 다시 말해서 은밀한 곳에서 보여 주는 모습이 진짜 모습이라는 말이다. 아무도 듣거나 알지 못할 때 하는 생각이 진짜 생각이다. 아무도 보지 않을 때 하는 행동이 진짜 행동이다. 잠언은 사람의 본성에 대해 말하면서 "무릇 그 마음의 생각이 어떠하면 그의 사람됨도 그러하니"(잠 23:7, 새번역)라고 말한다. 하나님을 은밀하게 찾는 것이 그렇게 강력한 이유가 이 때문이다. 우리 마음을 시험해서 드러내 주기 때문이다.

하나님과 단독으로 은밀하게 만나는 것은 "다른 누구보다 당신을 선택하겠습니다. 주를 구하고 알기를 원하오며 그 누구보다 당신의 음성을 듣고 싶습니다"라는 고백과 같다. 그분에게만 온전히 관심을 쏟을 때, 그를 사랑하고 예배하며 그의 말씀을 읽고 그의 음성을 청종하고 순종하고자 할 때, 그는 기뻐하시고 영광을 받으신다. 그리고 가장 최고라고 생각하시는 방법으로 우리에게 축복하시거나 보상해 주신다. 우리가 할 수 있는 그 어떤 것보다 풍성한 축복을 주시며 '적절한 때에' 보상해 주신다. 아래 구절들을 생각해 보라.

"지존자의 은밀한 곳에 거주하며 전능자의 그늘 아래에 사는 자여"(시 91:1). 우리의 성공 비결은 은밀한 곳에 있을 때의 우리 모습에 있다. 우리 실패의 비밀 역시 은밀한 곳에서 실패한 데 있을 것이다. 그러므로 은밀한 곳으로 나아가라. 그곳에서 머물라. 그곳에서 예배하고 기도하라. 그리고 그것을 그분과의 비밀로 간직하라.

오 주님, 당신과 홀로 대면할 수 있는 수많은 기회를 왜 제가 놓치는지 깨닫게 하소서. 당신과 고요하게 머무는 시간이 얼마나 소중한지 깨닫게 도와주소서. 그 은밀한 곳에서는 주의 음성이 가장 또렷이 들립니다. 당신 앞에 온전히 정직하게 나아갈 때 그곳에서 주의 임재와 상급의 가장 큰 복을 누립니다. 주님, 당신에게 이토록 가까이 나아가게 저를 선택해 주시고, 오직 주와 단 둘이서 특별한 시간을 보내도록 초청해 주셔서 감사합니다. 저의 교만에 대해서는 죽고 오직 당신과 홀로 있는 시간을 기뻐하도록 도와주소서. 예수님의 이름으로 기도합니다. 아멘.

> **Q 생각해 보기**
> 다른 사람들과 함께 기도할 때 그들을 의식하는가, 아니면 하나님을 의식하는가? 은밀히 기도하기가 왜 힘든가? 은밀히 기도할 때 어떤 유익이 있는가?

18
순종하는 마음으로 드리는 기도

우리가 마음에 뿌림을 받아 악한 양심으로부터 벗어나고 몸은 맑은 물로 씻음을
받았으니 참 마음과 온전한 믿음으로 하나님께 나아가자 히 10:22

아이들에게 엉망으로 어질러진 방을 청소하게 했다고 가정해 보자. 두 시간 후 방으로 가보니 아이들은 서로 손을 맞잡고 청소를 시작할지 말지 하나님의 뜻을 구하는 기도를 하며 방바닥을 빙빙 돌고 있다. 정결(청소)의 영을 주시고, 엉망이 된 방의 더럽고 지저분한 상태를 청소하는 데 필요한 것을 갖추게 해달라고 하나님께 기도하고 있다.

큰 소리로 기도는 하고 있지만 전혀 순종하는 모습은 아니다. 기도의 모양은 하고 있지만 실상은 부모의 말을 정면으로 거역하고 있는 것이다. 당신이라면 이럴 때 어떻게 반응하겠는가? 아마 당장 그 짓을 멈추고 처음에 일렀던 대로 빨리 방을 치우라고 꾸짖을 것이다. 그 상황에서는 기도가 아니라 청소를 하는 것이 당장 해야 할 일이다.

그러나 실상 많은 사람들이 기도를 이런 식으로 취급하고 있

다. 정작 할 일은 모른 척하고 기도 뒤로 숨는다. 기도로 훨씬 더 어렵고 대가가 요구되는 일에 불순종하고 있다는 사실을 가리려고 한다. 귀담아듣고 순종하는 자녀와 부모의 말을 무시하고 반발하는 자녀가 있다면 누구의 요구를 더 들어주고 싶겠는가? 예수님의 말씀에 진심으로 순종하지 않고서 "주여, 주여"라고 부른들 무슨 소용이겠는가?(눅 6:46)

너무나 당연한 이치가 아닌가. "너희가 나를 사랑하면 나의 계명을 지키리라"(요 14:15). 예수님은 이 이상 더 분명하게 말씀하실 수 없었을 것이다. 우리가 항상 완벽하게 순종할 수 있다는 말이 아니다. 하지만 주님의 이 말씀을 어떻게 반박할 수 있겠는가? 절대적으로 충성한다고 하면서 믿음과 순종으로 주님을 따르지 않는다면, 주님을 사랑한다는 말은 기껏해야 식은 커피처럼 미지근한 고백일 뿐이다.

그러므로 하나님이 우리에게 기도하지 말라고 말씀하신다는 말은 어떻게 보면 반성경적으로 들리지만, 사실은 너무나 단순하고 분명한 것이다. 순종하지 않고 패역한 마음으로 드리는 기도는 기도가 아니다. 성경이 여러 차례 이 놀라운 명령, 즉 기도하지 말라는 명령을 하는 이유가 바로 이 때문이다.

예를 들어, 훨씬 견고한 여리고 성에서 이스라엘이 대승을 거둔 후 아이 성이라는 작은 성에서 참패를 당한 이유를 여호수아가 이해하지 못했을 때 하나님은 이렇게 말씀하셨다. "일어나라 어찌하여 이렇게 엎드렸느냐 이스라엘이 범죄하여 내가 그들에게 명령한 나의 언약을 어겼으며"(수 7:10-11). 주님은 문제의 원인을 찾아 그 원인을 진영 내에서 제거함으로 하나님과의 관계를 회복하는 것이 더 바람직하다고 말씀하셨다. 기도를 중단하고 바로 집 청소를 시작하라는 것이다.

하나님은 이스라엘의 완악한 세대를 위해 더 이상 기도하지 말라고 여러 선지자들에게 지시하셨다. "그런즉 너는 이 백성을 위하여 기도하지 말라 그들을 위하여 부르짖어 구하지 말라 내게 간구하지 말라 내가 네게서 듣지 아니하리라 너는 그들이 유다 성읍들과 예루살렘 거리에서 행하는 일을 보지 못하느냐"(렘 7:16-17). 주님은 수사적 질문을 던지고 계신다. 그들이 끝까지 우상 숭배를 고집하는 한 그들의 기도를 듣지 않으시겠다는 것이다.

순종이 중요하다. 율법주의적인 순종을 말하는 것이 아니다. 우쭐하게 스스로를 내세우거나 다른 사람과 비교해 자기 의를 드러내기 위한 방편으로서의 순종을 말하는 것이 아니다. 그리스도의 제자로 산다면, 최소의 노력만 하며 흉내만 내는 수준의 순종에 머물러서는 절대 안 된다. 가령 주일 아침에 교회 출석하는 것이 제자로서 삶의 전부인 양 생각해서는 안 된다는 말이다. 진정으로 그리스도 안에 있는 사람은 주님을 향한 순종에 꾸준한 진전을 보인다.

기도하면 기도할수록 더욱 기도하고 싶은 열망이 생긴다. 주님과 가까이 있고 싶은 열망은 매우 가치 있는 것이다. 하나님께 나아가고 그를 찬양하며 즐거워하고 그분과 교제하는 특권은 "잠시 죄악의 낙을 누리는 것"으로는 절대 맛볼 수 없는 경험이다(히 11:25). 그리고 승리를 거둘 때마다, 새로운 영적 기회가 생길 때마다 우리는 우리와 하나님의 관계를 방해하는 어떤 일도 원치 않게 된다.

"자비로운 자에게는 주의 자비로우심을 나타내시며 완전한 자에게는 주의 완전하심을 보이시며 깨끗한 자에게는 주의 깨끗하심을 보이"신다. "사악한 자"는 하나님을 마치 대항해 싸워야 하고 겨루어 이겨야 하는 원수라도 되는 양 '거스르는'(간교한) 존재라고 생각한다(시 18:25-26). 정결한 마음으로 드리는 기도는 와이퍼로 앞 유리를 깨끗이 닦아가며 운전하는 것과 비슷하다. 이렇게 영적 시야가 깨끗해져야 하나님이 어떤 일을 하시는지 더 선명하게 볼 수 있다.

스스로 무엇을 위해 기도하고 있는지 살펴보라. 기도가 결실을 맺는지, 하나님의 축복이 선명하게 확인되는지 살펴보라. 물론 아직 이런 결실과 축복이 분명하게 보이지 않는다고 해서 우리 삶의 모습이 반드시 하나님의 말씀과 어긋나고 있다는 의미는 아니다. 또한 하나님께 열린 마음으로 순종하며 살고 있지 않다는 의미도 아니다. 그러나 당신은 스스로 마음 깊은 곳을 들여다보아야겠다는 생각을 해본 적이 있는가? 삶으로 하나님의 뜻을 거부하고 반항하는 경우는 없는지 확인해 본 적이 있는가? 하나님이 기다림의 시간을 주셔서 그 문제를 해결하려 하시는 것은 아닌지 살펴보았는가? 정원사가 정원에서 잡초를 뽑듯이 우리는 근본적인 차원에서 주님과 함께해야 한다.

어쩌면 지금 자원하는 마음으로 스스로를 돌아보며 기도한다 하더라도, 지금 하나님이 원하시는 것은 더 많은 기도가 아닐지 모른다. 하나님은 실천을 원하실지 모른다. 당신이 당장 실행해야 할 작업 지시서가 계속 쌓이고 있다. 그동안 미루어 왔던 일은 없는가? 애써 외면해 왔지만 누군가를 용서해야 하거나 잊히길 바라며 지키지 않았던 약속은 없는가? 때때로 우리가 기도한 요청들은 우리가 충만한 믿음의 행동이라는 다리를 건너기를 기다리고 있는지도 모른다. 하나님께서 이미 순종하라고 명령하신 일은 무엇인가? 그렇다면 왜 오늘 당장 시작하지 않는가?

기도하고 순종하라. 순종하고 기도하라. 이렇게 기도와 순종이 하나가 될 때 그 힘은 강력하고 폭발적일 것이다.

아버지, 지난 날 불순종하고 반항한 죄를 용서해 주시기 원합니다. 그런 죄를 한 번도 고백하지 않았거나 죄를 벗어버리는 일에 게을렀던 저를 용서해 주십시오. 저를 깨끗하게 해주시고 마음을 돌이켜 신속히 주님께 순종하게 해주십시오. 오늘 예수 그리스도께 순종하겠습니다. 주님을 거부하고 다투며 합리화하고 기도 뒤로 숨었던 잘못을 중단하겠습니다. 주님, 순종하도록 도와주소서. 예수님의 이름으로 기도합니다. 아멘.

> **Q 생각해 보기**
> 부모들은 순종적인 아이와 반항하는 아이에게 각기 어떻게 반응하는가? 어떤 면에서 기도가 불순종을 면피하는 수단으로 악용될 수 있는가?

19
끈질기게 드리는 기도

주를 바라는 자들은 수치를 당하지 아니하려니와 시 25:3

효과적인 기도는 포기하지 않는 끈질김이 있어야 한다. 하나님이 20분 만에 응답하시든, 아니면 20년 만에 응답하시든, 결코 포기해서는 안 된다. 성경에서 하나님은 무릎을 꿇고 인내하며 그를 신뢰하라고 말씀하신다. 우리가 믿음으로 행하고 주를 의지하며 그의 보좌 앞에 나아갈 때 하나님은 기뻐하신다. 사실 하나님은 기도 응답을 지체하심으로 우리 마음의 상태와 그에 대한 우리의 신뢰 수준을 확인하실 때도 적지 않다. 그럴 때 우리는 믿음으로 주를 기다려야 한다.

사울 왕은 하나님에 대해 조바심이 생기자 자기 손으로 문제를 해결하는 어리석음을 범했고, 그 과정에서 하나님의 축복을 빼앗기는 큰 대가를 치렀다(삼상 13:8-14). 그러나 사가랴는 주님이 자녀를 주시도록 기다렸고(눅 1:5-13), 기도를 시작한 지 수십 년이 지났을 무렵 천사에게 아들을 낳을 것이라는 말을 듣고 크게 놀라면

서도 기뻐할 수 있었다.

예수님은 "항상 기도하며 깨어 있으라"(눅 21:36)라고 말씀하셨다. 바울은 "쉬지 말고 기도"하며(살전 5:17), "기도를 계속하고 기도에 감사함으로 깨어 있으라"(골 4:2)라고 썼다. 기도에 전념하라는 말이다.

성경은 이 교훈을 반복해서 가르침으로 우리가 기도의 절대적인 중요성을 이해할 수 있도록 한다. 예수님은 마태복음 7장 7-8절에서 "구하라 그리하면 너희에게 주실 것이요 찾으라 그리하면 찾아낼 것이요 문을 두드리라 그리하면 너희에게 열릴 것이니 구하는 이마다 받을 것이요 찾는 이는 찾아낼 것이요 두드리는 이에게는 열릴 것이니라"라고 말씀하셨다. 나아가 누가복음 18장 1절에서는 "항상 기도하고 낙심하지 말아야" 한다고 가르치셨다.

무슨 말씀인지 이해가 되는가? 필요나 바라는 것이 있을 때에만 기도하지 말라는 것이다. 즉각적인 응답이 없다고 기도를 중단하거나 창밖으로 쓰레기를 던지듯이 기도를 포기해서는 안 된다는 것이다. 하나님은 우리의 시간표가 아니라 자신의 시간표에 따라 일하신다. 그러나 우리가 믿음을 행사하고 포기하지 않을 때 하나님은 기뻐하신다. 이런 태도는 그를 인정하고 의지한다는 마음의 표현이기 때문이다.

그러므로 기도할 때 낙심하지 말라. 앞서 소개한 끈질긴 과부의 비유처럼 불의하고 무정한 재판관이라도 끈질긴 간청에 응답해 준다면, 우리의 필요를 기꺼이 채워 주시는 사랑의 하나님은 자녀들의 포기하지 않는 간청에 얼마나 더 적극적으로 응답해 주시겠는가?

하나님이 아니라 우리의 인내심 부족이 문제다. 우리는 즉각적인 반응에 너무나 익숙하다. 주문하면 수분 내에 눈앞에 차려지는 패스트푸드 식사에 익숙하다. 친구에게 문자를 보내면 몇 초 내에 답신이 온다. 가족사진을 찍고 나면 몇 분 안으로 인터넷에 그 사진을 업로드할 수 있다. 그러나 하나님은 우리가 마음대로 부리는 사환이 아니며, 우리에게 즉각적으로 반응하실 의무도 없다. 물론 원하시면 바로 응답하실 수 있기는 하지만 보통 하나님은 기다리는 편을 택하신다. 그는 완벽한 때가 오기까지 기다리신다. 그리고 감사하게도 그의 시간은 언제나 우리의 시간보다 더 낫다.

엘리야는 포기하지 않는 끈질김과 하나님의 응답이 있기까지의 다양한 기다림의 시간을 이해하는 데 도움이 되는 훌륭한 연구 사례다. 갈멜산에서 바알의 거짓 선지자들과 대립할 때는 엘리야가 한 번 기도하자 하늘에서 바로 불이 내려왔다(왕상 18:37-38). 과부의 죽은 아들을 위해 기도할 때는 세 번 기도한 후에 소년이 살아났다(17:21-22). 하나님께 비를 내려 달라고 구할 때는 일곱 번까지 기도했다(18:41-44).

요지는 하나님의 응답이 즉각적일지, 7일 후일지, 심지어 수년 뒤일지 우리는 모른다는 것이다. 그러나 확실한 사실은 그분이 하늘 보좌에 계시며, 모든 것을 다 볼 수 있는 완벽한 지대에서 가장 적기라고 생각하실 때 역사하신다는 점이다. 때로 주님은 기다리신다. 하지만 때로 "그들이 부르기 전에 내가 응답하겠고 그들이 말을 마치기 전에 내가 들을 것이며"(사 65:24)라고 말씀하신다. 아브라함은 백 살이 되도록 기다린 끝에 아들 이삭을 낳았고, 이런 기다림으로 하나님은 더 큰 영광을 받으신다. 하지만 또한 하나님은 아브라함의 종이 이삭의 신붓감을 보내 달라고 하나님께 구하고 아멘을 미처 마치기도 전에 리브가를 우물로 보내시기도 한다(창 24:15).

앞서 역사상 가장 위대한 기도의 사람 중 하나인 조지 뮬러에 대해 말한 적이 있다. 그는 평생 5만 건의 기도 응답을 받았고, 기도한 당일 응답을 받은 경우는 5천 건이나 된다고 기록되어 있다. 그러나 이렇게 놀라운 기도 응답에도 불구하고 전체 기도의 90퍼센트는 시간이 지나서, 때로는 수십 년 후에 응답을 받았다. 뮬러는 한 사람의 구원을 두고 63년이나 기도했지만 결코 포기하지 않았다. 심지어 뮬러가 임종할 때에도 그 사람은 하나님을 영접하지 않았다. 그러나 하나님의 종의 신실함에 감동한 그 사람은 뮬러의 장례식장에서 그리스도를 영접하는 기도를 드렸다.

조지 뮬러는 이렇게 말한 적이 있다. "나는 기도의 영이 늘 함께한다. 걸어 다닐 때 기도하고 눕거나 일어날 때 기도한다. 기도는 항상 응답을 받는다. 수천 번, 수만 번 나는 기도를 응답받았다. 어떤 일이 옳다고 판단되고 하나님이 영광을 받으실 일이라는 확신이 들면 응답을 받을 때까지 기도를 멈추지 않는다. 조지 뮬러는 한 번도 기도를 포기하지 않았다!"

조지 뮬러처럼 우리는 하나님의 주권성을 인정하며 하나님이 신속히 기도에 응답하실 수 있음을 믿어야 한다. 그가 무엇이 우리의 최선이며, 무엇이 그의 영광을 위한 일인지 아신다는 확신을 가져야 한다. 그러나 그를 구하며 기도할 때 절대 낙심하지 말아야 한다. 그는 그런 이들을 축복해 주신다.

"여호와 앞에 잠잠하고 참고 기다리라"(시 37:7). 하나님은 오래 참으시다가 때가 되었다고 생각하시면 하루도 지체하지 않고 바로 응답해 주실 것이다. 하나님의 때는 완벽하다. 일 년이나 며칠이 될 수도 있고 수초나 수분이 될 수도 있다. 우리는 그를 신뢰하며 참고 견디는 가운데 우리 염려를 계속해서 내어맡겨야 한다.

> 주님, 저는 기다리는 데 서툰 인간입니다. 그러나 당신은 지체된 것처럼 보이는 것이 사실은 주의 사랑과 돌보심의 증거임을 말씀으로 증명해 주셨습니다. 그러니 선하신 하늘 아버지의 자녀가 지니는 평강과 신뢰와 자족함과 끈질김이 제게 있도록 도와주소서. 육신이 즉각적인 행동을 요구하더라도 주의 관점에서 주의 응답을 받아들이게 해주소서. 주는 언제라도 역사하실 수 있음을 제가 믿습니다. 그러나 또한 기다리라 하시면 기다리겠습니다. 포기하지 않고 기도하며 기다리겠습니다. 예수님의 이름으로 기도합니다. 아멘.

> **Q 생각해 보기**
> 주를 기다리는 시간이 실제로 우리에게 유익하고 하나님께 영광을 돌리게 되는 이유는 무엇인가?

끈질긴 기도

포기하지 않고 끈질기게 드리는 기도와 관련해 우리가 좋아하는 이야기가 하나 있다. 펄이라는 우리 교회의 한 여성도에 관한 이야기다. 펄은 1964년 34살의 나이에 그리스도께 인생을 헌신했다. 그녀가 남편 리처드와 함께 처음으로 구하기 시작한 기도는 뉴욕 롱아일랜드에 사는 언니 메리의 영혼 구원이었다. 펄과 리처드는 수십 년을 기도했지만 언니의 인생에는 어떤 변화의 증거도 보이지 않았다. 신앙에 관한 이야기를 꺼낼 때마다 메리는 완강히 거부하며 "난 기독교에 전혀 관심이 없어. 그 이야기는 하고 싶지 않아"라고 잘라 말했다.

1994년 메리의 남편이 사망하자 메리는 조지아주 알바니로 이사를 와서 펄과 리처드의 집 근처에서 살았다. 5년 후 리처드도 세상을 떠났다. 그러나 남편이 없는 상태에서도 펄은 주일학교 학생들과 함께 메리에게 계속 복음을 권했고, 시간을 정해 그녀의 구원을 위해 기도했다. 그러나 아무 변화도 없었다. 그녀는 여전히 완강히 거부했고 하나님을 전혀 알고 싶지 않다고 늘 입버릇처럼 말했다.

8년이 흘렀다. 2007년 10월 91세가 된 메리는 알츠하이머 판정을 받았다. 수차례 심장 발작을 일으켰고 정신적 능력이 점점 감퇴되기 시작했다. 다음해 3월경 의사들은 호스피스 병동으로 옮기라고 권고했다. 펄은 매일 언니 곁을 지켰다. 기도도 쉬지 않았다.

4월, 메리는 섭식을 중단했다. 탈수 증세가 일어났다. 어느 날

신체가 더 이상 기능하지 않는다는 사인을 보이면서 급히 응급실로 이송되었다. 그날 밤, 펄은 그 어느 때보다 간절히 기도하며 언니의 구원을 간구했다. 교인들에게 전화를 걸어 함께 기도해 달라고 요청하며 언니가 그리스도를 영접하지 않은 채 숨을 거두지 않게 해달라고 부탁했다.

그러나 메리의 육신은 더 이상 싸울 힘이 없었다. 밤 10시경, 결국 심장이 멈추었다. 그녀는 응급실 침상에서 그리스도를 믿지 않은 채 숨을 거두었다.

이제 다 끝이었다.

그런데 그녀의 병실에서 비상벨이 울렸다. 의료진이 급히 달려들어 갔다. 그녀의 심장이 정지되었다는 확진에도 불구하고 전기 충격을 가했고 그녀는 되살아났다. 펄은 하나님이 아직 메리를 포기하시지 않은 것은 아닌지 궁금해졌.

그날 우리 교회의 톰이라고 하는 목사님이 침상에 누워 잠을 청하고 있었다. 그런데 톰은 하나님이 무엇인가 말씀을 하고 계신다는 생각이 들었다. 펄과 교제하면서 오랫동안 메리에 대해 알고 있었다. 시니어 사역자인 그는 메리의 건강 상태를 당연히 알고 있었고 그녀가 그날 병원으로 실려 간 것도 알고 있었다. 늦은 시각이었고 몸은 피곤했지만 마음의 충동은 사라지지 않았다. 그는 아내 팻과 자리에서 일어나 옷을 갈아입고 병원으로 갔다. 그리고 메리가 치료를 받고 있는 병실로 갔다.

지난 몇 시간 동안 죽음의 손길이 스쳐간 것에 비하면 그들이 도착했을 때 메리의 정신은 이례적으로 온전했고 대화도 가능했다. 그녀는 톰을 바로 알아보고 "목사님, 오늘 제가 죽다 살아났어요"라는 말로 인사했다. 톰은 그녀의 손을 잡고 "메리, 늦은 시간이지만 하나님은 지금도 당신을 구원해 주실 수 있습니다. 이제 예수 그리스도께 인생을 바칠 시간이라고 생각하지 않으십니까?"라고 말했다.

그녀가 무슨 말을 할 수 있었겠는가? 그녀는 알겠다고 대답했다. 이제 주님을 영접할 준비가 되었다. 그녀는 응급실에서 톰과 기도하고 그리스도께 삶을 바쳤다. 긴 세월 기도하며 기다린 펄에게는 형언할 수 없이 기쁜 일이었다.

그러나 메리의 상태는 여전히 위중했다. 며칠 후 그녀는 숨을 거두었다. 그러나 메리에게서 늘 지치고 슬픈 표정만 보았던 호스피스 직원들은 그녀가 숨을 거둘 때 그 누구에게서도 볼 수 없었던 평온한 표정을 보았다고 말했다.

이 이야기는 우리 교회의 교인들에게 큰 격려가 되었다. 교회 가족들은 그 기쁜 소식을 듣고 기도에 응답하시는 하나님의 신실하심에 기뻐했다. 펄은 지금도 사람들에게 기도를 절대 포기하지 말라고 당부한다. 그녀는 말한다. "우리에게 포기는 없습니다."

20
하나님의 말씀으로 드리는 기도

여호와의 교훈은 정직하여 마음을 기쁘게 하고
여호와의 계명은 순결하여 눈을 밝게 하시도다 시 19:8

우리 마음이 하나님과의 관계나 이웃과의 관계에 거리낌이 없고 기도할 준비가 되어 있다면 어떤 원리를 따라 기도해야 하겠는가? 사실 기도는 우리 마음에서 바로 흘러나올 수 있다. 대본이 전혀 필요치 않다. 미리 써두거나 암송할 필요가 없다. 기도는 개인적이다. 매우 특별하다. 하지만 이렇게 자유롭고 틀에 얽매이지 않는 것이 기도라 해도 하나님은 전략적이고 구체적으로 기도하는 데 도움이 될 수 있는 강력한 자료들을 제공해 주신다. 우리 심장이 하나님의 심장 소리에 맞추어 고동치고 있음을 확실히 아는 데 도움이 될 자료들을 주신다.

그중에 가장 중요하고 종합적인 원리는 이미 주신 말씀을 이용해 하나님께 기도하는 것이다. 우리 인간은 변덕스럽다. 금방 뜨거워졌다가 차갑게 식어 버린다. 오늘 우리 안에 뜨겁게 불타올랐던 감격과 벅찬 열정은 주말이 되면 이미 추억이 되어 망각 속에 사라진다. 그러나 성경에서 영감을 받은 말과 생각으로 기도할 때 우리는 수백 년, 수천 년, 심지어 영원으로까지 곧장 거슬러 올라가는 근본적 진리에 닻을 내린 기도를 드릴 수 있다. 이런 진리에 닻을 내린 기도는 일관되며 변덕스럽지 않다.

'난 성경을 잘 모르는데. 나와 관련된 내용을 적용하게 해줄 성경 구절을 어디서 찾아야 하는지 자신이 없어'라는 생각이 들지 모른다. 그러나 그것은 문제가 되지 않는다. 우리는 이런 문제에 대해서도 기도로 구할 수 있다. 당신이 하나님을 구하면 하나님은 당신을 인도해 주실 것이다. 하나님의 말씀을 읽고 배우며 묵상하는 데 전념하기 시작하면 성령께서 우리 마음에 말씀이 '심어지도록' 신속히 역사하시는 체험을 하게 될 것이다(약 1:21).

예수님은 우리에게 그분 안에 '거하'라고, 그리고 그의 말씀이 우리 안에 '거하게' 하라고 말씀하셨다. 이렇게 하면 "무엇이든지 원하는 대로 구하라 그리하면 이루리라"는 말씀이 이루어질 수 있는 조건이 형성된다(요 15:7). 그러고 나면 기도할 때 얼마나 말씀을 잘 기억나게 해주시는지, 또 얼마나 많은 곳에서 얼마나 많은 구절들을 특정 순간에 우리의 필요에 적용하도록 해주시는지 깨닫고 놀라게 될 것이다. 말씀 안에 거할수록(말씀을 읽고 쓰고 밑줄로 치고 암송하면서) 말씀은 거의 제2의 모국어처럼 제2의 천성이 될 것이다.

친구나 가족들끼리 거르지 않고 꼭 시청하는 영화나 텔레비전 프로그램이 있을 것이다. 수없이 시청했으므로 등장인물의 대사를 인용해 서로에게 대답하는 경우도 있을 것이다. 가족이 함께 공유하는 언어의 일부가 된 것이다.

성경은 구태의연하고 낡고 무미건조한 단어들로 구성된 것이 아니므로 성경에도 동일한 원리가 적용된다. 성경은 살아서 활동한다. 「하나님을 경험하는 삶」의 저자 헨리 블랙커비Henry Blackaby는 성경을 말할 때 '성경이 말한 것'이라고 하지 말고 '그분이 말씀하신 것', 즉 하나님이 말씀하신 것이라는 표현을 사용하라고 오랫동안 가르쳤다. 지금까지 읽었던 다른 책들과 달리, 지금 우리 앞에 펼쳐진 말씀의 저자는 바로 지금 우리와 함께 이 방에 계신다. 그는 지금 우리에게 말씀하고 계신다. 그리고 무엇보다 그는 듣고 계신다.

그러므로 바울의 말대로 '하나님의 말씀 곧 성령의 검'을 차고 영적 갑옷을 입을 때, 우리는 이 말씀을 사용하여 "항상 성령 안에서 기도"할 수 있다(엡 6:17-18). 그와의 생생한 교제에 근거해 주님과 대화할 수 있다.

구약에서 느헤미야의 기도는 이 기도 전략의 좋은 사례를 제시한다. 이국의 포로 신세였던 그는 폐허가 된 예루살렘의 처참한 상태에 대한 소식을 들었다. 충격적인 고국의 소식을 듣고 마음이 무너졌던 그는 그곳에 살고 있거나 귀환 중인 백성들을 회복해 주시도록 수일 동안 기도했다. 그는 이스라엘이 여호와께 범죄했음을 고백했다. 그는 (성경을 통해) 고국이 지금처럼 고난을 당하는 것이 마땅하다는 사실을 이해했다. 하나님은 오래 전에 모세를 통해 백성들에게 "만일 너희가 범죄하면 내가 너희를 여러 나라 가운데에 흩을 것"(느 1:8)이라고 경고하셨다.

그러나 느헤미야는 하나님이 주신 또 다른 말씀도 기억했다. "만일 내게로 돌아와 내 계명을 지켜 행하면 너희 쫓긴 자가 하늘 끝에 있을지라도 내가 거기서부터 그들을 모아 내 이름을 두려고 택한 곳에 돌아오게 하리라"(9절). 느헤미야는 이런 때에 하나님의 성품이 어떻게 드러나는지 알았기 때문에 확고한 약속에 근거해 확실한 소망을 품고 기도할 수 있었다. 우리도 느헤미야처럼 기도할 수 있다.

하나님이 우리에게 관심이 있으신지, 혹은 도울 능력이 있으신지 의심이 생기고 무엇을 해야 할지 막막할 때는 "여호와여 주의 이름을 아는 자는 주를 의지하오리니 이는 주를 찾는 자들을 버리지 아니하심이니이다"(시 9:10)라는 말씀으로 확신을 얻으라.

다윗 왕은 "골수와 기름진 것을 먹음과 같이 나의 영혼이 만족할 것이라 나의 입이 기쁜 입술로 주를 찬송하되"(시 63:5)라는 말로 하나님을 예배했다. 밤에 잠자리에 들기 전에, 하루를 마감하면서 주의 얼굴을 바라보며 "깰 때에 주의 형상으로 만족하리이다"(시 17:15)라고 말했다. 그는 아침에도 눈을 뜨자마자 하나님을 생각하고 기도하기를 원했다.

우리는 말씀으로 **찬양의 기도**를 드릴 수 있다. "여호와여 위대하심과 권능과 영광과 승리와 위엄이 다 주께 속하였사오니 … 또 주는 만물의 주재가 되사 손에 권세와 능력이 있사오니"(대상 29:11-12).

우리는 말씀으로 **고백의 기도**를 드릴 수 있다. "하나님이여 내 속에 정한 마음을 창조하시고 내 안에 정직한 영을 새롭게 하소서

… 주의 구원의 즐거움을 내게 회복시켜 주시고 자원하는 심령을 주사 나를 붙드소서"(시 51:10,12).

우리는 말씀으로 **감사의 기도**를 드릴 수 있다. "여호와께 감사하라 그는 선하시며 그의 인자하심이 영원함이로다 … 주께서 내게 응답하시고 나의 구원이 되셨으니 내가 주께 감사하리이다"(시 118:1,21).

우리는 말씀으로 **간구의 기도**를 드릴 수 있다. "만군의 하나님 여호와여 내 기도를 들으소서 야곱의 하나님이여 귀를 기울이소서 … 정직하게 행하는 자에게 좋은 것을 아끼지 아니하실 것임이니이다"(시 84:8,11).

알고 있겠지만 시편은 기도를 시작할 때 사용하기에 매우 유익하다. 시편에는 기도와 찬양의 풍부한 보고가 담겨 있다. 그러나 성경의 처음부터 끝까지 전부를 사용하셔서 우리 생각을 밝혀주실 하나님을 기대하라. 성경을 단순히 읽는 책이라고 생각하지 말고, 마음을 열어 기도의 자료로 받아들이라. 성경책은 기도의 골방에 들어갈 때 함께 가져가는 친구일 뿐 아니라, 우리에게 영감을 주는 자원의 보고이자, 믿을 수 있는 약속의 금광맥이고 창고다. 어떻게 기도해야 할지 모를 때 성경 말씀으로 기도를 드리도록 하라.

주님, 말씀을 주셔서 감사합니다. 주님이 어떤 분이며 무슨 약속을 주셨는지 우리의 추측에 맡겨 두지 않으셔서 감사합니다. 저의 생각 속에 주의 말씀이 자리 잡도록 해주시고, 그 말씀으로 저의 손과 발을 인도하셔서 당신을 섬기고 순종하며 당신 앞에 늘 정결한 마음이 되도록 해주소서. 주의 말씀을 진정으로 사랑하며 주의 진리와 사랑과 지혜의 그 구명밧줄을 절대 놓치지 않도록 해주소서. 예수님의 이름으로 기도합니다. 아멘.

> **Q 생각해 보기**
>
> 당신에게 가장 의미 있는 성경 구절은 무엇인가? 기도할 때 더 효과적으로 그 말씀을 이용할 수 있는 방법은 무엇인가?

21
하나님의 뜻을 구하는 기도

내가 하늘에서 내려온 것은 내 뜻을 행하려 함이 아니요
나를 보내신 이의 뜻을 행하려 함이니라 요 6:38-39

"그를 향하여 우리가 가진 바 담대함이 이것이니 그의 뜻대로 무엇을 구하면 들으심이라 우리가 무엇이든지 구하는 바를 들으시는 줄을 안즉 우리가 그에게 구한 그것을 얻은 줄을 또한 아느니라"(요일 5:14-15).

우리가 거할 최고의 장소는 당연히 하나님의 뜻 안이다. 하나님의 뜻은 하나님이 가장 기뻐하시는 완벽한 계획을 말한다. 그의 뜻은 우리에게 최선일 뿐 아니라, 그 뜻 안에 있을 때 우리는 하나님께 가장 큰 영광을 돌려 드릴 수 있다. 감사하게도 하나님은 그의 모든 자녀에게 그의 뜻 안에 늘 거할 수 있다고 약속해 주셨다.

많은 사람들이 하나님의 뜻은 이해할 수 없는 신비라고 생각한다. 다시 말해서 그 뜻은 알 수 없고 은밀하며 가려져 있다는 것이다. 추측과 직관을 최대한 동원할 영역이라는 것이다. 때로 중요한 결정을 앞두고 하나님의 뜻을 구할 때 처음 드는 압도적 감

정은 망연자실일 수 있다. 그러나 구체적인 문제를 두고 하나님의 뜻을 구할 때 무엇보다 첫째로 이용해야 하는 최선의 전략은 예수님처럼 기도하는 것이다. "나의 뜻대로 마옵시고 아버지의 뜻대로 하옵소서"라고 처음부터 하나님의 뜻에 완전히 맡기며 기도해 보라. 우리 자신을 드리면 하나님의 뜻을 알 수 있다(롬 12:1-2).

둘째, 하나님의 뜻으로 이미 알고 있는 내용에 부합하는 기도를 드려야 한다.

하나님의 뜻의 가장 중요한 목표는 그가 영광을 받으시는 것이다. 우리는 모든 환경에서 그분에게 영광을 돌려 드려야 한다. 인생의 모든 환경에서 "범사에 예수 그리스도로 말미암아 하나님이 영광을 받으시게 하려 함"이 가장 중요한 동기가 되어야 한다(벧전 4:11). 하나님의 영광을 드높이고 드러내기를 진심으로 바란다면 그의 뜻이 우리 안에 이루어지도록 해야 한다.

하나님의 뜻은 그의 나라의 확장이다. 모든 영역에서 그렇다. 모든 피조물에 대해 실제적이지만 비가시적인 하나님의 통치가 이루어질 때 하나님의 나라가 실현된다. 이미 하늘에서 그 통치가 이루어지고 있듯이, 하나님은 땅에서도 그 통치를 이루어 가시고 있다. 예수님이 제자들에게 "먼저 그의 나라와 그의 의를 구하라"라고 말씀하신 뜻이 이것이다(마 6:33). 우리의 목표가 하나님 나라의 목표와 일치할 때 하나님은 우리 인생이 번성하는 데 필요한 모든 것을 주겠다고 약속하셨다.

하나님의 뜻은 그리스도가 주가 되시는 것이다. 하나님은 모든 영역에서 주가 되시기를 바란다. 주 되심은 능력과 권세의 다른 말이다. 물론 우리는 상사, 리더, 경찰관, 부모처럼 우리에게 힘과 권위를 행사하는 사람들에게 익숙하다. 그리스도를 주로 따를 때 우리는 단순히 말로가 아니라 삶으로 그를 전적으로 섬기고 충성하겠다고 고백하게 된다. 하나님에 대한 이런 헌신은 "아름다우며 사람들에게 유익"하다(딛 3:8). 우리는 그의 뜻을 행함으로 이런 축복을 받을 수 있다.

영광, 그의 나라, 주 되심. 이것은 우리를 향한 그의 뜻 전체 중에서 세 가지 중요한 요소일 뿐이다. 하나님은 또한 우리가 성결하고 거룩하게 살기를 원하신다(살전 4:3). 어떤 환경에서도 기뻐하며 기도하고 감사하기를 원하신다(살전 5:16-18). 믿음으로 성숙하기를 원하신다(히 6:1). 때를 따라 열매 맺기를 원하신다(요 15:16). "마음을 같이하여 같은 사랑을 가지고 뜻을 합하며 한마음을 품어"(빌 2:2) 다른 신자들과 친밀하게 교제하기를 원하신다. 그러므로 그의 뜻은 대부분 이미 알려져 있다. 그의 말씀이 그 뜻을 선포할 뿐 아니라, 하나님의 성령이 우리 마음과 생각 속에 그 뜻을 확정해 주신다.

그러므로 이 집을 살지 저 집을 살지, 근처의 작은 교회를 다닐지 건너 큰 교회를 다닐지, 다른 직장으로 옮길지 그대로 다닐지 등의 특정 문제로 하나님의 뜻을 구하는 것은 앞에서 언급한 하나님의 뜻의 여러 요소들과 사실상 별개의 문제가 아니다. 모두 연결되어 있다. 오른쪽을 택할지 왼쪽을 택할지와 같은 구체적으로 성경에서 거론하지 않는 문제에 대한 결정은, 기도하며 끊임없이 그의 모든 뜻에 복종하기로 작정할 때 하나님의 때가 되면 자연스럽게 알게 된다. 하나님의 뜻을 위해 기도할 뿐 아니라 그 뜻에 복종하고자 하는 마음이 있다면, 주님이 어떤 계획을 계시하시든지 하나님이 바라시는 바를 절대 놓치지 않을 것이다. 잘못된 길로 가면 하나님이 바른 길로 인도해 주실 것이기 때문이다(잠 16:9).

하나님은 기회의 문을 열고 닫는 방법을 통해 원하시는 특정한 방향으로 우리를 인도하시기도 한다. 주님을 따르며 늘 기도하는 가운데 하나님의 길을 찾는 사람이라면 그 기회를 알아볼 것이다(계 3:8).

초대 교회의 설립자인 바울은 다음 여행지를 결정할 때 하나님이 그 앞길을 열고 닫으심으로 그를 인도하셨다고 종종 말했다. 때로 어떤 도시들은 성령이 가지 못하게 '막으셨다'고 여겨질 정도로 하나님의 강력한 경고하심을 느꼈다고 쓰기도 했다(행 16:6). 하나님이 문을 닫으신 것이다. 하지만 바울은 하나님이 복음을 전하도록 문을 열어 주시는 방법으로 방향을 지시하시는 경우도 있었다고 말했다(고후 2:12). 에베소에 도착했을 때는 하나님이 그 지역에서 사역할 길을 활짝 열어 주셔서 원래 계획보다 훨씬 긴 시간을 사역하기도 했다. 그러나 이렇게 기회가 확대되었다 하더라도 "대적하는 자가 많음이라"(고전 16:9)라고 고백하기도 했다. 어떤 사람은 어려운 길이 실제로 하나님의 뜻인지 의문을 가지기도 할 것이다. 당연히 그럴 수 있다.

어려운 결정들을 앞두고 하나님의 인도하심을 구할 때는 하나님의 이끄심을 단순히 주변에서 일어나는 물리적 사건들로만 평가해서는 안 된다. 반대와 어려움이 따르는 길로 자꾸 이끄신다는 이유만으로 기회의 문을 닫으셨다고 단정할 수 없다. 때로 가장 어렵고 고통스럽거나 두려운 길, 혹은 말이 안 되는 길이 결과적으로 하나님이 이끄시는 열린 문이며 그의 지문이 찍힌 길일 수도 있다. 예수님이 "내 원대로 마옵시고 아버지의 원대로 되기를 원하나이다"(눅 22:42)라고 기도하실 수 있었던 것은 하나님이 원하시는 고난의 길을 가기로 작정하셨기 때문이었다.

그렇다면 어떻게 그 뜻을 알 수 있는가? 어떤 증표를 찾아야 하는가?

그중 한 가지는 폭풍 가운데서도 누리는 평화다. 하나님의 뜻이라고 생각하는 것에 순종할 때, 그의 영광을 구하는 마음이 있을 때, 그의 나라에 참여하는 것을 목표로 할 때, 그의 주 되심에 철저히 복종하고자 하는 마음이 간절할 때 내적이고 외적인 모든 다른 목소리를 넘어 '하나님의 음성을 인지하기' 시작할 것이다(요 10:4). 우리 안에 계시며 '하나님의 뜻대로' 우리를 위해 쉬지 않고 중보하시는 성령(롬 8:27)께서 우리가 육안으로는 볼 수 없는 것들을 이해하고 받아들이도록 도와주실 것이다. 하나님의 말씀과 상충하지 않고 그의 사랑과 평강이 함께하기에 열린 문인지 닫힌 문인지 분별할 수 있을 것이다.

성경은 "그리스도의 평강이 너희 마음을 주장하게 하라"(골 3:15)라고 말한다. 기도로 간절히 필요를 아뢸 때 "모든 지각에 뛰어난 하나님의 평강이 그리스도 예수 안에서 너희 마음과 생각을 지키"실 것이다(빌 4:7).

이 평강은 불과 몇 시간 정도만 지속되거나 밤이 되면 공포와 혼란으로 무너져 버리는 감정적인 평안이 아니다. 이런 평강과는 차별되는 '그리스도의 평강'이 우리를 지배할 것이다. 성도들은 종종 이 평강을 한눈에 알아볼 수 있다. 우리 원수는 우리의 마음이 요동하도록 뒤흔들고 의심에 빠지도록 만들 것이다. 그러나 하나님을 신뢰하며 경외함으로 기도하면 그리스도의 평강이 우리가 표류하지 않도록 지켜 줄 것이다. 고요한 마음으로 기다리며 주시하고, 본분에 충실한 가운데 문이 열리고 닫히는 것을 보면서 불투명한 앞길에서도 담담히 설 수 있을 것이다. "주님, 이 상황에서 당신이 가장 기뻐하시고 영광을 받으실 일은 무엇입니까?"라고 기도하는 자신을 보게 될 것이다. "주의 마음과 뜻을 깨닫게 도와주소서." "당신이 그동안 당신에 대해 보여 주신 계시에 따라 기도하는 법을 가르쳐 주소서."

이것이 믿음이고 순종이다. 여기서 우리를 위한 하나님의 뜻이 환하게 드러나고 열매 맺는다. 놀라운 평강으로 인도하는 기도가 이런 것이다.

주님, 주의 뜻을 보여 주시고 그 뜻 가운데로 인도해 주시도록 기도할 때 당신의 능숙한 손이 저를 붙들고 계심을 알고 있습니다. 이 순간에도 주의 말씀으로 "내 발에 등이요 내 길에 빛"을 비추어 주셔서 세세하게 저를 인도해 주시니 감사합니다(시 119:105). 제 머리로는 측량할 수 없는 하늘과 땅처럼 크신 분임에도(사 55:8-9) 스스로 낮아지셔서 저의 작은 부분까지 개입해 주시니 감사합니다. 저의 마음이 주의 마음의 원하시는 대로 원하게 해주소서. 주의 생각과 일치하게 해주소서. 주의 뜻대로 기도하며 살도록 도와주소서. 주를 사랑하며 주를 따르겠나이다. 예수님의 이름으로 기도합니다. 아멘.

> **Q 생각해 보기**
>
> 종종 하나님의 뜻을 분별하기가 어려워 보였던 이유는 무엇이라고 생각하는가? 우리를 향한 하나님의 뜻에 순종하기가 어려울 때, 우리 마음은 어떤 상태라 할 수 있는가? 그의 뜻을 구함으로 그의 평강을 누려본 적이 있는가?

22
'무엇이든지' 구하는 기도

**너희가 내 안에 거하고 내 말이 너희 안에 거하면
무엇이든지 원하는 대로 구하라 그리하면 이루리라 요 15:7**

필요한 것뿐 아니라 원하는 것도 무엇이든 하나님께 구할 수 있다고 성경이 말한다면 어떻게 될까? 실제로 성경은 그렇게 말하는 것 같다. 바로 위에서 예수님의 말씀을 읽지 않았는가? "무엇이든지 원하는 대로 구하"면 다 허락하시겠다는 주님의 말씀을 듣지 않았는가? 정말 사실인가? 하나님은 정말로 우리가 원하는 대로 다 주실 수 있는가?

어떤 사람들은 하나님이 필요한 것만 구하도록 허락하실 뿐, 원하는 것을 구하라고 하신 적은 없다고 주장한다. 일견 상당히 책임감 있고 훌륭한 주장 같다. 하지만 이는 실제 성경적인 주장은 아니다. 사실 "무엇이든지 구하라"는 제안은 신약 성경 전반에서 찾아볼 수 있다. 단순히 위의 본문에서만 거론된 말씀이 아니다. "무엇이든지 기도하고 구하는 것은 받은 줄로 믿으라"(막 11:24). "너희가 내 이름으로 무엇을 구하든지 내가 행하리니"(요

14:13). "무엇이든지 구하는 바를 그에게 받나니"(요일 3:22). 여기서 눈에 두드러지는 표현이 있다. '무엇이든지'라는 표현이다.

물론 이제 우리는 하나님이 산타클로스 같은 분이 아님을 안다. 그는 "그 보좌를 하늘에 세우시고 그 정권으로 만유를 통치"하신다(시 103:19). 또한 잘못된 동기나 정욕으로 쓰려고 구하는 것에는 응답하시지 않는다(약 4:3). 그러나 그의 본성의 무엇인가가, 또한 하나님이 우리와 가능하게 만드신 관계의 어떠한 부분이 선한 것을 구할 수 있는 열린 분위기를 만들어 낸다. 우리는 '무엇을 요청하든지' 하나님의 긍정적인 응답을 받을 수 있다. 그렇지 않다면 절대 그런 과감한 주장을 하지 않으셨을 것이다. 굳이 그러실 이유가 무엇이겠는가?

하나님이 원하시는 길로 그와 동행하며 걷고 있다면, 그리고 그분이 당신의 첫사랑이라면, 그분을 기쁘시게 해드리기를 진심으로 소원한다면 하나님은 우리 마음의 소원을 기쁘게 들어주신다. 그 소원이 선하기 때문이다. 그의 축복을 원하는 이유가 정욕의 만족이 아니라 영원한 기쁨을 얻을 유일한 곳에서 기쁨을 누리기 위해서라면, '무엇이든지' 원하는 대로 받을 가능성이 활짝 열린다. 놀라울 만큼 꾸준하게 무엇이든지 구한 대로 받을 수 있다.

그러지 않을 이유가 어디 있겠는가? 인간인 우리도 자녀들에게 기꺼이 줄 수 있다면 하나님이 자기 자녀들에게 응답하시지 않을 이유가 무엇이겠는가? 우리는 하나님보다 더 인색하고 너그럽지 않은 존재다. 그럼에도 아이들이 정말로 필요한 것을 요청한다면 망설임 없이 흔쾌히 들어준다. 하나님도 마찬가지이시다.

만약 우리 자녀들이 우리가 이미 주기로 예정했던 것을 구한다면 (마치 우리가 하나님의 뜻대로 구하는 것처럼) 마지막 순간에 갑작스럽게 결정을 철회하고 거부하는 일은 없을 것이다. 하나님도 그런 분이시다.

하지만 자녀들이 꼭 필요하지는 않지만 받으면 큰 기쁨이 되고, 부모인 우리의 사랑을 보여 줄 수 있는 유익한 것을 구한다면 어떻게 반응하겠는가? 그리고 그들이 부모인 우리를 변함없이 공경하고 사랑하며, 부모의 합당한 리더십을 삶으로 존중하는 모습을 보인다면 어떻게 하겠는가? 가능하다면 아이들이 바라는 대로 들어주려고 더 애쓰지 않겠는가? 그런데 하나님은 그렇게 하지 않으실 것 같은가?

한나는 아들이 없어도 살 수 있었다. 그러나 하나님께 아들을 주시도록 구했다(삼상 1:27). 예수님은 굳이 무화과나무를 저주하실 필요가 없었지만 그 당시에는 그것을 원하셨고 그 일은 실제로 그대로 이루어졌다(마 21:19). 그러나 어떤 사람들은 그런 기도가 마치 문제가 있는 것처럼 말한다. 그들은 하나님을 마치 성탄절에 아이들에게 양말과 속옷 같은 생필품만 선물해야 한다고 생각하는 인색하고 쌀쌀한 아버지처럼 묘사한다.

우리가 하나님을 기뻐할 때, 우리 심장이 "주님, 오늘 내 아버지 되신 당신을 위해 무엇을 할까요?"라고 말하기라도 하는 양 고동칠 때, 사랑으로 충만한 그분의 심장은 "사랑하는 아이야, 나는 네게 무엇을 해줄까?"라고 말씀하신다.

예수님은 언제나 아버지가 기뻐하시는 일을 행하기로 선언하시고 삶으로 증명해 보이셨다(요 8:29). 그러므로 마르다가 "나는 이제라도 주께서 무엇이든지 하나님께 구하시는 것을 하나님이 주실 줄을 아나이다"(요 11:22)라고 지적했다고 놀랄 이유는 없다. 예수님은 그를 체포하려는 사람을 칼로 공격한 베드로를 꾸짖으시며 "너는 내가 내 아버지께 구하여 지금 열두 군단 더 되는 천사를 보내시게 할 수 없는 줄로 아느냐"(마 26:53)라고 말씀하셨다. 두 분은 그런 관계였다. 아들은 아버지를 높이고, 아버지는 아들에게 축복해 주기를 기뻐하셨다. 우리도 누구나 이런 관계를 누리며 살 수 있다. 주님을 기뻐할 때 그분은 우리 마음의 소원을 들어주겠다고 말씀하셨다(시 37:4).

원어로 '소원'에 해당하는 단어는 실제로 간청petition이라는 단어다. 이런 점에서 '무엇이든지 원하는 대로' 구하는 것은 단순히 즐거운 상상만이 아니라 강력한 기도 전략이 된다. 이미 언급했듯이 야고보서 4장 2절은 하나님께 구해도 받지 못하는 이유에 대해 (믿음이 결여되어서이든, 자신에 대한 과도한 자신감이나 착각과 같은 다른 이유에서든) 구하지 않았기 때문이라고 말한다.

그러나 '무엇이든지 원하는 대로' 구하라는 성경 구절들을 살펴보면, 하나님은 우리 마음의 이런 선하고 타당한 소원을 단순히 끄집어내는 선에서 그치지 말라고 말씀하신다. 지나친 요청일까 망설이지 말고 구하라는 것이다. 그 소원들을 간청하라는 것이다. 공을 그분의 경기장 안에 차 넣고 그가 어떻게 하시는지 보라는 것이다.

신실한 룻의 행동이 너무나 흐뭇했던 보아스는 일종의 백지 수표를 주었다. "내가 네 말대로 네게 다 행하리라 네가 현숙한 여자인 줄을 나의 성읍 백성이 다 아느니라"(룻 3:11). 그녀는 누가 보아도 칭찬할 만한 것을 요청했다. 하지만 대다수 사람들은 이런 백지 수표를 어떻게 다룰지 모른다. 헤롯 왕이 의붓 딸 살로메에게 "무엇이든지 네가 내게 구하면 내 나라의 절반까지라도 주리라"(막 6:23)라고 말했을 때, 그 딸은 악한 모친의 말을 듣고 세례 요한의 머리를 쟁반에 담아 달라고 했다. 삼손은 방탕한 생활을 하면서 무엇이든 마음대로 할 수 있다고 생각하고 블레셋 여인을 아내로 삼겠다고 요구했다(삿 14:2). 그러나 나중에 그는 자기만족에 치중한 이런 어리석은 행동을 후회했을 것이다. 오늘은 원해도 내일은 마음이 바뀔 수 있다. 중고장터에 내놓은 물건들은 우리가 한때 정말 원해서 샀던 것들이 대부분이다. 그러므로 구할 때는 지혜롭고 신중해야 한다.

하나님은 우리가 세월이 흘러도 변함이 없고 시류를 타지 않는 소원과 간구에 응답받는 경험을 하기를 바라신다. 다윗의 아들 솔로몬이 아버지의 뒤를 이어 왕이 된 직후 하나님이 "내가 네게 무엇을 줄꼬 너는 구하라"(왕상 3:5)라고 말씀하셨을 때가 바로 이런 경우다. 젊은 왕은 지혜를 구했다. 성경은 이 요청에 대해 "솔로몬이 이것을 구하매 그 말씀이 주의 마음에 든지라"(10절)라고 말한다. 하나님 역시 솔로몬에게 재물과 장수와 전쟁의 승리보다 지혜를 주기를 원하셨다. 솔로몬이 최고의 선택을 하였기 때문에, 다시 말해 하나님의 마음에 합한 것을 선택했기 때문에 주님은 "내가 또 네가 구하지 아니한 부귀와 영광도 네게 주노니 네 평생에 왕들 중에 너와 같은 자가 없을 것이라"(13절)라고 말씀하셨다.

우리가 바라는 소원 중에 하나님이 들으시고 기뻐하실 소원은 어느 정도나 되는가? 흡족하게 보시며 기뻐하실 소원이라면 어떻게 응답해 주실 것 같은가?

우리는 "우리에게 모든 것을 후히 주사 누리게 하시는 하나님"을 섬긴다(딤전 6:17). 하나님은 그가 창조하신 놀라운 피조물들을 기뻐하시며, 우리가 그분 자신과 그가 만드신 모든 좋은 것을 온전히 누리기를 원하신다. 그는 꼭 필요하고 영양가 있는 음식을 만드셨을 뿐 아니라, 먹는 기쁨과 맛을 즐길 수 있는 음식도 만드셨다. 모든 음식을 썩은 달걀 맛이나 검댕 맛이 나도록 만드실 수도 있었다. 혹은 맛을 음미할 미각을 아예 주시지 않을 수도 있었다.

하지만 그는 모든 우주를 기능적으로 만드셨을 뿐 아니라 아름답게도 만드셨다. 그리고 우리에게 3D 기능이 탑재되고, 해상도가 탁월하며, 실시간으로 파노라마처럼 수십억 개의 칼라를 식별하는 제어기능을 갖춘 자동 초점 렌즈를 주셨다. 이 렌즈는 좌우로 자유롭게 움직일 수 있는 목에 고정되어 있어 이미지가 흔들리지 않는다.

초별로 입력되는 시각 데이터가 뇌에서 처리되는 데 수개월이 걸려서 보고 듣는 행위가 신체에 고통을 가하도록 만드실 수도 있었다. 하지만 하나님은 즉각적이고 자동적으로 그것이 처리되도록 만드셨다. 우리 하나님은 매일의 일몰에서 아름다움을 느낄 수 있게 하시고, 음악으로 경이로운 감동을 누리게 하시며, 부부간의 친밀함으로 행복감을 누리게 하신다. 딸기와 벌꿀을 만들어 주심으로 쓴 무와 아스파라거스만 먹게 하지 않으셨다.

사탄은 하나님이 지루하고 고루한 분이라는 인상을 심어 주려 한다. 죄로 쾌락을 맛볼 수 있다고 속삭인다. 의는 불쾌한 일이고 부도덕과 음행은 자유의 해방구인 양 생각하기를 바란다. 그러나 사실 사탄은 단 한 번도 선한 것을 창조한 적이 없다. 아니, 사실 어떠한 것도 창조한 적이 아예 없다. 우리가 살면서 누리는 모든 좋고 완벽한 선물은 다 하나님이 주신 것이다(약 1:17).

기도에 응답해 주시는 하나님이 계시므로 우리는 그 선물들을 모두 본 것이 아니다. 주님을 기뻐하는 사람이라면 어떤 예기치 못한 선물이 기다리고 있을지 모른다.

마음을 하나님께 고정하라. 그를 기쁘게 해드리는 삶을 살라. 그가 우리의 전부이심을 인정하라. 그러면 하나님이 우리가 원하는 것이나, 그보다 더 큰 것도 주시는 분임을 알고 무엇이든 마음껏 구할 수 있다. 그는 사랑하는 자녀의 마음에 있는 소원을 기꺼이 들어주시는 분이다.

주님, 저를 축복해 주기를 기뻐하시니 너무나 감사합니다. 주님이 주실 축복을 단 하나도 놓치고 싶지 않습니다. 주님, 제가 계속 주께 더 가까이 나아가게 하시고, 우리 사이를 가로막는 그 어떤 것도 없게 해주소서. 저를 향한 주님의 뜻을 벗어나서는 기쁨을 얻을 수 없으며, 주를 따르도록 제 마음에 두신 간절함 외에 그 어떤 것에서도 기쁨을 얻지 못함을 깨닫습니다. 저를 향하신 주의 사랑과 긍휼하심이 결코 마르지 않음을 알고 있습니다. 이 진리를 깨닫고 제 마음 깊은 곳에서부터 당신을 사랑합니다. 예수님의 이름으로 기도합니다. 아멘.

> **Q 생각해 보기**
>
> 이기적이고 욕심으로 드리는 기도와 마음에 아무 거리낌 없이 선하고 좋은 것을 구하는 기도 중 당신의 기도는 어디에 더 가까운가? 기본적 필요를 구하는 차원을 넘어선 기도에 하나님이 응답해 주시고 그의 사랑과 인애를 보여 주신 체험이 있는가?

23
하나님의 이름으로 드리는 기도

주의 이름이 존귀하여 모든 송축이나 찬양에서 뛰어남이니이다 느 9:5

존 스미스 박사는 장소마다 호칭이 달라진다. 아버지는 그를 '아들'이라고 부르고 아내는 '여보'라고 부른다. 그의 환자들은 '선생님'이라 부르고 교회 친구들은 '잭 형제'라고 부른다. 병원에서는 '환자에게 매우 친절한 의사'라고 이야기하고 레스토랑의 웨이터들은 '팁을 후하게 주는 쾌활한 기독교인'이라고 말한다. 존은 여러 사람이 아니다. 역할과 성품이 다를 뿐, 한 사람이다. 존의 이름이나 호칭은 각기 그의 존재됨이나 직업 혹은 사람들과의 관계에 있어 일부분을 드러낸다.

마찬가지로 성경은 한 분 하나님에게 여러 이름이 있다고 말한다. 우리가 기도하며 하나님께 나아가는 이유는 수없이 다양하다. 그는 영원하고 한계가 없으신 분이므로 성경에서 하나님을 가리키는 호칭과 형용어구는 참으로 많고 놀랍다. 그러나 핵심은 이것이다. 하나님의 각 이름들은 하나님을 더욱 이해하고 높이며 예배하도록 돕는다.

필요에 따라 여러 신화적 신들에게 기도했던 애굽인이나 헬라인들과 달리, 우리는 홀로 살아 계시며 무궁하시고 만유의 창조주이시자 주이시며 지극히 높으신 거룩한 분, 모든 환경에서 필요한 모든 분인 한 분 하나님을 섬긴다. 하나님의 다른 이름들을 확인하고 그것에 친숙해지면 하나님을 있는 그대로 더 잘 이해할 수 있을 뿐 아니라 하나님과 더 인격적이고 친밀한 관계를 누릴 수 있다.

이 책의 뒷부분에는 하나님의 여러 이름에 대한 목록이 나온다. 하나님의 이름들을 가능한 한 많이 배우고 기도 시간에 활용함으로 주님을 더 깊이 구하고 예배할 수 있기를 바란다. 이번 장에서는 기도 전략에 반영하는 데 필요한 하나님의 몇 가지 이름만 살펴볼 것이다. 성경을 보면 하나님의 이름이 "그의 보이지 아니하는 것들 곧 그의 영원하신 능력과 신성"(롬 1:20)을 반영한다는 사실을 알 수 있다. 다시 말해서 그의 이름으로 그분을 알 수 있다는 말이다.

하나님을 더욱더 알아 간다는 것은 얼마나 놀라운 특권인가! 그의 이름은 더 없이 소중하다. 그의 이름을 알아 가는 것은 우리의 특권이며, 우리는 그의 이름으로 기도함으로 놀라운 능력을 경험할 수 있다. 우리는 하나님과 교통하며 그 이름을 끊임없이 되새긴다. 여호와의 이름을 부름으로 구원을 받는다(롬 10:13). 주를 증거할 때 그 이름을 선포하고(행 9:20), 예배 가운데 주의 이름을 찬양하며(시 135:1), 생활 속에서 주의 이름을 신뢰하고(시 33:21), 중보할 때 주의 이름으로 기도한다(요 14:13).

하나님의 이름 중에는 그의 사역이나 창조하신 피조물과 무관하게 그의 속성을 묘사하는 이름들이 있다. **엘로힘**(하나님), **야훼**(주, 여호와), **엘 엘리온**(지극히 높으신 하나님), **엘 올람**(영존하시는 하나님)이 대표적이다.

우리를 위한 하나님의 사역과 관련된 이름들도 있다. '나를 위하여 보복해 주시는 하나님'(시 18:47), '너희를 치료하는 여호와'(출 15:26), '내 생명을 붙드시는 이'(시 54:4)가 이에 해당한다.

그의 칭호, 권위를 행사하는 지위, 피조물과의 관계에서 맡은 역할에 관한 이름으로는 '창조주, 부양자, 전능하신 분, 주'가 있다. 성경에서 가장 처음 사용된 하나님의 이름은 '엘로힘'(하나님)이다. 이 이름은 복수이며 때로 삼위의 세 하나님을 가리킬 때 사용되고 성부, 성자, 성령이 모두 참여하여 우주를 창조하셨음을 계시할 때 사용된다(창 1:2,26; 요 1:1-2; 골 1:16).

삼위 하나님의 구체적 인격을 가리키는 이름들은 다음과 같다.

성부 하나님: 하나님(시 22:1; 사 53:4), 주(사 53:10), 주 예수 그리스도의 아버지 하나님(벧전 1:3), 고아의 아버지(시 68:5) 등으로 불린다.

성자 하나님: 그의 그리스도(행 4:26), 하나님의 어린 양(요 1:29), 하나님의 그리스도(눅 9:20), 독생자(요 3:16), 알파와 오메가(계 1:8), 인자(요 5:27), 믿음의 주요 또 온전하게 하시는 이(히 12:2), 만왕의 왕, 만유의 주(계 19:16)로 불린다.

성령 하나님: 그리스도의 영(벧전 1:11), 보혜사(요 14:16), 살아 계신 하나님의 영(고후 3:3)으로 불린다.

하나님은 우리가 그의 이름을 알고, 그를 더 잘 알 수 있기를 바라신다. 이렇게 그를 더 잘 알게 될 때 우리는 그분을 예배하고 찬양할 수 있다. 찬양하고 싶은 그분의 속성이나 구체적인 필요를 아뢰는 데 도움이 되는 속성이 반영된 그의 이름을 묵상하며 그분을 예배하고 찬양할 수 있다. 그의 이름은 거룩하며 모든 다른 이름보다 높임을 받아야 한다. 하나님의 어떤 이름이든 헛되이 입에 올리거나 마음대로 사용해서는 절대 안 되는 이유가 이 때문이다. 우리는 그의 속성과 권능과 지위를 기리며 그와 그의 이름을 찬양하고 예배해야 한다.

시편 91편 1-2절은 하나님을 이렇게 묘사한다. "지존자의 은밀한 곳에 거주하며 전능자의 그늘 아래에 사는 자여, 나는 여호와를 향하여 말하기를 그는 나의 피난처요 나의 요새요 내가 의뢰하는 하나님이라 하리니." 이 두 절에서 하나님은 여러 이름과 형용 어구로 표현되어 있다. **엘리온**(지존자), **샤다이**(전능자), **야훼**(여호와), **나의 피난처, 나의 요새, 나의 하나님**(엘로힘).

예수님의 이름 역시 우리에게 매우 소중하다. 우리가 예수 그리스도를 우리의 주로 부를 때 하나님의 다른 이름들은 우리에게 더 지극한 가치와 의미를 지니게 된다. 예수님이 우리 구주, 왕, 대제사장이 되신다. 성부 하나님은 하늘의 아버지이자 전능자 하나님이 되신다. 성령님은 우리를 돕는 자이자 상담자가 되신다.

또한 우리는 하나님께 기도할 때 그의 속성과 행적에 따라 그를 부를 수 있고, 우리 기도는 그의 무궁한 권세와 영광을 이해하는 정도에 영향을 받을 수 있다. 예수님은 상황에 따라 그의 고유의 정체성에 기초해 기도하는 법을 우리에게 시범적으로 보여 주셨다.

또한 특정한 이름을 모르는 상태에서도 구체적인 환경 속에서 주를 찬양하며 그 순간의 필요에 있어서 그의 주 되심을 선언할 수 있다. "하나님, 당신이 날씨를 다스리시는 주이심을 아오니 우리나라에 비를 내려 주시도록 기도합니다"라거나 "주님, 당신은 탁월한 의사이시오니 이 수술을 할 때 집도의들의 손길을 주장하여 주시옵소서"라고 기도할 수 있다.

하나님의 공식적인 이름들이 있다. 도움이 필요할 때 하나님은 **여호와 이레**(하나님이 준비하심)가 되신다. 병과 싸울 때 그는 **여호와 라파**(주 우리 치료자)가 되신다. 위로가 필요할 때는 **여호와 라아**(주 우리 목자)가 되신다. 두려움으로 떨거나 스트레스로 눌릴 때 그는 **여호와 샬롬**(주 우리의 평화)이 되신다. 용서와 정결하게 하심이 필요할 때 그는 **여호와 치드케누**(주 우리의 의)가 되신다.

이런 공식적인 이름들을 기억하지 못하더라도 우리는 사랑과 신실함, 자비, 위로, 보호, 정의, 죄용서, 권능, 구원의 하나님으로 그분을 부르며 각자의 모국어로 하나님을 찬양할 수 있다. 중요한 것은 그분의 속성에 따라 그를 구하고 예배하며 기도하는 것이다. 그를 창조주이자 우리 아버지, 필요한 모든 것이 되시는 분으로 인정하는 것이다. 우리를 향한 그의 사랑은 지극히 크시며, 그를 향한 우리의 사랑은 그를 알고 순종하겠다는 우리의 열망으로 나타난다.

이제는 전략적으로 기도할 때, 그의 이름으로 하나님을 부르며 나아가라. 그는 자기 자녀들이 그의 모든 행적과 권능에 대해 인정하는 기도를 기뻐 들으신다. 그는 당연히 그럴 자격이 있으신 분이다. 무엇보다 그는 구원의 하나님이시다.

그러므로 우리는 "주의 이름이 높임을 받으시옵소서"라고 말한다.

> 주님, 주가 위대하시듯이 주의 이름은 위대하십니다. 당신은 한 분 하나님이시며 견줄 자가 없는 만물의 창조주시니 당신을 찬양합니다. 당신은 제가 알고 있는 그 이상의 분이시며 제가 필요한 모든 것보다 더 크신 하나님이십니다. 언제나 어떤 환경에서도 주를 부르게 하시고, 매순간 우리의 모든 것이 되어 주기로 약속해 주시니 감사합니다. 오늘 주를 경배합니다. 주 하나님, 나의 구원자, 나를 붙드시는 분이자 내 친구 되신 하나님, 제가 살아야 할 이유가 되시는 주를 경배합니다. 예수님의 이름으로 기도합니다. 아멘.

Q 생각해 보기

왜 하나님의 이름이 중요한가? 이름이 상징하는 것은 무엇인가? 274-277페이지에 나오는 하나님의 이름 중 당신에게 가장 의미 있는 것은 무엇인가?

24
하나님의 지혜를 구하는 기도

너희 중에 누구든지 지혜가 부족하거든 모든 사람에게 후히 주시고
꾸짖지 아니하시는 하나님께 구하라 그리하면 주시리라 약 1:5

"지혜가 제일이니 지혜를 얻으라 네가 얻은 모든 것을 가지고 명철을 얻을지니라"(잠 4:7). 이 정도로 적극적인 추천을 받는 것은 인생에 그렇게 많지 않다. 성경은 네가 얻은 모든 것을 가지고, 네 모든 노력을 기울여 지혜를 얻으라고 말한다. 이런 식의 요청이 동반되면 무엇인가 중요한 것을 말하기 위해서임을 우리는 안다. 그리고 이런 선언을 하는 이가 하나님이실 때 우리는 그 권면을 귀담아들어야 함을 확신할 수 있다.

하나님은 지혜를 얻는 것이 제일 중요하다고 말씀하신다. 기도는 이 지혜의 문을 열어 줄 열쇠 중 하나다. 실제로 기도할 때 우리는 지혜를 얻으며, 지혜는 다시 더 나은 기도를 낳는다.

지혜는 특정 상황에 지식을 적용할 수 있는 능력이다. 즉 우리가 알고 있는 지식을 활용해 실제적인 효과를 내는 것이다. 관계를 작동시키고 돈이 효력을 발휘하게 한다. 우정과 결혼과 자녀

양육에 있어서 최고의 결정을 하게 한다. 윤리적으로 옳은 일을 도덕적인 방법으로 실천하도록 이끌어 준다. 이해 못할 신비처럼 보였던 것들을 이해의 영역으로 이끌어 낸다. 통제 불가능해 보이는 딜레마와 직면할 때도 지혜는 확실한 첩경을 찾아내도록 도와준다. 그래서 "다닐 때에 네 걸음이 곤고하지 아니하겠고 달려갈 때에 실족하지 아니한다"(잠 4:12). 중대한 결정의 순간을 돌이켜보면 무모하고 어리석은 결정을 내리지 않도록 하나님의 지혜로 보호받았음을 확인할 수 있을 것이다.

지혜는 꼭 필요하다. 지혜는 하나님의 영원한 관점으로 상황을 볼 수 있게 도와주고, 특정한 결정의 원인과 결과를 이해하며 모든 상황에서 늘 배울 수 있도록 도와준다. 이것을 아시는 하나님은 지혜를 '구하는' 자에게 지혜를 주겠다고 약속해 주신다. 야고보서 1장 5절의 말씀 속에는 단순히 구하라는 의미뿐 아니라, 간청하고 소리쳐 불러 구하며 갈망하라는 의미가 내포되어 있다. 하나님은 특별히 "은을 구하는 것같이 그것을 구하며 감추어진 보배를 찾는 것같이 그것을 찾으면"(잠 2:4) 아낌없이 지혜를 주겠다고 약속해 주신다. 우리는 지혜를 간절히 원해야 한다.

하나님은 또한 '꾸짖지 아니하고' 다시 말해 모욕을 주거나 멸시하지 아니하고 지혜를 주겠다고 말씀하신다. 지금까지 왜 이렇게 어리석고 우매하게 살았느냐고 조롱하지 않으신다. 하나님은 우리가 이기기를 원하신다. 가정이나 일터, 그리고 모든 일에 성공하는 데 있어 필요한 것, 곧 "모든 선한 일에 열매를 맺게 하시며 하나님을 아는 것에 자라게 하는"(골 1:10) 것을 우리에게 주신다. 이렇게 해서 그가 영광을 받으시기 때문이다. 하나님은 우리의 찬양과 예배로 영광을 받으시는 것처럼, 우리의 신실함과 정직함, 근면함, 겸손함, 순결함, 믿음으로도 영광을 받으신다. 우리가 좋은 배우자와 부모가 되고 성실한 직원이 되며 자원의 충직한 청지기가 될 때도 하나님은 영광을 받으신다.

앞에서 보았듯이 솔로몬 왕은 하나님께 지혜를 구했다. 원하는 대로 무엇이든 하나님께 구하라는 요청을 받았을 때—하나님은 "내가 네게 무엇을 줄꼬"라고 말씀하셨다(왕상 3:5)—솔로몬은 진지하게 지혜를 구했다. 그는 이제 막 아버지 다윗의 왕위를 계승한 젊은 왕이었다. 그래서 그는 이렇게 기도했다. "누가 주의 이 많은 백성을 재판할 수 있사오리이까 듣는 마음을 종에게 주사 주의 백성을 재판하여 선악을 분별하게 하옵소서"(9절). 하나님은 솔로몬의 요청을 기쁘게 보셨고, 세계만방에 지혜로 명성을 날리는 사람이 되게 하셨다. 그는 지혜로 귀중한 잠언을 쓸 수 있었고(성경은 잠언 중 3000개를 그가 썼다고 말한다) 또한 재물과 명예를 얻는 비결을 터득할 수 있었다.

하나님은 지혜를 구하는 기도에 이미 여러 방법으로 응답해 주셨는데 그 하나가 바로 잠언이라는 성경책이다. 잠언은 지혜와 우매함을 기준으로 인생 전반에 걸쳐 짧게 권고하는 식의 격언을 모아 놓은 모음집이다. 잠언은 완전히 반대되는 입장에서 검증 가능한 차이들을 드러내 보여 준다. 새 잠언을 배울 때마다 머리를 좋게 하는 알약, 혹은 우매 방지 약을 복용하는 것과 같다고 할 수 있다.

잠언은 부지런함과 게으름의 차이를 지적한다. "손을 게으르게 놀리는 자는 가난하게 되고 손이 부지런한 자는 부하게 되느니라"(잠 10:4). 의와 악을 대조해 보여 준다. "의인을 기념할 때에는 칭찬하거니와 악인의 이름은 썩게 되느니라"(10:7). 정직과 부정직의 차이를 보여 준다. "진실한 입술은 영원히 보존되거니와 거짓 혀는 잠시 동안만 있을 뿐이니라"(12:19). 겸손과 오만의 차이를 드러낸다. "교만은 패망의 선봉이요 거만한 마음은 넘어짐의 앞잡이니라 겸손한 자와 함께하여 마음을 낮추는 것이 교만한 자와 함께하여 탈취물을 나누는 것보다 나으니라"(16:18-19).

사실상, 잠언의 핵심은 성경의 모든 가르침처럼 '더 나은' 것을 찾아내는 것이다. "노하기를 더디하는 자는 용사보다 낫고 자기의 마음을 다스리는 자는 성을 빼앗는 자보다 나으니라"(16:32). "가산이 적어도 여호와를 경외하는 것이 크게 부하고 번뇌하는 것보다 나으니라"(15:16). 다시 말해서 "네가 얻은 모든 것을 가지고" 지혜를 얻으라는 것이다.

우리는 이 지혜를 하나님으로부터 얻을 수 있다. "그의 경영은 기묘하며 지혜는 광대하니라"(사 28:29). 우리가 지혜를 구하고 중요한 우선순위로 삼으면 삶의 모든 현장에서 필요한 하나님의 지혜를 얻을 수 있다. 우리는 지혜를 구하는 기도를 매일 습관처럼 훈련해야 한다. 또한 지혜를 구하는 기도는 우리의 기도 전략을 개발할 자원이 된다.

노인이 지혜롭다는 속설에도 불구하고, 지혜는 특정 나이에 자동적으로 발현되는 덕목이 아니다. 진정으로 지혜를 구하는 사람들은 나이에 상관없이 지혜롭게 살 수 있다. 어린아이나 청소년, 청년, 혹은 갓 결혼한 부부나 갓 부모가 된 사람도 상관없다. 자기중심적이고, 자기 성찰에 게으르며, 쉬운 길만 고집하고, 장기적인 사고 훈련이 결여된 사람은 나이가 들수록 어린 사람들보다 더 어리석고 우매한 사람이 될 수 있다.

그러나 간절히 지혜를 구하면 하나님은 자기 이름을 걸고 지혜를 주신다. "대저 여호와는 지혜를 주시며 지식과 명철을 그 입에서 내심이며"(잠 2:6). "삼가 말씀에 주의하는 자는 좋은 것을 얻나니 여호와를 의지하는 자는 복이 있느니라"(잠 16:20).

틈나는 대로 지혜를 달라고 기도하고 즉각적인 응답을 기대하라. 지혜를 구하라. 지혜로 기도하고 그 보상을 즐기라.

주님, 당신은 놀라운 상담자이시고 모든 지혜의 근원이 되십니다. 즉각적으로 순종하고 신실하게 실천하려는 마음으로 지혜를 구할 때 아낌없이 부어 주겠다고 약속하신 말씀을 제가 믿습니다. 저는 지혜가 너무나 필요합니다. 날마다 모든 상황에서 당신의 지혜를 구합니다. 세상의 관점이 아니라 당신의 영원한 관점으로 인생을 바라보게 도와주시기를 기도합니다. 깊이 생각하고 제가 내린 선택의 원인과 결과를 이해하게 도와주소서. 좋은 것과 더 나은 것과 최선의 차이를 분별하게 하시고, 올바른 선택을 하도록 도와주소서. 예수님의 이름으로 기도합니다. 아멘.

> **Q 생각해 보기**
> 지혜란 무엇이며 우리에게 어떤 유익이 되는가? 어떤 상황에서 예기치 않게 하나님이 지혜를 주신 경험이 있는가? 얼마나 자주 지혜를 구하는 기도를 드리는가? 전략적으로 기도하는 데 있어서 지혜가 어떤 역할을 하는가?

25
성령의 인도를 받는 기도

성령은 모든 것 곧 하나님의 깊은 것까지도 통달하시느니라 고전 2:10

기도는 우리가 하나님의 완전한 통제 아래 있다는 고백이다(시 103:19). 하나님은 우리가 쉽게 기도를 망각한다는 것과, 무엇을 기도해야 할지 혹은 어떻게 기도해야 할지 모른다는 사실을 알고 계신다(롬 8:26). 우리는 스스로 잘 알고 있다고 생각하며 기도하지만, 여전히 문제의 핵심을 이해하지 못하거나 심지어 마땅히 구해야 함에도 불구하고 절반도 구하지 못하는 경우도 있다. 그러나 하나님은 계속 기도의 자리로 나아가라고 촉구하시며 성령을 통해 우리를 인도해 주신다.

성령은 신앙생활의 엔진과 같아서 우리 힘으로는 할 수 없는 것을 하도록 이끌어 주시고 힘을 공급해 주신다. 성령은 우리의 모든 기도생활을 통해 생명을 불어 넣으시며, 그 뜻대로 어디든 불어가는 하나님의 거룩한 바람이시다(요 3:8).

성령이 우리 안에 내주하시며 사랑으로 권면해 주시는 덕분에, 우리의 철저한 무력함은 그가 신실하게 능력을 주시고 필요를 채워 주심으로 상쇄된다. 우리의 유한한 지식이 그의 무한한 지혜로 싸임을 받는다. 우리는 기도라는 최고의 노동을 감당하지만 성령께서 그 기도로 더 큰일을 이루실 것을 믿는다(요 14:12-17).

지난 몇 장에서 보았듯이 하나님은 자기 백성들이 세밀하면서도 강력한 전략적 기도를 드리는 데 도움이 되는 풍부한 자원을 우리에게 주셨다. 그의 말씀과 뜻과 지혜를 이용하도록 허락하시고 그의 기이한 이름들을 의지하도록 허락해 주셨으므로, 우리는 우리의 기도 성능을 크게 향상시키고 한 치의 오차도 없이 정확하게 발사할 수 있는 무기를 갖고 있는 것이라 할 수 있다.

그러나 성령의 인도하심이 없다면 우리는 여전히 부족한 존재다. 성령은 특정 말씀에 의지해 기도하도록 인도하실 수 있다. 막연히 하나님을 부르기보다 우리 필요를 채우시는 여호와 이레의 하나님을 찾도록 인도하실 수도 있다. 고백하지 않고 망각한 죄를 처리하도록 이끄시기도 한다.

바울은 "모든 기도와 간구를 하되 항상 성령 안에서 기도하고 이를 위하여 깨어 구하기를 항상 힘쓰며 여러 성도를 위하여 구하라"(엡 6:18)라고 말했다. 이런 기도는 강력하다. 우리는 성령 안에서 항상 모든 성도를 위해 기도해야 한다.

예수 그리스도를 믿는 모든 성도들 안에는 성령이 거하신다(엡 1:13-14). 우리는 육신을 좇지 말고 성령으로 충만하며 그에게 복종하고 그 안에서 행해야 한다. "성령으로 충만함을 받으라"(엡 5:18)라는 명령은 단순히 은사 중심 교회의 교인들에게만 해당되는 것이 아니다. 예수 그리스도를 따르는 자들이라면 누구나 순종해야 할 명령이다. 일회적인 경험으로가 아니라 매순간, 매일의 일상생활에서 성령으로 행하며 복종하는 삶을 살아야 한다(갈 5:16-25).

아침마다 우리는 하나님을 예배하고 우리의 모든 것을 하나님의 주권에 내어 맡기며 성령으로 충만하게 해달라고 기도해야 한다. 죄를 지을 때마다, 마음에 쓴 뿌리가 생기거나 육신으로 행할 때마다, 바로 회개하고 스스로를 겸허히 낮추며 주님께 자신을 다시 내어 드리고 성령의 인도하심에 따라야 한다.

그리스도 안에 거하며 정결함을 입고 순종함으로 행할 때, 우리는 내주하시는 성령의 음성에 더욱 정교한 주파수를 맞출 수 있다. 성령은 우리에게 그리스도의 마음을 주시고(고전 2:16), 죄를 깨닫게 하시며(요 16:8), 우리 마음이 성령의 열매를 맺게 하시고(갈 5:22), 우리의 결단을 이끌어 주시고(갈 5:16-18), 우리가 증인이 되도록 힘을 주실 것이다(행 1:8).

바울은 "술 취하지 말라 이는 방탕한 것이니"라고 말했다. 또한 동시에 "오직 성령으로 충만함을 받아" 그의 통치를 받으며 그의 기쁨과 소망으로 행하라고 말했다. 우리는 그의 평강을 누리며 자족하여야 한다.

성령과 그의 일하시는 방식을 이해하면 우리는 멈추지 않고 흐르는 하나님의 역사의 강물에 우리의 기도를 담글 수 있다.

성령은 하나님과 그의 말씀을 우리에게 계시해 주신다. 예수님은 자신이 지상을 떠나고 나면 성령이 제자들과 함께할 것이라고 설명하시면서 그를 '진리의 영'이라고 밝히셨다(요 14:17). 그는 "아버지께로부터 나오시는" 보혜사로 그리스도의 본성에 대해 증거하시며(요 15:26), 안내자로서 "스스로 말하지 않고 오직 들은 것을 말하며 장래 일을 너희에게 알리"실 것이다(16:13). 성령은 "눈으로 보지 못하고 귀로 듣지 못하는" 것들까지 우리에게 보여 주실 수 있다. 성령은 우리가 알아야 할 것을 알아야 할 때 "사람의 지혜가 가르친 말로 아니하고 오직 성령께서 가르치신 것으로 하니 영적인 일은 영적인 것으로 분별"되기 때문이다(고전 2:9-13). 겸손한 믿음의 기도를 통해 그는 하나님의 말씀을 밝히 조명해 주시고, 하나님의 참된 성품을 우리가 생생히 알도록 하신다. 죄의 흉악함과 의의 영광스러움, 심판의 실체와 같은 영적 실체들을 우리에게 확인시키신다(요 16:8-11). 그리스도 안에서 우리의 신분을 알려 주시고(엡 1:15-19) 사랑과 보살핌으로 우리를 위로해 주신다.

성령은 우리를 위해 기도하신다. "성령이 말할 수 없는 탄식으로 우리를 위하여 친히 간구하시느니라"(롬 8:26). 우리가 할 수 없는 기도를 성령은 하실 수 있다. 그러므로 우리는 절대 절망적이거나 무력하지 않다. 성부 하나님, 성자 하나님, 성령 하나님이 삼위일체라는 사실을 알면 새 힘을 얻을 수 있다. 세 분 하나님은 서로의 본심을 알고 끊임없이 소통하신다. 예수님이 아버지의 오른편에 서서 우리를 위해 중보하시는 동안(히 7:24-25), 우리 안의 성령 역시 우리를 대신해 아버지에게 중보해 주신다. "마음을 살피시는 이가 성령의 생각을 아시나니 이는 성령이 하나님의 뜻대로 성도를 위하여 간구하심이니라"(롬 8:27). 예수님과 성령님보다 우리를 위해 더 잘 기도하실 이는 없다. 이런 완벽한 기도 파트너들이 우리를 위해 사랑으로 중보하시다니 얼마나 놀라운 축복이고 특권인가.

성령은 우리 기도를 인도해 주신다. 성령은 우리 안에 거하시며 우리가 기도로 아버지에게 부르짖도록 우리를 자극하고 인도하신다. 성령의 음성을 들었다고 하는 사람들을 만날 때가 있다. 그러나 그 음성은 청각으로 들리는 음성이라기보다 내적인 깨달음에 가깝다. 거룩한 부담이 동반되는 선하고 시의적절한 생각이며, 하나님의 영광을 위해 무엇인가를 하고 싶다는 뜨거운 열망이다. 성령이 "이것이 바른 길이니 너희는 이리로 가라"(사 30:21)라고 말씀하시는 것이다.

성령이 정말 그 정도로 우리와 직접적인 소통을 할 수 있는지 의심의 눈으로 보는 사람들도 있다. 하지만 성경은 그것이 사실이라고 증언하고 있다. 성령은 사울을 위해 기도하도록 아나니아를 재촉하셨고(행 9:10-19), 빌립에게는 에디오피아 관리에게 가서 말씀을 가르치라고 하셨다(행 8:29-30). 기꺼이 순종하는 법을 배우고자 하면 성령은 우리도 동일하게 인도하신다(롬 8:14-16). 때로 성령은 난데없이 누군가를 생각나게 하셔서 그를 위해 기도하도록 권고하시고, 그들의 필요에 따라 주님의 뜻대로 사랑으로 다가가도록 하시기도 한다. 우리는 이러한 성령의 부추기심에 늘 민감해야 한다. 그러나 기억해야 할 것은 성령이 하나님의 말씀과 모순되는 방향으로 역사하시는 경우는 절대 없다는 것이다. 성령은 언제나 우리의 실제 환경 속에서 말씀에 순종하고 말씀대로 살도록 인도하실 것이다.

성령은 지혜와 권능이 무한하시며 어디든 가시는 분이므로, 지극히 정상적이고 우연의 일치로 보이는 인생의 사건들을 통해 우리와 다른 사람들의 왕국의 연합kingdom connections을 만들어 내실 수 있다. 그러므로 그의 뜻과 길을 알아내기에는 무릎 정도에 불과한 얕은 영적 바닷가에 갇혀 있다고 결코 제한하지 말라. 한계가 없으신 성령이 우리 안에 거하시기에 우리의 기도는 우리 한계로 인해 제약을 받지 않는다.

> 주님, 주의 성령을 보내 주셔서 저를 인도하시고, 안내해 주시며, 당신의 지혜와 명철로 충만하게 해주시니 감사합니다. 주께서 이 땅의 주의 백성들을 통해 그리스도를 증거하도록 성령을 보내셨듯이, 제 마음이 같은 뜻으로 성령을 사모하도록 해주소서. 그래서 제가 삶으로 예수님의 산 증인이 되게 해주소서. 주의 성령으로 충만하게 해주소서. 성령 안에서 행하며 성령으로 기도하도록 가르쳐 주소서. 어디로 가든지, 누구를 만나든지, 저를 통해 영광을 받으소서. 예수님의 이름으로 기도합니다. 아멘.

> **Q 생각해 보기**
> 성령은 어디에 내주하시는가? 성령이 성도의 삶에서 하시는 역할은 무엇인가? 성령은 당신의 기도생활에 어떤 방법으로 유익을 주시는가?

26
공격적인 기도

그들은 힘을 얻고 더 얻어 나아가 시 84:7

좋은 기도 전략을 짜기 위해서는 악에 맞서 기도하는 법을 배워야 한다. 물론 우리는 유혹 안에 어떤 위험들이 도사리고 있는지 잘 알고 있다. 두려움, 분노, 욕망, 질투라는 적의 화살이 어떤 것인지 매우 익숙하다. 그러나 이번 장에서는 공격적이고 적극적인 기도를 집중적으로 살펴볼 것이다. 다시 말해서 빛과 사랑과 진리의 확장을 위해 기도할 것이다.

예수님은 기도하는 법을 가르쳐 주시면서, 우리가 구해야 할 매우 중요한 세 가지를 서두에 알려 주셨다. "나라가 임하시오며 뜻이 하늘에서 이루어진 것 같이 땅에서도 이루어지이다 오늘 우리에게 일용할 양식을 주시옵고"(마 6:10-11). 우리는 단순히 맞서 싸울 것을 위해서만 기도하지 말고 모든 좋은 것을 위해 기도해야 한다. 그리스도인의 삶은 단순히 죄를 멀리하는 것만이 전부가 아니다. 우리는 지옥의 문에 맞서 기도할 뿐 아니라 이 땅에 천국이 임하도록 기도해야 한다. 하나님의 나라와 그의 뜻이 이루어지기를 소원해야 한다. 그리고 이 임무를 수행하기 위해서는 먼저 적을 대적하고 악한 날에 영적으로 굳게 서야 한다.

분명히 방어적인 기도를 해야 할 때가 있다. 그러나 항상 방어에만 매달려서는 안 된다. 공격을 위한 전투 계획도 필요하다. 하나님께서 복음의 문을 열어 주시고 일꾼을 추수할 밭으로 보내 주시도록 기도하고, 성령을 부어 주셔서 부흥의 불길이 일어나게 해 달라고 기도해야 한다. 그의 사랑으로 충만하게 하시고, 그의 뜻을 아는 지식이 흘러넘치게 해달라고 기도해야 한다. 각자의 영적 은사를 사용해서 그를 섬기며 그의 이름을 높일 세대를 일으켜 달라고 기도해야 한다. 적에 맞서 우리의 위치를 고수하고 그 나라의 새로운 진지를 구축하도록 영적 전쟁을 해야 한다.

마태복음 5장 16절은 "이같이 너희 빛이 사람 앞에 비치게 하여 그들로 너희 착한 행실을 보고 하늘에 계신 너희 아버지께 영광을 돌리게 하라"라고 말한다. 자신의 결혼생활, 가정, 몸담고 사는 도시를 생각해 보라. 그리고 아래 질문들에 대한 답변을 고민해 보라.

- 바로 지금 하나님께 구할 수 있는 최상의 기도제목은 무엇인가?
- 크게 유익하리라고 생각되는 기도 제목은 무엇인가?
- 하나님 나라를 확장시키기 위해 현재 내가 처한 상황에서 할 수 있는 것은 무엇인가?
- 하나님께 영광을 돌리기 위해 무엇을 기도할 수 있는가?

적극적인 기도와 진지를 구축하는 단계들은 모두 성경에서 확인할 수 있다. 실제로 하나님은 우리를 돕기 원하시며, 우리를 격려하고 지원할 은사를 주기 원하신다. 예수님은 마태복음 7장 11절에서 "너희가 악한 자라도 좋은 것으로 자식에게 줄 줄 알거든 하물며 하늘에 계신 너희 아버지께서 구하는 자에게 좋은 것으로 주시지 않겠느냐"라고 말씀하셨다.

누군가를 사랑하면 가장 좋은 것만 주고 싶어진다. 요한은 요한삼서 2절에서 이렇게 기도한다. "사랑하는 자여 네 영혼이 잘됨 같이 네가 범사에 잘되고 강건하기를 내가 간구하노라." 하나님이 선하신 분이고 우리를 위해 좋은 것을 준비해 두고 계시다면 우리는 이런 것들을 적극적으로 구하고 찾아야 한다. 우리는 사랑으로 기도해야 한다. 어떤 상황에서도 기도하고, 우리가 구하는 것이나 생각하는 이상으로 베풀어 주시기를 기도하며, 하나님의 축복과 공급하심을 구하고, 최선을 다해 그의 영광을 구해야 한다. 왜 그런가? 모든 기도의 궁극적인 목표는 그분의 영광이기 때문이다.

최선의 공격이 최선의 방어다. 그러므로 고난을 만날 때만 기도하지 말고 축복을 위해서도 기도하라. 가령, 단순히 이혼하지 않도록 기도하지 말고, 그리스도의 복음과 신부를 향한 그분의 사랑이 담긴 아름다운 그림을 그려가는 부부 관계가 되게 해달라고 기도하라. 다른 사람들을 섬기는 일에 나를 사용해 주시도록 남편과 아내가 나누는 사랑의 관계를 통해 그 나라가 확장되게 해달라고 기도하라. 교회 지도자들이 제직회에서 싸우지 않게 해달라고 기도하는 대신, 사랑으로 하나 되고 폭발적 부흥이 일어나서 더 큰 사역의 기회들이 생기게 해달라고 기도하라.

성경은 로마서 12장 21절에서 "악에게 지지 말고 선으로 악을 이기라"라고 말한다. 우리는 믿음 안에서 새롭게 형제, 자매된 이들을 위해 기도하는 사도 바울의 모습에서 이러한 사고방식의 좋은 모범을 살펴볼 수 있다. 골로새서 1장 9-12절에는 가슴 벅찬 장문의 기도문이 실려 있다. "이로써 우리도 듣던 날부터 너희를 위하여 기도하기를 그치지 아니하고 구하노니 너희로 하여금 모든 신령한 지혜와 총명에 하나님의 뜻을 아는 것으로 채우게 하시고 주께 합당하게 행하여 범사에 기쁘시게 하고 모든 선한 일에 열매를 맺게 하시며 하나님을 아는 것에 자라게 하시고 그의 영광의 힘을 따라 모든 능력으로 능하게 하시며 기쁨으로 모든 견딤과 오래 참음에 이르게 하시고 우리로 하여금 빛 가운데서 성도의 기업의 부분을 얻기에 합당하게 하신 아버지께 감사하게 하시기를 원하노라."

바울처럼 이렇게 기도하고 싶지 않은가? 지식과 지혜와 하나님의 뜻을 아는 총명으로 채워 달라고 기도하고 싶지 않은가? 삶에서 많은 열매를 맺고 하나님께 영광을 돌리게 해달라고 기도하고 싶지 않은가? 바로 이런 기도가 적극적이고 공격적인 기도 방식이다. 바울은 빌립보서 1장 9-11절에서 더 많은 예를 보여 준다. "내가 기도하노라 너희 사랑을 지식과 모든 총명으로 점점 더 풍성하게 하사 너희로 지극히 선한 것을 분별하며 또 진실하여 허물없이 그리스도의 날까지 이르고 예수 그리스도로 말미암아 의의 열매가 가득하여 하나님의 영광과 찬송이 되기를 원하노라."

예수님 역시 요한복음 17장에서 하나님이 그와 성도들을 통해 영광을 받으시도록 구하며, 자신과 제자들과 미래의 성도들을 위해 사랑으로 기도하셨다. 그리스도를 믿는 자들을 구원해 주시고 보호해 주시도록 하나님께 간구하셨다. 기쁨으로 충만하며 하나가 되게 해달라고 기도하시고, 하나님이 잃어버린 영혼들을 찾기 위해 그를 보내셨음을 세상이 알게 해달라고 기도하셨다.

그러므로 곤란한 상황을 만나거나 평상시 기도로 주님께 나아갈 때 방어적인 기도와 더불어 공격적인 기도를 드리라. 공격을 받을 때 하나님의 말씀 위에 서라. 그러나 나뿐 아니라 내가 기도해 주는 사람들의 삶에도 좋은 일이 일어나도록 하나님께 구체적으로 아뢰라. 무엇보다 하나님이 영광을 받으시도록 기도하라.

주님, 어둠을 몰아내도록 제게 기도라는 방편을 주셔서 감사합니다. 또한 기도로 당신의 축복을 받고 주의 임재를 누리게 해주셔서 감사합니다. 사람들의 삶에 적극적인 사랑의 투자를 하는 방편으로 기도를 사용할 수 있도록 해주셔서 감사합니다. 주의 힘과 권능도 놀랍지만 주의 사랑은 더욱더 놀랍습니다. 저의 본 모습이 어떠한지, 어떤 대접을 받아 마땅한 존재인지 알기 때문입니다. 당신은 끊임없이 저를 돌봐 주시고 변화시켜 주십니다. 부정적인 면을 긍정적인 면으로 늘 바꾸어 주고 계십니다. 승리할 수 있는 기회를, 발전할 수 있는 기회를, 이길 수 있는 기회를 늘 주십니다. 그래서 당신의 이름을 찬양합니다. 예수님의 이름으로 기도합니다. 아멘.

> **Q 생각해 보기**
> 사랑으로 당신을 위해 기도해 주는 사람 때문에 감동한 적이 있는가? 공격적인 기도는 미래의 악을 피하는 데 어떻게 도움이 되는가?

27
선제적인 기도

시험에 들지 않게 깨어 기도하라 마 26:41

한 나라의 지도자로서 곧 야만적인 침략군의 공격이 개시된다는 첩보를 받는다면 당신은 어떻게 하겠는가? 평화 협상이 전혀 가능하지 않다면 당신은 전쟁에 신속히 대비하기 위해 가능한 한 모든 일을 다할 것이다. 자원을 점검하고 전략을 세우며 군대를 배치할 것이다.

기도할 때도 이런 일을 해야 한다. 실제 삶의 영역에서 전투가 개시되기 전에 먼저 무릎으로 전쟁을 치러야 한다. 성경은 훔치고 죽이고 파멸시키려고 우리를 노리는 영적 원수가 실제로 존재한다고 말한다.

예수님이 직접 마귀, 사탄을 인정하셨다. 그리스도께서는 사역하실 때 여러 차례 그것을 대적하고 꾸짖으셨다. 성경은 "하나님의 아들이 나타나신 것은 마귀의 일을 멸하려 하심이라"(요일 3:8)라고 말한다.

일부 사람들의 잘못된 주장과는 달리 사탄은 악을 상징하는 추상적 표현이 아니다. 사탄은 단순히 동화 속의 존재가 아니다. 성경에서 사탄의 이름을 구체적으로 언급한 책은 열두 권이 넘는다. 예수님은 "사탄이 하늘로부터 번개같이 떨어지는 것을 내가 보았노라"(눅 10:18)라고 말씀하셨다. 사도들과 초대 교회들은 계속해서 사탄과 대적할 수밖에 없었다. 그리고 그리스도께서 재림하셔서 통치하실 때까지 우리는 늘 깨어 있어 어린 양의 보혈과 말씀으로 그와 싸워 이겨야 한다(계 12:11; 20:1-10).

그는 실제로 살아 있으며 악하고 간교한 존재다. 베드로는 어렵게 이 사실을 배웠다. 일찍이 예수님은 미리 기도하도록 가르치셨다. 배신당하시던 날 밤에는 "보라 사탄이 너희를 밀 까부르듯 하려고 요구하였으나 그러나 내가 너를 위하여 네 믿음이 떨어지지 않기를 기도하였노니"(눅 22:31-32)라고 경고하셨다. 그리고 그날 저녁에는 "시험에 들지 않게 깨어 기도하라 마음에는 원이로되 육신이 약하도다"(마 26:41)라고 가르치셨다. 그러나 베드로는 기도하지 않고 잠이 들었다. 몇 분 후에 잠에서 깬 베드로는 무방비 상태로 기습을 당했다. 그는 갑작스러운 상황에 감정적으로 과잉 대응을 하며 한 남자의 귀를 베어 버렸고 예수님도 부인했다. 나아가 불과 몇 시간 전에 결코 배신하지 않고 끝까지 충성하겠다고 호언장담했던 것과는 달리, 그리스도를 세 번이나 강력히 부인했다. 그는 한 번도 선제적으로 기도하지 않았다. 스승을 부인한 후 그는 심하게 통곡했다. 참담한 마음을 이기지 못했고 그리스도께서 회복해 주실 때까지 며칠을 절망에서 헤어 나오지 못했다.

우리는 미리 달력을 들추어 결단하고, 계획한 일과 다가오는 기회들을 주님께 아뢰며 선제적으로 기도하는 법을 배워야 한다. 영적인 갑옷을 단단히 차려 입고 전투의 한복판으로 뛰어들기 전에 하나님께서 우리를 인도해 주시고, 필요를 제공해 주시며, 능력을 주시고, 보호해 주시도록 구해야 한다.

적의 공격 방식을 이해하면 도움이 된다. 그들의 교본과 패턴은 수천 년 동안 달라진 것이 없다. 그들의 움직임을 미리 파악한다면 사전에 더 구체적으로 준비하고 기도할 수 있을 것이다. 그들이 전형적으로 사용하는 방식은 아래와 같다.

시야분산 시야분산은 작전 계획의 기본에 해당한다. 다윗은 "내가 근심으로 편하지 못하여 탄식하오니 이는 원수의 소리와 악인의 압제 때문이라"(시 55:2-3)라고 고백했다. 사탄은 우리가 궤도를 이탈하도록 끊임없이 시도한다. 하나님이 주실 최고의 것을 기대하지 않고 차선에 만족하도록 유혹한다. 성경을 보면 선량하고 착한 사람들이 하나님의 뜻에 집중하지 않고 부차적인 문제로 시간을 허비하는 경우가 적지 않게 나온다. 예수님이 마지막 유월절 절기를 지키는 도중 제자들에게 자신의 죽음을 예고하셨을 때 제자들은 누가 가장 큰 자가 될지를 두고 서로 언쟁을 벌였다(눅 22:24). 예수님이 마르다의 집에서 대화를 나누시는 동안 마르다는 부엌에서 바쁘게 요리를 준비하느라 꼭 들어야 하는 주님의 메시지를 듣지 못했다(눅 10:41-42). 디지털 문화가 범람하는 이 시대에 우리의 적은 문자메시지 소리, 핫이슈를 둘러싼 뜨거운 공방, 2분짜리 조회수 높은 동영상 등으로 손쉽게 우리의 관심을 주님에게서 멀어지게 할 수 있다. 우리는 하루에도 수십 번씩 이런 유행을 뒤쫓아 가느라 바쁘다. 기도하는 중이라도 원수는 우리가 주님의 일보다는 당장 해야 할 일들과 걱정거리에 마음을 팔도록 하는 데 공을 들인다. 그러므로 우리 주님은 반복해서 "깨어 있어 기도하라. 절대 방심하지 말고 경계심을 늦추지 말라"고 경고하신다.

기만 예수님은 사탄이 거짓말을 할 때마다 "그는 … 제 것으로 말하나니 이는 그가 거짓말쟁이요 거짓의 아비가 되었음이라"(요 8:44)라고 말씀하셨다. 각종 중독이나 쓴 뿌리, 죄는 거짓을 토대로 한다. 이런 것들은 하나님의 진리를 왜곡한다. 하나님의 약속은 결코 전달되지 않는다. 거짓 정보로 눈을 가린다. 죄는 우리를 넘어뜨리고 실족하게 하며 결국 허탕을 치게 만들 것이다. 그러나 사탄은 지금 한 번만 눈감으면 상황이 달라질 것이라고 노골적으로 유혹한다. 다른 사람들을 보면 알듯이 이 정도의 타협으로는 아무런 처벌도 받지 않을 것이라고 속삭인다. 쾌락을 부추기고 쾌락의 비참한 결과는 숨긴다. 그러므로 그를 절대 믿어서는 안 된다. 하지만 "정신을 차리고 근신하여 기도하지" 않으면(벧전 4:7) 우리는 그의 기만에 너무나 쉽게 농락당할 수 있다. 무릎을 꿇고 참 진리로 계속 교훈을 받지 않으면 그의 기만을 간파하기도 어렵고 효과적으로 대항하기도 힘들다. 그는 하나님의 선하심과 성경의 진실성, 우리의 본질, 도덕적인 선과 악에 대해 계속 거짓말을 할 것이다. 거짓말을 이용해 우리의 허영심을 한껏 부풀리거나 정죄로 우리를 끝없는 절망의 심연으로 끌어내릴 것이다. 이렇게 해서 우리를 막다른 골목으로 몰아넣을 것이다.

참소 거짓말을 하지 않을 때는 보통 스스로를 정죄하게 하거나 누군가를 정죄하게 하는 방법을 쓴다. 사탄은 과거의 일들을 계속 상기시킨다. 사실이 아님에도 누군가를 계속 정죄하고 비난하게 한다. 우리는 그리스도의 보혈로 용서함을 받았다. 그러나 사탄은 묵은 상처들을 계속 헤집는다. 의심하도록 만든다. 그는 "우리 형제들을 참소하던 자"(계 12:10)로서, 우리가 용서받기에는 너무나 악한 존재라고 참소한다. 그리스도께서 바로 이 때문에 우리를 구원하러 사랑으로 오셨음에도 그 사실을 보지 못하게 가린다. 이런 참소의 화살이 빗나가도록 하기 위해서는 말씀을 공부하고, 그리스도 안에서 우리의 신분을 확인하며, 지혜와 분별력을 주시도록 기도해야 한다. 이렇게 해야 그가 부풀린 정죄와 참소를 무력화시킬 수 있다.

분열 복음의 한 가지 증표는 민족과 배경과 나이와 인종에 상관없이 모든 사람이 사랑으로 하나 될 때 확인할 수 있다. 그리스도 안에서 모두 하나가 되는 것이다. 그러나 사탄은 "만일 집이 스스로 분쟁하면 그 집이 설 수 없"다는 것(막 3:25)을 알고 있다. 하나님의 백성들이 분노하며 서로 다툰다고 해서 복음이 무너지지는 않겠지만, 우리의 증거와 그 증거의 열매들은 무너질 수 있다. 분열은 그리스도인들과 우리의 믿음을 허약하고 위선적이며 거짓된 것으로 변질시킨다. 남편과 아내가 서로 갈등하고, 아이들과 부모가 서로 충돌하며, 목회자와 신자들이 서로 다툴 때 실제로 그 모든 배후에는 눈에 보이지 않는 주범이 있다. 그는 분열을 부추기고 형제들 속에 불화의 씨앗을 뿌린다. 최선의 것을 이루도록 기도하지 않고 최악을 가정하도록 속삭인다.

우리는 "그 계책을 알지 못하"고(고후 2:11) 어리석게 살아서는 안 된다. 하나님의 뜻만 바라보게 해달라고 기도해야 한다. 하나님의 성령이 진리 안에서 행하도록 우리를 지켜 주시고, 거짓된 정죄를 버리게 하시며, 사랑과 하나 됨이 우리 관계를 다스리게 해달라고 기도해야 한다.

에베소서 6장에서 말하는 성령의 전신갑주가 이런 것이다. 우리는 '진리'를 허리에 둘러 사탄의 거짓을 떨쳐 버려야 한다. 그리스도의 '의'를 가슴에 흉배처럼 두르고 감사하며 담대하고 적극적인 순종의 삶으로 그 의를 드러내야 한다. 매일의 삶에서 '평강'을 누림으로 주님께 집중하지 못하게 하는 사탄의 방해와 정죄에 흔들리지 말아야 한다. '믿음'으로 그의 공격을 막아내는 방패를 휘둘러야 한다. '구원'의 투구는 하나님이 우리에게 실망하셔서 구원받을 수 없을 것이라는 잘못된 생각에서 우리 마음을 지켜 준다. 또한 우리는 '하나님의 말씀'이라는 검을 휘둘러서 적이 왜곡한 것을 처리해야 한다. 이런 무기들이 활성화되도록 우리는 "기도"하고 "깨어 구하기를 항상 힘쓰며 여러 성도를 위하여 구"해야 한다(엡 6:14-18). 우리는 모두 이 일에 합심하여 하나 되어야 한다. 기도하면 할 수 있다. 기도로 하나 되고 기도로 보호하심을 받을 수 있다.

느헤미야의 예루살렘 성벽 중건은 대적들의 끊임없는 방해와 어려움에 부딪혔다. 그의 대적들은 "업신여기고 … 비웃"(느 2:19)었고, "크게 분노"하였으며(4:1), "예루살렘으로 가서 치고 그곳을 요란하게 하자"고 함께 모의했다(4:8). 결국 느헤미야와 그의 동족들은 한 손에는 무기를 들고 다른 한 손으로 일을 해야 했다. 밤에도 서로 교대로 일하며 혹시 있을 위협에 대비해 파수를 보았다. 그러나 느헤미야는 꾸준히 기도하였기에 상황을 정확히 분별할 수 있었고, 적들의 계략에 말려들어 관심을 분산시키지 않고 성벽 재건에 집중할 수 있었다.

우리 시대나 우리의 일은 다르다고 생각하지 말라. 베드로는 "근신하라 깨어라 너희 대적 마귀가 우는 사자같이 두루 다니며 삼킬 자를 찾나니 너희는 믿음을 굳건하게 하여 그를 대적하라"(벧전 5:8-9)라고 말했다.

문제는 그가 우리와의 싸움에 참전할 것인지, 혹은 그가 보이는지 보이지 않는지가 아니다. 기도로 먼저 준비할 것인지, 아니면 이미 승리하신 분을 부르기 전에 사탄에게 먼저 제압당하도록 마냥 있을 것인지의 선택이다.

선제적인 준비로 우리는 확실한 승리를 거둘 수 있다. 전세를 파악하고 회심의 일격을 가할 수 있다. 우리는 이렇게 "깨어 기도"하며 하나님의 능력으로 승리할 것이다.

주님, 말씀으로 사탄의 전략과 움직임을 주시하게 해주셔서 감사합니다. 또한 굳게 서서 그의 공격과 거짓 선전과 왜곡과 정죄와 시야 분산 작전에 맞서 맞받아칠 영적 무기를 주셔서 감사합니다. 그의 계교를 분별하도록 도와주소서. 적의 공격 흐름을 파악하도록 은혜를 주시어 선제적으로 기도하며 악한 날에 굳건히 서도록 준비할 지혜로움을 주소서. 주님, 늘 흔들리지 않고 마음을 정결케 하며 용감하게 하시고, 지혜로 행하며 승리의 삶을 살게 해주소서. 믿음으로 주님만 바라보도록 능력으로 지켜 주소서. 예수님의 이름으로 기도합니다. 아멘.

> **Q 생각해 보기**
>
> 선제적인 기도는 무엇인가? 하나님의 자녀를 공격하는 사탄의 중요한 전략은 무엇인가? 적의 공격을 받을 때 하나님의 말씀은 어떻게 대처하라고 말하는가? 선제적 기도를 하지 않은 베드로와 성실하게 선제적 기도를 드린 느헤미야를 비교해 보라.

28
방어적인 기도

끝으로 너희가 주 안에서와 그 힘의 능력으로 강건하여지고 마귀의 간계를
능히 대적하기 위하여 하나님의 전신 갑주를 입으라 엡 6:10-11

1941년 12월 일본군이 진주만을 공격했을 때 미군 기지는 많은 전함과 순항함, 구축함, 고사포를 갖추고 있었다. 그러나 그 공격으로 2,400명의 미국인들이 죽었고 약 1,300명이 부상을 당했으며 해군 함대는 큰 타격을 입었다. 방어 화력은 다 갖춰져 있었지만, 공격을 받았을 때 그것을 활용할 준비가 전혀 되어 있지 않았기 때문이다.

마찬가지로, 경건한 삶에 필요한 것을 모두 갖추고 있어도(벧후 1:3) 적이 공격할 때 즉각적으로 대응하지 못하는 그리스도인들이 적지 않다. 앞장에서는 공격을 받기 전에 선제적으로 기도를 하라는 내용을 다루었다. 그러나 지금 살펴볼 전략은 사탄이 공격할 때 즉각 사용할 근접전투 작전이다.

하나님의 말씀은 우리 주변에서 영적 전쟁이 벌어지고 있다고 알려 준다. 그러므로 우리는 "믿음의 방패를 가지고 이로써 능히

악한 자의 모든 불화살을 소멸하고 구원의 투구와 성령의 검 곧 하나님의 말씀을 가지라 모든 기도와 간구를 하되 항상 성령 안에서 기도"해야 한다(엡 6:16-18).

지금 소개할 R.E.S.P.O.N.D.(대응) 방식은 성경에 기반한 강력한 작전 계획으로 적의 직접적인 공격에 전략적으로 대응하는 데 도움이 될 것이다. 사탄이 욕망이나 공포심으로 유혹하거나 정죄하려고 할 때 우리는 언제라도 이것을 사용할 수 있다. 절망이 어깨를 짓누를 때, 죄를 합리화하려고 할 때, 거짓이 마음에 뿌리내리려고 할 때에도 효과가 있다. 사탄이 공격할 때 가장 먼저 할 일은 다음과 같다.

1. 예수의 이름으로 사탄을 대적하라(RESIST Satan in Jesus' name)

"마귀를 대적하라 그리하면 너희를 피하리라"(약 4:7). 사탄의 조롱이나 정죄 혹은 심리전을 참고 있을 이유는 없다. 예수님은 사탄의 계략에 통제권을 내려놓거나 굴복하기를 단호히 거부하셨다. 그는 대적하셨다. "사탄아 물러가라"(마 4:10)라고 선언하셨다. 우리도 동일하게 대처해야 한다. 하지만 우리의 권세가 아니라 그리스도의 권세로, 그의 이름으로 그렇게 해야 한다.

예수 그리스도의 이름은 다른 모든 이름 위에 뛰어나다(빌 2:9-10). 우리는 그의 이름으로 기도하며 그의 이름으로 고침을 받고(행 3:6) 그의 이름으로 귀신을 쫓아낸다(마 7:22; 막 9:38-39). 대부분의 영화나 텔레비전에서 저주와 신성모독을 할 때 부처나 모하메드가 아니라 '예수 그리스도'의 이름이 사용되는 데는 이유가 있다. 그의 이름은 사탄이 복종해야만 하고 또 그가 더럽히고자 하는 전능자의 이름이기 때문이다. 우리는 절대 예수의 이름을 부적절하게 사용해서는 안 된다. 그의 이름은 거룩하다. 우리는 그의 이름으로 구원을 받고 지옥에서 건짐을 받는다(행 4:12; 롬 10:9-10). 하나님의 정체성, 성품, 명성이 그 이름을 드높인다. 그러므로 마귀와 정면으로 싸울 때 인간에게 알려진 가장 강력한 이름을 부르며 그를 대적하라. "예수의 이름으로 명하니 사탄아 물러가라"라고 직접 대적하거나, "아버지, 예수의 이름으로 구하오니 사탄을 꾸짖어 주소서"(유 9)라고 간접적으로 대적하라.

2. 성경으로 피하라(ESCAPE with Scripture)

하나님은 우리에게 시험당할 때 언제나 '피할 길'을 주겠다고 약속하셨다(고전 10:13). 예수님은 사탄에게 시험을 받으실 때마다(눅 4:1-13) 믿음의 방패를 들어 올리고 하나님의 말씀을 인용해 성령의 검을 휘둘러 사탄을 공격하셨다(엡 6:17). 우리는 구체적인 유혹이나 기만을 다루는 적절한 성경 구절을 믿고 활용해야 한다(마 4:1-11). 하나님께서 화력이 강력한 탄환을 장전시켜 주셨으므로 우리는 적에게 언제라도 발사할 수 있다. 우리의 문제를 다룬 성경 구절들을 배우기만 하면 된다. 그래서 사탄이 우리를 유혹하거나 '난 사랑을 받지 못해서 실패할걸'과 같은 악한 생각을 우리 머리에 심을 때 "예수님의 이름으로 명하노니 사탄아 물러가라"라고 명령할 수 있다. 로마서 5장 8절은 그리스도께서 나를 위해 죽으심으로 나를 위한 사랑을 증명하셨다고 말한다. 빌립보서 4장

13절은 "내게 능력 주시는 자 안에서 내가 모든 것을 할 수 있느니라"라고 말한다. 막고, 반격하고, 정면을 공격하라!(활용할 수 있는 영적 무기에 대해서는 273페이지를 참고하라.)

3. 고백하지 않은 죄를 찾으라(SEARCH for unconfessed sin)

시험을 받으면 더욱 정결해지는 계기로 삼아야 한다. 야고보서는 하나님께 복종하고 사탄을 대적한 후 "손을 깨끗이 하라 두 마음을 품은 자들아 마음을 성결하게 하라"(약 4:8)라고 말한다. 승리는 회개를 요구한다. 회개는 유혹에 강하게 맞서도록 돕는다.

그러나 유혹을 받는 것과 괴롭힘을 받는 것은 차이가 있다. 모든 사람이 유혹을 받는다. 예수님도 유혹을 받으셨고 우리도 유혹을 받을 것이다. 유혹을 받는 것 자체는 죄가 아니다. 그러나 대적이 무엇인가로 끊임없이 우리를 괴롭힐 경우, 과거에 고백하지 않은 죄는 사탄이 우리의 마음에 진을 구축할 거점을 마련하는 데 절호의 기회로 작용한다(고후 10:3-5). 진리는 우리를 자유하게 하지만, 거짓은 우리를 노예 상태에서 벗어나지 못하게 한다. 우리는 "얽매이기 쉬운" 죄의 방해물과 죄와 짝을 이루는 거짓을 모두 벗어 던져야 한다. 그렇게 하면 그리스도께서 십자가에서 이미 이루신 승리와 자유를 누릴 수 있다.

오늘 적에게 받는 공격은 어제의 죄 때문일 수도 있고 아닐 수도 있다. 어떤 경우이든, 우리는 "하나님이여 나를 살피사 내 마음을 아시며 나를 시험하사 내 뜻을 아옵소서 내게 무슨 악한 행위가 있나 보시고 나를 영원한 길로 인도하소서"(시 139:23-24)라고 기도해야 한다. 그로 인해 하나님이 회개하지 않은 어제의 죄를, 심지어 십 년 전의 죄를 밝혀 주신다면 신속히 그 사실을 인정하고 그 죄를 벗어 버려야 한다. 처음 사탄이 틈탈 기회를 준 지점으로 돌아가 지은 죄를 고백해야 한다.

4. 예수의 보혈에 호소하라(PLEAD the blood of Jesus)

죄를 인정하고, 예수의 피로 우리를 정결하게 해주시도록 하나님께 호소할 때(믿음으로 호소할 때), 신실하신 그분은 우리의 죄를 용서해 주시고 모든 불의에서 깨끗하게 해주신다(요일 1:7-9). 우리는 이 사실을 온전히 신뢰해야 한다. 용서받았음에도 그 사실을 믿지 않는 신자들은 신자답게 처신하지 못할 것이다. 적의 공격에 쉽게 노출될 것이다. "모든 사람이 죄를 범하였으매 하나님의 영광에 이르지 못"한다는 것은 틀림없는 사실이다. 그러나 그를 믿는 믿음으로 우리는 "그리스도 예수 안에 있는 속량으로 말미암아 … 의롭다 하심을 얻은 자"가 되었다. "그의 피로써"(롬 3:23-25) 말이다. 오직 그의 피로만 죄를 씻을 수 있다. 하나님이 우리 죄를 용서하셨다고 말씀하셨는데도 그 사실을 믿지 않고 하나님을 거짓말쟁이로 만들어서는 안 된다. 주님은 베드로에게 "하나님께서 깨끗하게 하신 것을 네가 속되다 하지 말라"(행 10:15)라고 말씀하셨다.

사탄은 총공격의 일환으로 이 진리를 끊임없이 비난할 것이다. 그러나 그가 어떤 비난과 거짓말을 하더라도 믿지 않아야 한다. 마음의 나침판이 어지럽게 흔들릴 때 견고하고 불변하는 성경의 진리들을 붙들어라. 보혈의 능력을 구하라. 그 능력을 믿으라.

이미 정결케 함을 보장받은 믿음의 안전한 숲으로 가라. "아버지, 당신께서 예수의 보혈로 저를 가려 주시고 깨끗케 해주시기를 구합니다. 주의 신실하심을 신뢰하며 주의 용서하심을 확신합니다."

5. 사탄을 굴복시켜 승리하라(OVERTAKE ground given to Satan)

영적 전쟁에서 우리가 싸우는 대상은 "통치자들과 권세들"(골 2:15)이다. 즉 우리는 사법권을 행사하는 어둠의 지배자들과 싸우고 있다. 그러나 예수님은 십자가로 적의 힘을 완전히 무장 해제시키셨다(골 2:8-15). 그러므로 사탄의 총에는 더 이상 총알이 없다. 하지만 사탄은 여전히 허세를 부리며 사람들을 굴복시키려고 기만하고 있다.

죄를 짓거나 사탄의 거짓말을 믿는 사람은 통제권을 내려놓고 그에게 굴복하는 것이다(요 8:34; 엡 4:26-27). 그러나 회개하고 진리를 믿으면 사탄은 우리에 대한 통제권을 행사하지 못한다(딤후 2:24-26). 사탄의 거짓과 모든 악한 생각을 우리 마음에서 던져 버릴 때, 우리는 하나님께서 나의 주가 되어 주시며 이전에 사탄이 장악한 곳을 그의 성령과 말씀으로 채워 주시도록 기도해야 한다. 그렇게 해서 "모든 생각을 사로잡아 그리스도에게 복종하게" 해야 한다(고후 10:5).

그러므로 지금 다시 하나님께 스스로를 드리고 그리스도의 주권에 자신을 내어 맡기라. 우리의 모든 부분을 다시 그가 완전히 통치하시도록 구하라. 그렇게 하면 마음과 생각과 영과 힘을 다해 그를 사랑할 수 있을 것이다. 또한 우리를 강건하게 해주시며, 하나님이 이미 확보해 두신 지대로 계속 진군해 나갈 수 있게 해달라고 기도하라.

6. 이름을 구체적으로 거론하며 기도하라(NAME someone in targeted prayer)
사도 바울은 성령의 검에 대해 말한 후 다른 성도들을 위해 기도해야 한다고 이야기한다(엡 6:17-19). 이 전략은 다른 사람들에게도 도움이 되지만 기도를 하는 당사자에게도 도움이 된다. 우리는 유혹이나 거짓말과 싸우는 데 집중하거나 '죄짓지 않으려' 계속 씨름하지 말고, 다른 이들을 위해 중보하는 일에 집중해야 한다.

예를 들어, 음란한 생각으로 유혹을 받고 있다면 마귀를 대적하고 과거의 죄를 처리하며 하나님께 마음을 다시 헌신한 후 배우자(혹은 장래의 배우자)를 위해 기도하며 하나님께 감사하라. 낙심의 유혹을 받을 때 목회자나 우울증으로 싸우는 이를 위해 기도하라. 탐심의 유혹을 받는가? 자녀들이 감사하며 살도록 기도하라. 기도로 끝없는 근심을 벗어 버리고 "하나님의 평강이 그리스도 예수 안에서 너희 마음과 생각을 지키"시는 것을 경험하라(빌 4:6-7).

7. 주 안에서 기뻐하라(DELIGHT in the Lord)
"이제 내 머리가 나를 둘러싼 내 원수 위에 들리리니 내가 그의 장막에서 즐거운 제사를 드리겠고 노래하며 여호와를 찬송하리로다"(시 27:6). 이제 주께서 이루신 일을 찬양할 때다. 적이 접근하여 모든 화력을 동원했지만 우리는 그리스도 안에서 흔들림 없이 굳건히 맞섰다. 우리는 그에 맞서 반격을 가했으며 조금도 요동하지 않고 그를 물리쳤다. 이전에는 수없이 패배하고 포로로 사로잡혔던 고지에서까지 그에게 타격을 입혔고 그 사실을 공공연히 공포할 수 있었다. 하나님의 말씀으로 반응했고 결국 해냈다. 하나님이 해내셨다. 주를 찬양하라!

그 어느 때보다 놀라운 감동이 밀려오지 않는가? "대저 의인은 일곱 번 넘어질지라도 다시 일어나려니와"(잠 24:16)라는 말씀을 기억하라. 이 사실에 감사하라. 그런데 승리에 승리를 거듭하며 진격하기란 불가능하다고 말하는 이는 누구인가? 승리의 기세를 더욱 높여 이미 약속으로 주신 자유롭고 풍성한 삶을 누릴 수 없다고 하는 이가 누구인가? 우리는 이런 삶을 누릴 수 있다.

1. 예수의 이름으로 사탄을 대적하라
2. 성경으로 피하라
3. 고백하지 않은 죄를 찾으라
4. 예수의 보혈에 호소하라
5. 사탄을 굴복시켜 승리하라
6. 이름을 구체적으로 거론하며 기도하라
7. 주 안에서 기뻐하라

이 전략을 배우고 몸에 익히면, 사탄은 공격을 하면 할수록 오히려 우리에게 예수를 더 부르고 성경을 암송하며 회개하고 기도하고 찬양할 구실만 더 주는 결과가 됨을 알고 유혹의 횟수를 점점 줄여 갈 것이다.

대응(R.E.S.P.O.N.D.)하는 법을 배우라. 사탄이 놀라 물러가게 하라.

주님, 세상에 있는 그 어떤 자보다 더 크신 당신이 저와 함께하시니 감사합니다. 길을 마련해 주시고 혼자 싸우도록 방치하지 않으시니 감사합니다. 필요한 것을 모두 주시는 것 이상으로 당신을 계시해 주시니 감사합니다. 승리의 삶을 살게 도와주소서. 당신이 이미 십자가에서 승리하셨으니 모든 거짓말과 사탄의 진과 중독과 늘 패배하는 부분에서 승리하도록 지혜와 은혜를 주소서. 주와 그의 능하신 권능 안에서 강해지는 법을 가르쳐 주소서. 하나님의 전신갑주를 입고 악한 날에 굳건히 서도록 도와주소서. 저는 당신을 신뢰하며 제게 주님이 얼마나 필요한지 알고 있습니다. 예수님의 이름으로 기도합니다. 아멘.

> **Q 생각해 보기**
>
> 사탄의 공격에 즉각적으로 대응하는 계획이 왜 중요한가? R.E.S.P.O.N.D 방식을 다시 간단하게 요약해 보라. 이 기도의 7개 요소 중 가장 의미가 있는 요소는 무엇이며 이유는 무엇인가?

29
비상 상황에서 드리는 특별 기도

나의 환난 날에 내가 주를 찾았으며 밤에는 내 손을 들고 거두지 아니하였나니
내 영혼이 위로 받기를 거절하였도다 시 77:2

상황이 절망적인 수준에 이르면 기도 전략은 다음 단계로 나아가야 한다. 산모가 조산으로 급히 병원으로 가야 할 때나 압류 통지서가 날아오고 경매 절차가 진행되기 직전일 때가 그렇다. 또 부부 갈등이 파국으로 치달아서 가정을 이대로 유지해야 할지 심각하게 고민해야 할 때가 바로 이런 경우에 해당한다.

이런 예기치 못한 비상 상황에서는 모든 것을 제쳐 두고 오직 기도에만 매달리는 급진적인 방법이 필요하다. 친구와 전화로 기도하고 교회에서 함께 모여 기도해야 한다. 모두 마음을 모아 기도해야 한다. 그러나 절박하다고 해서 전략적으로 접근하지 말아야 한다는 말은 아니다. 때로는 더욱 전략적이어야 한다.

구약 성경에서 에스더가 처한 상황은 비상 기도가 꼭 필요했다. 아름다운 유대 처녀인 에스더는 바사의 왕비로 선택되었다. 당시 아하수에로 왕은 왕비를 폐위하고 새로운 왕비를 간택했다.

궁전에서 에스더는 어릴 때부터 후견인이었던 모르드개로부터 유대 민족을 말살할 음모가 있음을 듣게 되었다. 유대인을 모조리 죽이겠다는 말이었다.

상황은 암울했다. 에스더도 그 누구 못지않게 어려운 상황에 처해 있었다. 그녀는 허락 없이 왕에게 간청을 하러 나갈 수 없었다. 당시 왕궁 풍습에 의하면 왕을 알현하려고 하다가 목숨을 잃을 수도 있었다. 그러나 그녀는 용기를 내어 비상 기도를 요청했다. "당신은 가서 수산에 있는 유다인을 다 모으고 나를 위하여 금식하되 밤낮 삼 일을 먹지도 말고 마시지도 마소서 나도 나의 시녀와 더불어 이렇게 금식한 후에 규례를 어기고 왕에게 나아가리니 죽으면 죽으리이다 하니라"(에 4:16).

모든 것을 내려놓고 합심해 기도에 전념한 결과, 기적이 일어났다. 유대인 학살 음모를 모의한 주동자가 오히려 자기가 만든 교수대에서 처형을 당했다. 유대인인 모르드개는 중요한 고위직으로 승진했고 제국의 승인을 받아 유대인들이 더 이상 박해받지 않게 보호하는 일을 맡게 되었다. 이것이 성경이 따르도록 소개하는 기도 모델이다.

그들이 함께 기도했다는 사실을 유념해서 보라. 비상 특별 기도회는 공동체가 함께하는 기도다. 사도행전 1장을 보면, 예수께서 승천하신 후 남아 있던 열한 제자들은 예루살렘으로 곧장 돌아가 다락방에 모여 기도했다. "더불어 마음을 같이하여 오로지 기도에 힘쓰더라"(14절). 베드로가 경비가 삼엄한 감옥에 투옥되었을 때 "교회는 그를 위하여 간절히 하나님께 기도"했다(행 12:5). 처형

전날 밤, 군인 두 사람이 베드로를 지키고 있었고 베드로는 사슬에 매인 채 잠을 자고 있었다. 그런데 갑자기 천사가 나타나 베드로를 풀어 주고 경비와 감옥문을 지나 집으로 돌아가도록 인도해 주었다. 옛 작가의 말대로 "천사가 베드로를 감옥에서 데리고 나왔지만 천사를 불러온 것은 기도였다."

그들은 금식하며 기도했다. 앞에서 금식에 대해 언급하며 기도의 '열쇠' 중 하나라고 소개한 바 있다. 심각한 문제에 봉착할 때는 특별한 예배를 드리며 집중적으로 헌신하는 시간을 가져야 한다. 하나님은 선지자 요엘을 통해 백성들에게 "금식하고 울며 애통하고 마음을 다하여" 그에게 돌아오라고 명령하셨다(욜 2:12). 예수님은 지상 사역을 시작하실 때 40일 동안 금식하심으로 앞으로 있을 도전에 대비하셨다(마 4:2).

우리는 식욕이나 본능을 쉽게 거부하지 못한다. 그러나 오직 하나님께만 집중하기 위해 육신의 일상적 욕구를 멀리하면, 우리는 어렵고 힘든 비상 상황 속에서 더 깊고 간절하게 기도에 집중할 수 있다. 상황이 심각하기 때문에 우리는 금식한다. 함께 금식한다는 것은 한마음으로 하나님께 호소하고 그의 응답을 받는다는 것이다. 진심으로 금식하며 기도하면 하나님은 언제나 그 기도를 귀하게 받으신다.

그들은 간절히, 끈질기게 뜨거운 마음으로 기도했다. 살다 보면 오직 살아남아야 한다는 생존 본능으로 간절한 기도를 드릴 수밖에 없는 환경에 처할 때가 종종 있다. 요나 선지자와 함께 배에 탄 사람들은 목숨이 위태로워질까 봐 두려움에 사로잡혔다. 그들은 알지도 못하는 하나님을 '간절히' 불렀고 폭풍에서 지켜 주시도록 자비를 구했다(욘 1:14). 하나님은 그 기도를 들으시고 그들의 목숨을 건져 주셨다. 니느웨에서 요나의 심판 경고를 들은 사람들은 죄의 심각성을 깨닫고 두려워하며 엎드렸고, 파멸에서 건져 주시도록 하나님을 '힘써' 불렀다(욘 3:8). 그리고 하나님은 그들을 구원해 주셨다.

오늘날도 개인적으로나 사회적으로 니느웨 사람들 못지않게 경각심을 갖고 간절히 기도해야 할 상황들이 적지 않다. 이 민족의 죄나 교회들의 교만함, 가정의 해체, 믿음의 형제자매들이 받는 박해…. 외면하고 싶고 생각하고 싶지 않은 심각한 필요와 요구들은 간절한 기도를 필요로 한다. 그리스도인들에 대한 증오와 박해의 씨앗들(지금도 세계 여러 나라에서 진행 중이다)이 이미 곳곳에 스며들고 있다.

그러나 과연 하나님의 교회는 통회하며 하나님께 스스로를 굴복시키고 있는가? "슬퍼하며 애통하며 울" 마음(약 4:9)이 있는가? 주님과 심장 박동수를 맞출 마음이 있는가? 어떤 상황에서도 주님께 신실할 자세가 되어 있는가? 시간이 걸리더라도 오직 그분에게만 헌신하며, 한 몸이 되어 기도하고, 한마음으로 고통 가운데 하나님의 은혜와 자비를 구할 생각이 있는가?

우리는 "말세에 고통하는 때가" 이른다는 것을 알고 있다(딤후 3:1). 예수님은 제자들에게 "세상에서는 너희가 환난을 당하나"(요 16:33)라고 말씀하셨다. 베드로는 "불 시험을 이상한 일 당하는 것 같이 이상히 여기지 말고"(벧전 4:12)라고 말했다. 이런 시련들은 때로 사탄의 음모일 수도 있고, 때로 죄라는 종양이 세상에 퍼진 결과로 주님과 영원히 함께하는 삶의 완전한 영광을 더욱 갈망하게 하는 것일 수도 있다. 그러나 이런 문제들이 도무지 극복하기 어려운 한계에 도달하면 오직 특별 비상 기도로만 받을 수 있는 특별한 능력이 필요하다.

우리는 모두 요식 행위처럼 기도하는 경향이 있다. 편안하고 안일한 기도 수준에서 벗어나지 못한다. 그러나 예수님은 순간의 필요에 따라 기도의 수준을 높이고 더욱 간절히 기도하셨다. 기쁨으로 드리는 요청에서 밤새 기도하는 수준으로, 나아가 십자가를 앞에 두고 엎드려 "아빠 아버지"라고 부르짖는 자리까지 나아가셨다(막 14:36).

간절한 기도는 하나님의 마음을 움직인다. "의인의 간구는 역사하는 힘이 큼이니라"(약 5:16). 그렇다면 수많은 의인들이 각기 금식하고 기도하며 한마음으로 끈질기게 기도하면 어떤 일이 일어날지 생각해 보라. 단순히 서로의 마음이 하나 되는 데서 끝나지 않을 것이다. 산이 움직이는 기적이 일어나고 부흥의 불길이 일어나며 민족들의 운명이 바뀔 것이다. 비상한 기도는 비상한 결과를 낼 수 있다.

전능하신 주 하나님, 불가능이 없으신 주를 찬양합니다. 특별한 비상 기도를 드릴 수 있도록 훈련해 주시고 인도해 주소서. 모든 죄를 벗어 버리고 철저히 당신께 굴복하도록 도와주소서. 우리가 사는 도시와 민족의 필요를 당신의 눈으로 보게 하소서. 우리 교회와 공동체의 성도들이 한마음으로 비상한 기도를 드리게 해주소서. 사랑으로 행하며, 마음으로 하나 되고, 믿음으로 금식하며, 간절하고 끈질기게 함께 기도하게 해주소서. 이 땅에 부흥과 영적 각성이 일어나게 해주소서. 오, 하나님, 우리를 통해 영광을 받으소서. 예수님의 이름으로 기도합니다. 아멘.

> **Q 생각해 보기**
>
> 비상한 기도란 어떤 것인가? 한마음으로 간절하게 비상한 기도를 드렸을 때 어떤 역사가 나타났는지 성경적인 사례나 개인적 사례를 기억해 보라. 어떤 면에서 느헤미야의 기도가 비상한 기도의 한 예인지 다음 페이지를 보며 생각해 보라.

느헤미야의 기도

느헤미야서의 초반은 비상 기도가 필요한 상황이었다. 살면서 겪을 수 있는 극도의 힘든 상황이 모두 뒤엉켜 있었다. 신속한 조치가 필요한 상황, 마음이 황망한 동족, 도무지 이루어지지 않을 듯한 소원, 문제가 터졌지만 머나먼 타국이라 두고만 봐야 하는 처지, 누군가의 호의나 결단이 있어야만 다음 단계로 나아갈 수 있는 막막함이 복합적으로 얽혀 있었다.

그러나 이런 모든 문제가 혼재하는 절망스러운 상황에서도(포기하거나 화를 내며 안타까워하는 것 외에는 달리 선택할 대안이 없는 상황에서도) 느헤미야는 최고의 방법을 선택했다. 바로 기도였다.

그가 하나님께 고통스러운 심경을 아뢰며 한 말과 행동을 자세히 살펴보면 전문가적 안목으로 특별 비상 기도라는 전략을 택했음을 볼 수 있다. 단 5-6개의 절이 할애된 단락에서 그는 기도를 할 때 정확히 24가지 행동을 했다. 느헤미야 1장 4-11에 나오는 그의 기도를 읽고 굵게 표시한 부분을 주의해서 보라. 그런 다음, 정리된 표를 살펴보고 그가 이 하나의 기도에서 사용한 구체적인 기도 전략과 원리를 확인해 보라.

내가 이 말을 듣고 앉아서 울고 수일 동안 슬퍼하며 하늘의 하나님 앞에 금식하며 기도하여 이르되 하늘의 하나님 여호와 크고 두려우신 하나님이여 주를 사랑하고 주의 계명을 지키는 자에게 언약을 지키시며 긍휼을 베푸시는 주여 간구하나이다 이제 종이 주의 종들인 이스라엘 자손을 위하여 주야로 기도하오며 우리 이스라엘 자손이 **주께 범죄한** 죄들을 자복하오니 주는 귀를 기울이시며 눈을 여시사 종의 기도를 들으시옵소서 **나와 내 아버지의 집이 범죄하여**
주를 향하여 크게 악을 행하여 주께서 주의 종 모세에게 명령하신 계명과 율례와 규례를 지키지 아니하였나이다
옛적에 주께서 주의 종 모세에게 명령하여 이르시되 만일 너희가 범죄하면 내가 너희를 여러 나라 가운데에 흩을 것이요 만일 내게로 돌아와 내 계명을 지켜 행하면 너희 쫓긴 자가 하늘 끝에 있을지라도 내가 거기서부터 그들을 모아 **내 이름을 두려고** 택한 곳에 돌아오게 하리라 **하신 말씀을** 이제 청하건대 **기억하옵소서**
이들은 주께서 일찍이 큰 **권능과 강한 손으로** 구속하신 주의 종들이요 주의 백성이니이다
주여 구하오니 귀를 기울이사 **종의 기도**와 **주의 이름을 경외하기를** 기뻐하는 **종들의 기도**를 들으시고 오늘 종이 형통하여 이 사람들 앞에서 **은혜를 입게 하옵소서** 하였나니 그 때에 내가 왕의 술 관원이 되었느니라

느헤미야의 말	기도 태도
앉아서	겸손
울고 슬퍼하며	상한 마음
금식하며 기도	금식
하늘의 하나님[엘로힘]	하나님의 이름을 이용함
여호와 … 간구하나이다	하나님의 또 다른 이름을 이용함
크고 두려우신	하나님의 성품을 찬양함
하나님[엘]	하나님의 또 다른 이름을 이용함
언약을 지키시며 긍휼을 베푸시는	하나님의 속성을 찬양함
이스라엘 자손을 위하여	중보기도
주야로 기도하오며	간절한 마음으로 포기하지 않음
주께 범죄한	죄를 고백하고 중보함
나와 내 아버지의 집이 범죄하여	개인적 회개
내 이름을 두려고	하나님의 이름을 이용함
하신 말씀을 기억하옵소서	하나님의 말씀을 찬양함
큰 권능과 강한 손	찬양하며 믿음으로 나아감
주여[아도나이]	하나님의 또 다른 이름 사용
구하오니	간청
종의 기도	개인적 기도
주의 이름을 경외하기를	하나님의 이름을 이용함
종들의 기도	함께 드리는 기도
오늘 종이 형통하여	구체적으로 기도함
은혜를 입게 하옵소서	믿음과 기대를 가짐

30
잃어버린 영혼들을 위한 기도

그리스도를 대신하여 간청하노니 너희는 하나님과 화목하라 고후 5:20

솔직히 말해 우리는 다른 사람보다 자기 자신을 위해 더 많이 기도한다. 아무리 가까운 친구나 가족이라도 나의 희망과 고민과 염려에 대해서는 나보다 잘 알지 못하니 당연하지 않은가? 자기 자신을 제외하면 우리의 다음 기도 대상은 우리와 가장 가까운 사람들, 아마 친구와 친척들일 것이다.

그러나 당신은 먼저 믿은 자로서 잃어버린 자들, 즉 예수 그리스도를 믿지 않고 그와 관계를 형성하지 못한 이들을 위해 기도하는 데 얼마나 우선순위를 두고 있는가?

바울은 로마서 10장에서 마음의 소망에 대해 말하면서 동족의 구원을 위해 기도했다. 디모데전서 2장 4절은 "하나님은 모든 사람이 구원을 받으며 진리를 아는 데에 이르기를" 원하신다고 말한다. 사람들이 가장 많이 외우는 구절로 보이는 요한복음 3장 16절도 하나님께서 그의 사랑 때문에 온 세상 사람들의 구원을 위해 자기 아들을 보내셨다고 선언한다.

그러므로 사람들이 하나님께 돌아와 예수 그리스도를 통하여 믿음으로 그를 영접할 때 하나님이 기뻐하시고 영광을 받으신다는 것은 의심의 여지가 없다. 그렇다면 사실이 이러하고 하나님이 "그리스도로 말미암아 우리를 자기와 화목하게 하시고 또 우리에게 화목하게 하는 직분을 주셨"음에도(고후 5:18) 끝까지 성실하게 열정적으로 기도하지 못하는 이유는 무엇인가?

한 가지 이유는 우리 원수인 마귀가 기도하지 못하도록 우리를 가로막고 방해하기 때문이다. 그의 계획은 가능한 한 많은 사람들이 복음의 메시지를 듣지 못하게 하는 데 있다. 사탄은 이 전쟁에서 이미 패배했음을 알고 있다. 그래서 지금은 아직 기회가 있을 때 우리에게 가능한 한 많은 타격을 입히는 데 주력한다.

우리는 기도로 그에 맞서야 한다. 하나님께서 잃어버린 영혼들의 눈을 열어 주시고, 그들에게 구세주의 필요성을 깨닫게 해주시며, 우리나 다른 사람들을 보내셔서 그분의 사랑과 용서하심을 전하도록 해달라고 기도해야 한다. 바울은 인내와 온유의 마음으로 복음을 증거하며 신자로서 삶을 통해 "혹 하나님이 그들에게 회개함을 주사 진리를 알게 하실까 하며 그들로 깨어 마귀의 올무에서 벗어나 하나님께 사로잡힌 바 되어 그 뜻을 따르게 하실까 함이라"(딤후 2:25-26)라고 구했다.

다시 말해서 그리스도께 순종하며 적의 작전에 맞서 기도할 때 더 많은 사람이 복음의 진리를 듣고 이해할 기회가 생긴다는 뜻이다. 바울이 당시의 교회에 다음과 같이 요청한 이유가 이 때문이다. "기도를 계속하고 기도에 감사함으로 깨어 있으라 또한 우리를 위하여 기도하되 하나님이 전도할 문을 우리에게 열어 주사 그리스도의 비밀을 말하게 하시기를 구하라 내가 이 일 때문에 매임을 당하였노라 그리하면 내가 마땅히 할 말로써 이 비밀을 나타내리라"(골 4:2-4).

하나님은 그리스도께서 우리 삶을 바꾸어 주신 사실을 증거하도록 '문을 열어 주시고' 다른 사람들의 마음에도 복음이 심어지도록 기회를 마련해 주실 것이다. 당연하겠지만 하나님은 이런 기회의 순간들을 어떻게 우리에게 주어야 할지 가장 잘 아시는 분이다. 우리가 기도하고 그 순간들을 주시한다면 어렵지 않게 그 기회들을 찾아낼 수 있을 것이다. 하지만 늘 준비되어 있음으로 그 기회가 나타날 때 적극적으로 활용해야 한다.

이제 자연스럽게 기도 전략의 다음 부분인 즉각성을 살펴보고자 한다. 입을 열어 말할 기회가 생긴다면 때를 놓치지 말고 마땅히 해야 할 말을 하는 담대함을 가져야 한다. 바울은 에베소서 6장 19절에서 "또 나를 위하여 구할 것은 내게 말씀을 주사 나로 입을 열어 복음의 비밀을 담대히 알리게 하옵소서 할 것이니"라고 부탁했다. 우리 역시 바울과 같은 준비성과 확신이 필요하다. 부끄러움이나 거절의 두려움 때문에 우주에서 가장 중요한 메시지를 전하지 않고 입을 다물어서는 안 된다. 사람들의 반응에 대한 두려움을 진리를 들어야 하는 사람들의 필요보다 우선한다면 마치 "나의 안전 수위가 당신네들 구원보다 더 중요해"라고 말하는 것과 같다.

바울이 담대하게 해달라고 기도한 이유 역시 마찬가지다. 그것은 우리가 담대함을 구해야 하는 이유이기도 하다. 우리의 열정으로 사람들을 제압하기 위해서가 아니라, 위축되지 않고 하나님의 복음을 올바른 태도와 마음으로 전하도록 하기 위해서다. 그러고 나면 성령께서 그만이 할 수 있는 일을 하실 수 있다. 바로 회개하게 하는 것이다.

예수님은 자신이 세상에 온 이유가 잃어버린 자를 찾아 구원하기 위함이라고 직접 밝히셨다(눅 19:10). 오늘날 지상에 있는 그의 몸의 일부인 우리는 이 동일한 우선순위를 우리 삶의 중요한 목적으로 삼아야 한다. 이른바 풀타임 복음 전도자라는 하나님이 주신 우리의 책무를 부정하지 말아야 한다. 매사에 어떤 상황을 만나든 하나님을 잃고 죽어 가는 세상에 그리스도의 사랑을 전할 준비가 되어 있어야 한다.

그러나 우리의 영향이 미치는 사람들만을 위해 기도해서는 안 된다. 한 번도 만나지 못할 사람들을 위해서도 기도해야 한다. 선교사들이 우리가 앞으로 한 번도 방문하지 못할 땅에서 가능한 한 많은 사람들에게 하나님의 사랑을 전할 수 있도록 그들에게 담대함을 주시고 기회를 열어 주시도록 기도하라. 지도자들이 복음을 듣고 용서와 구원의 필요성을 깨닫게 해달라고 기도하라. 대중 매체의 관심을 독차지하며 대중에게 막대한 영향력을 끼치는 사람들을 위해 기도하라. 아직 복음을 듣지 못해 오직 그리스도 안에서 얻을 수 있는 소망을 알려 줄 누군가를 절실히 필요로 하는 사람들을 위해 기도하라. 그렇다. 온 세상의 모든 사람을 위해 지속적으로 기도하라. 하나님은 일반적이고 전 지구적인 기도조차 받아 주셔서 필요한 모든 곳에, 이미 주님께로 나아오고 있을 심령들에게 직접 그 기도의 효력이 미치도록 할 방법을 알고 계실 것이다.

그렇다면 잃어버린 영혼을 위해 어떻게 기도해야 하는가? 하나님이 그들의 마음속에서 일하시어 진리를 받아들일 준비가 되게 해달라고 기도하면 된다. 우리의 대적에 맞서, 원수가 사람들의 눈과 마음을 가리지 못하게 막아 달라고 기도해야 한다. 우리를 포함한 많은 이들이 능력과 사랑으로 복음을 전하도록 기회와 담대함을 달라고 기도해야 한다. 죄를 깨닫고 마음이 움직여 참된 회개가 일어나고 그리스도의 정결케 하심을 바라는 소망이 생기도록 기도해야 한다. 하나님의 축복과 인도와 보호하심과 임재가 그분에게 순종하고 그를 찾는 모든 이들에게 있도록 기도해야 한다.

주께서 사랑의 손을 내밀어 구원해 주시기 전의 우리처럼, 잃어버린 자들이 영적으로 눈이 어둡고 소망이 없으며 그리스도 없이 죽어 가고 있음을 깨달을 때 우리는 절박한 마음으로 기도해야 한다. 시간은 무한하지 않다. 우리의 기회 역시 제한되어 있다. 그러므로 하나님이 부르신 대로 순종하며 아직 진리를 모르는 잃은 양 하나, 잃은 동전 하나, 방탕한 자를 찾아야 한다(눅 15장). 사람들을 만나게 해주시고, 마땅히 할 말을 그리스도의 용기로 전하게 하시며, 문을 열어 주시도록 기도하라. 본국이나 해외에서 그의 사랑을 전하는 이들을 후원하며, 기도로 지원하고, 잃어버린 자들이 구원의 놀라운 선물을 받음으로 하나님이 영광을 받으시기를 사모하라.

주님, 잃어버린 영혼들을 위한 더 간절한 마음을 제게 주소서. 그들을 무시하거나 방치하지 않고 그들을 위해 가슴을 치며 애통하는 마음을 갖게 하소서. 당신이 필요함을 교묘히 무시하거나 그들의 구원이 다른 누군가의 일인 양 생각하지 않게 해주소서. 하루를 살아갈 때 눈을 열어 주시어 주의 선하심과 신실하심을 효과적으로 증거하도록 늘 기회를 찾게 해주소서. 오 주님, 우리 대적과 싸워 주소서. 그래서 당신을 모른 채 죽어 가는 이들에게 진리를 전하지 못하도록 방해하는 대적의 공작이 무위로 돌아가게 하소서. 이 중요한 왕국의 일에 동참하게 해주셔서 감사합니다. 제가 이것을 부담이 아니라 특권으로 보게 도와주소서. 당신이 저를 위해 감당하신 놀라운 희생에 보답하는 자발적 헌신이 되게 해주소서. 예수님의 이름으로 기도합니다. 아멘.

> **Q 생각해 보기**
> 그리스도를 영접하도록 과거에 당신을 위해 기도한 사람은 누구인가? 당신이 오랫동안 집중적으로 중보하는 사람은 누구인가?

31
성도들을 위한 기도

형제여 성도들의 마음이 너로 말미암아 평안함을 얻었으니 몬 7

아마 그리스도인들끼리 가장 흔히 주고받는 말은 "당신을 위해 기도할게요"일 것이다. 물론 말한 대로 기도해야 하겠지만 실제로 기도는 가장 지켜지지 않는 약속 가운데 하나다.

우리는 서로의 기도가 필요하다. 기도는 서로를 위한 가장 큰 사랑의 행동 중 하나다. 그리스도 안에 거하는 형제, 자매는 인생의 어려움이 생길 때마다 깊이 숨을 들이마시고 자신은 혼자가 아니며 뒤에 그리스도 안에서 하나 된 가족이 있음을 기억해야 한다. 그들에게는 우리가 기도해 주고 있다는 확신이 필요하다. 특히 기도해 주겠다고 말을 했다면 꼭 지켜야 한다.

바울은 이것을 '깨어 있는' 것이라고 표현했다. 깨어 있는 것은 우리가 '항상' 해야 하는 일이다. 우리는 "모든 기도와 간구"를 "여러 성도를 위하여" 해야 한다(엡 6:18). 이 명령과 기대가 얼마나 전방위적인지 주목하라.

사도행전 2장의 교회는 '날마다' 함께하는 공동체적 삶을 경험했다. 동일한 가치를 공유했고 '한마음'처럼 교제했다. 서로의 교제가 얼마나 긴밀했던지 '집집을 다니며' '함께 식사를 하고' 성경이 가르친 교훈을 '기쁨과 순전한 마음'으로 누렸다(46절). 그 결과 이후 많은 박해와 생명이 위태로울 정도의 어려움이 있었음에도, 기적을 일으키시는 놀라운 성령의 역사가 나타났다. 그리스도의 담대한 증인들이 출현하였다. 사람들이 실제로 매일 수십 명씩 그리스도를 믿었다. 죄가 드러나고 회개가 일어났다. 팀 사역을 했다. 인색하지 않고 아낌없이 나누며 헌신적으로 섬겼다. 하나님의 능력이 계속해서 드러났다. 이 시대에 우리 교회들에 일어났으면 하는 모든 일이 이루어졌다.

오늘날 교회가 다시 연합하고 하나 되는 데 효과적으로 기여할 한 가지 방법은 성도로서 서로를 위해 기도하는 적극적인 실천에 나서는 것이다. 이렇게 기도하면 치유가 일어난다. 하나로 연결된다. 서로가 결속한다.

신약에 나오는 바울의 거의 모든 서신들은 여러 교회에 보낸 편지였다. 그러나 바울은 그들과 아무리 개인적으로 친밀하더라도 그들을 위해 쉬지 않고 진심으로 간절히 기도하고 있음을 강조하는 내용은 빠뜨리지 않았다.

그는 로마인들에게 이렇게 편지했다. "하나님이 나의 증인이 되시거니와 항상 내 기도에 쉬지 않고 너희를 말하며 … 이는 곧 내가 너희 가운데서 너희와 나의 믿음으로 말미암아 피차 안위함을 얻으려 함이라"(롬 1:9-12). 에베소 교인들에게는 "내가 기도할 때에 기억하며 너희로 말미암아 감사하기를 그치지 아니하고"(엡 1:16)라고 말했다. 빌립보 교인들에게는 "내가 너희를 생각할 때마다 나의 하나님께 감사하며 간구할 때마다 너희 무리를 위하여 기쁨으로 항상 간구함은"(엡 1:3-4)이라고 말했다. 골로새 교인들에게 쓴 편지에서는 "우리가 너희를 위하여 기도할 때마다 … 이는 그리스도 예수 안에 너희의 믿음과 모든 성도에 대한 사랑을 들었음이요"(골 1:3-4)라고 적었다.

우리는 바울이 생각이나 행동으로 보여 준 이런 모범의 신실한 발자국을 따라가야 한다. 다른 성도들을 격려하고, 그들로 인해 하나님께 감사를 드리며, 그들을 권면해야 한다. 그들을 권유하고, 함께 예배하며, 영적이고 물리적인 그들의 걱정과 염려를 주님께 아뢰고, 그들도 우리를 위해 그렇게 기도해 주도록 요청해야 한다.

실제로 어떤 대상을 두고 이런 기도를 드린다고 생각할 때는 다양한 배경의 다양한 사람들에게 정말로 효력이 있을 전략을 고민해야 한다. 주님이 가르쳐 주신 기도를 참고로 하면 좋다. 나를 위해서만 기도하지 말고 다른 성도들을 위해 이렇게 기도하라. 아래와 같이 기도해 보라.

> 하늘에 계신 아버지, 주 안에서 하나 된 형제(자매)를 위해 기도하며 그들로 인해 주의 이름을 찬양합니다. 오늘 그들의 마음에 주를 예배하고자 하는 간절함이 가득하도록 해주소서. 어디에 있든지, 무엇을 하든지 언제나 주의 나라 확장을 바라게 해주소서. 하늘

에서 주의 뜻이 이루어진 것처럼 그들이 이 땅에서 주의 뜻을 쫓게 해 주소서. 일용할 양식을 그들에게 주소서. 풍성한 삶을 누리며 돌봄을 받기에 필요한 모든 것을 채워 주소서. 당신이 저의 죄를 용서해 주신 것처럼 그들에게 회개할 마음을 주시고 그들의 죄를 용서해 주소서. 또한 그들이 그들에게 죄를 지은 자들을 용서할 때 관계에 원망과 어려움이 없게 하소서. 주님, 유혹에서 지켜 주시고 어려움과 곤경으로 짓눌리지 않도록 지켜 주소서. 모든 악에서, 사탄의 모든 궤계와 공격에서 건져 주시고 패배와 절망으로 유도하는 모든 악한 공격에서 보호해 주소서. 주님, 나라와 권세와 영광이 영원히 당신께 있습니다. 당신은 지금 통치하시고 다스리시며 그리스도의 완성된 사역으로 이미 승리를 주셨습니다. 오늘 그들을 위해 기도합니다. 예수님의 이름으로 기도합니다. 아멘.

이런 기도가 바로 전략적으로 대상을 겨냥한 기도다. 성경적인 기도다. 이런 기도는 성경 말씀을 이용하여—필요하다면 상대방에 대한 구체적인 지식을 이용하여—그들 생활의 모든 부분을 다루고 하나님의 뜻을 철저히 구하는 것을 목표로 한다.

요즘은 성도들끼리 기도 요청을 하는 시간이 서로의 필요를 알려 주는 시간이 되고 마는 경우가 너무나 많다. 숙모님의 신장 이식을 위해서 기도해 달라, 사촌의 대장암을 위해 기도해 달라, 오빠의 엄지발가락을 위해 기도해 달라…. 물론 우리는 육신의 건강을 위해 기도할 필요가 있기는 하지만(요삼 2) 일시적인 육신의 필요를 영원한 영적인 필요보다 우선시하지 않도록 주의해야 한다. 그렇지 않으면 누군가의 말대로 잃어버린 영혼들을 지옥에서 건지는 일보다 아픈 성도들이 천국에 가지 않게 해달라고 기도하는 데 더 많은 시간을 사용할 것이다.

사도 바울은 거의 항상 영적인 문제들을 두고 신자들을 위해 간절히 기도했다. 에베소서 1장과 3장, 빌립보서 1장, 골로새서 1장을 공부해 보면 그가 성부 하나님께 예수 그리스도를 통해 전략적으로 기도하는 모습을 볼 수 있다. 그는 그리스도께서 성령으로 성도들의 마음 깊은 곳에서 강력히 역사하셔서, 하나님이 누구이시며 그리스도 안에서 그들이 누구인지에 대한 진리와 그리스도 안에 있는 그들의 신분으로 이미 소유하게 된 놀라운 축복과 보상을 깨닫게 해주시기를 기도했다. 바울은 하나님이 그의 뜻과 사랑을 성도들에게 계시해 주시고, 영적 결실을 맺도록 강건하게 해주시며, 하나님을 아는 지식과 신실함이 자라도록 해달라고 기도했다. 우리는 그에게서 서로를 위해 기도하는 법에 대해 많은 것을 배울 수 있다. 영적인 문제가 해결되면 많은 부차적인 문제들이 해결될 것이다.

다른 성도들을 위한 기도에 전념할 때 우리의 관계들이 얼마나 힘을 얻고 공통된 사명감이 얼마나 더욱 돈독해질지 생각해 보라. 우리를 위해 기도하던 모든 사람에게 그 소문이 전해지고 사람들이 감사와 찬양을 드릴 때 하나님은 얼마나 더 영광을 받으실지, 우리는 얼마나 더 많은 기도 응답을 받을 수 있을지 생각해 보라. 우리를 위해 누군가 기도해 준 덕분에 포기하지 않고 일어날 수 있었던 때를 생각해 보라. 이렇게 서로를 축복할 기회가 언제나 열려 있음에도 활용하지 않은 까닭에 놓치고 있는 것은 무엇인지 생각해 보라. 간단한 투자만으로 이렇게 놀라운 배당금을 받을 수 있지 않은가.

경제학자들은 1980년대에 유행한 아케이드 게임인 팩맨의 최근 기념일을 재개하면서 25센트로 게임을 했느냐 혹은 저축을 했느냐에 따라 한 개인이 거둔 결과가 어떻게 달라지는지를 비교했다. 1980년대에 몇 분간의 오락을 위해 25센트를 투자하면 그 비용은 25센트에서 끝나지 않았다. 만약 그 돈을 S&P 500의 수익이 높은 주식 종목에 투자했다면 동일한 금전적 가치가 현재 가치로 1800달러 이상이 되었을 것이다. 동일한 사람들이 여름 한 철에 100달러를 이 게임에 사용했다고 가정했을 때 100달러와 허비된 시간을 금전적으로 환산하면 거의 75만 달러를 날린 셈이 되었을 것이다.

다른 사람들을 위해 기도하는 데 투자했을 시간을 사소한 일로 원망하거나 남을 비난하거나 미미한 문제에 매달려 허비하는 때가 얼마나 많은가? "서로 기도하라"(약 5:16).

서로를 위해 기도한다면 영원한 고수익 배당금을 받게 될 것이다.

주님, 교회를 주시고 그리스도를 믿는 믿음을 함께 나누며 서로를 알아 가도록 친구들과 가족을 주셔서 감사합니다. 서로를 위해 기도에 더 전념하게 도와주셔서 우리의 관계가 더 공고히 되도록 해주소서. 주님, 우리가 서로를 사랑하고 돌아봄으로 당신을 기쁘게 해드리기를 바랍니다. 우리 안에서 역사하시며 주의 이름이 영광을 받으시기를 바랍니다. 주를 바라보며 찬양하기를 원합니다. 주님이 우리 안에 이끌어 내신 변화와 주의 능력을 세상이 볼 수 있도록 해주소서. 예수님의 이름으로 기도합니다. 아멘.

> **Q 생각해 보기**
>
> 다른 성도들을 위해 기도하는 것이 왜 중요한가? 영적인 필요보다 육신적인 필요를 위해 더 기도하게 되는 이유는 무엇인가? 사도 바울이 다른 성도들을 위해 기도한 내용은 무엇인가? (에베소서 1장, 빌립보서 1장, 골로새서 1장을 참고하라.)

32
가족을 위한 기도

내가 내 자녀들이 진리 안에서 행한다 함을 듣는 것보다
더 기쁜 일이 없도다 요삼 4

지금쯤이면 배우자나 자녀, 가족, 심지어 자기 자신을 '축복해' 주시고 '지켜' 달라고 막연히 구하는 데서 그치는 기도 수준은 벗어났으리라 생각한다. 이제는 더 명확하고 초점이 분명한 기도를 드려야 하지 않겠는가? 실제로 하나님께 무엇을 구해야 하는지 제대로 알아야 하지 않겠는가? 구체적으로 무엇을 구하는지 분명히 알아야 하지 않겠는가? 막연한 기도는 막연한 응답을 받는다. 그러나 구체적으로 기도하면 하나님을 더 온전히 찬양하고 그가 행하신 일을 더 분명히 인식하게 될 것이다.

그러므로 그동안 습득한 요소들을 조합하여 사랑하는 사람들을 위한 기도 계획을 세우라. 기혼자라면 이 작업은 아내나 남편과 함께 시작해야 한다. 성경은 결혼에 대해 이성간의 애착 이상이며 일생의 헌신이라고 소개한다. 우리의 결혼생활은 자녀나 친구들, 주변 모든 사람에게 복음을 실제적이고 구체적으로 드러내

는 역할을 한다. 그래서 남편들은 "아내 사랑하기를 그리스도께서 교회를 사랑하시고 그 교회를 위하여 자신을 주심같이 하라"(엡 5:25)는 권면을 받는다. 아내들은 열등감이나 굴종 의식이 아니라 우리의 궁극적 머리 되신 예수 그리스도를 공경하듯이 "주께 하듯" 남편을 공경하며 남편의 리더십을 뒷받침하기 위해 "남편에게 복종"해야 한다(22절).

그러므로 남편과 아내 모두 결혼생활의 이 핵심적인 기능을 지키고자 하는 열정을 잃지 않도록 기도해야 한다. 서로의 사랑과 기쁨과 평강을 지키고자 애쓸 때 그리스도께서 함께해 주시도록 기도해야 한다. 그래야 그리스도께서 주신 사랑과 기쁨과 평강을 배우자에게 결혼생활의 선물로 다시 돌려줄 수 있다. 서로 생각이 다를 때, 차이에만 매달려 첫사랑을 잃어버리거나 마음의 초점이 흐트러지지 않게 해달라고 기도하라. 서로를 존중하며 경청하고 서로에게 정직하며 끝까지 인내하고 긍휼히 여기는 마음이 넘치게 해달라고 기도하라. 무례하게 행동하지 않고 기꺼이 용서할 수 있도록 기도하라. 외부로부터 압박이 고조되고 서로를 향한 헌신이 위협을 받을 때 최선의 노력으로 서로 간의 하나 됨을 지킬 수 있도록 기도하라. 매일 서로에게서 기쁨을 확인하고 친밀함을 누리도록 하나님의 축복을 구하라. 부부간의 이런 모범은 더 없이 소중하다. 배우자가 아닌 다른 사람의 목소리를 더욱 소중히 여김으로 얻게 되는 그 어떤 유익보다 더 소중하다.

개인적인 차원에서 아내나 남편을 위해 구체적으로 기도할 때, 성경에서 말하는 가장 중요한 명령은 "네 마음을 다하며 목숨을 다하며 힘을 다하며 뜻을 다하여 주 너의 하나님을 사랑"하라는 것임을 기억해야 한다. 그리고 바로 뒤이어 "네 이웃을 네 자신같이 사랑하라"는 명령이 이어지고 있다는 사실도 기억해야 한다(눅 10:27). 그러므로 배우자가 무엇보다 그리스도께 헌신하며 사랑하는 마음으로 감사를 드리고 그분의 말씀을 온전히 따르며 주 되심에 복종하도록 기도하라. 또한 배우자가 사람들과의 관계를 사랑과 이타적인 마음으로 영위하되, 특별히 지금 서로 경쟁 관계에 있거나 껄끄러운 사람들과의 관계를 사랑으로 대할 수 있도록 기도하라. 평화를 위해 기도하라. 상하고 깨어진 관계가 치유되고 회복되도록 기도하라.

다음으로, 하나님의 뜻을 자각해야 원하던 목적대로 살 수 있으므로 배우자가 하나님이 바라시는 뜻을 분명하게 깨닫고 그 뜻에 따라 일상의 결정을 내릴 수 있게 해달라고 기도하라. 배우자의 필요에 정확하고 적극적으로 대처할 수 있게 성령께서 지켜 주시도록 기도하라. 그렇게 해서 우리가 배우자의 모든 의사 결정에 명확하고 통찰력 있는 판단으로 유익한 조언자가 될 수 있도록 기도하라. 그의 인생을 통해 주님이 영광을 받으심으로 늘 새로운 기쁨을 누릴 수 있도록 기도하라. 배우자를 위한 우리의 기도가 다윗의 기도처럼 되게 해달라고 기도하라. "네 마음의 소원대로 허락하시고 네 모든 계획을 이루어 주시기를 원하노라"(시 20:4).

이런 개별적인 기도들은 자연스럽게 자녀들을 위한 기도로 이어진다. 자녀들의 인생에서 하나님이 가장 중요한 분이 되게 해달라고 기도하게 된다. 자녀들이 사람들과 건강한 관계를 맺으며,

상대방을 세워 주기 위해 애쓰고, 쉽게 다투거나 갈등을 겪지 않도록 기도하게 된다. 하나님의 말씀과 뜻을 명확하게 깨닫게 해달라고 기도하게 된다.

이렇게 점점 구체적인 기도를 드릴 때 주님은 계속해서 우리를 인도해 주실 것이다. 예를 들어, 사탄은 나와 배우자의 관계를 악용해 자녀들이 심리적 혼란에 빠지거나, 하나님에 대한 관심에서 멀어지거나, 불필요한 압박감에 짓눌리거나, 스스로의 존재감과 정체성을 의심하게 하기 위해 골몰한다. 이때 부모는 자녀들의 말을 주의 깊게 경청하며 아이들의 정확한 심리 상태를 파악하고 그 공작을 저지하는 역할을 해야 한다. 물리적으로 한 공간에 거주하지 않을 때도 기도해야 하지만, 같이 있을 때는 아이들을 안고 함께 기도하면 좋다. 아이들을 보호해 주시고, 고결한 성품으로 자라도록 해주시며, 좋은 친구를 만나게 해주시고, 유혹에 견딜 수 있는 힘을 주시도록 하나님 아버지께 부지런히 중보기도를 드리라. 아이들은 그들을 무너뜨리려는 공격이 얼마나 심각한지, 그들의 눈과 관심을 차지하고자 하는 영적 전쟁이 얼마나 다방면에서 치열하게 벌어지고 있는지 아직 모를 수 있다(엡 6:12). 그러나 우리는 이 사실을 안다. 이미 생생하게 느끼고 경험하였다. 그러므로 기도로 아이들을 지키고 방어하며 승리하게 해주겠다는 하나님의 약속을 주장하는 데 소홀하지 않도록 하라.

자녀들이 아직 어리다면, 앞으로 내려야 할 중요한 결정들이 적지 않을 것이며 인생의 이정표를 세워 나갈 쉽지 않은 과정들이 기다리고 있을 것이다. 영적인 문제에 관한 결정과 결단의 중요한 순간들도 있겠지만 진로에 관한 선택, 결혼, 취업에 관한 결정들도 해나가야 한다. 하나님의 성령이 그들보다 앞서 인도해 주시도록 기도하고, 경건한 배우자를 준비해 주시며, 선한 영향력을 끼칠 사람들이 주변에 많이 있게 해달라고 기도하라. 하나님이 그들의 은사와 재능을 이용하셔서 사람들을 주님께로 돌아오게 할 뿐 아니라, 하나님을 찬양할 수 있도록 미리 기회를 준비해 달라고 기도하라.

성년이 된 자녀들이 있다면, 그래서 각자 가정을 꾸리고 독립해서 살고 있다면, 성경에서 수없이 가르치듯이 하나님을 향해 끝까지 성실하도록 기도하라. 그들과 가족이 늘 "그를 사랑하고 그의 계명을" 지킴으로 "천 대까지 그의 언약을 이행하시며 인애를 베푸"시는 축복을 누리게 해달라고 기도하라(신 7:9). 나아가 "아버지, 아이들을 당신께 맡깁니다"라고 기도하듯이 '손자들과 증손자들'을 위해서도 주저하거나 머뭇거리지 말고 기도하라. 하나님은 우리의 기도 영역이 미래 세대까지 확장된다고 해서 싫어하시거나 부담스러워하시는 분이 아니다.

시편 기자의 기도에는 먼 미래 세대를 위한 관심이 잘 드러나 있다. "이는 그들로 후대 곧 태어날 자손에게 이를 알게 하고 그들은 일어나 그들의 자손에게 일러서 그들로 그들의 소망을 하나님께 두며 하나님께서 행하신 일을 잊지 아니하고 오직 그의 계명을 지켜서"(시 78:6-7).

하나님의 성령은 끊임없이 말씀을 열어 우리가 하나님의 완전한 계획에 따라 가족과 미래 세대들을 위해 기도할 수 있도록 이끌어 주신다. 효과적이고 구체적으로 기도하지 못할까 봐 더 이상 염려할 필요가 없다. 가족을 위한 기도 계획에는 이제 이 기도에 전념하겠다는 결단과 집중만이 남아 있다. 이것을 가장 중요한 우선순위로 삼고 실행할 일만 남아 있다. 아이들을 집중기도 대상으로 삼고 성령이 주시는 소원하고 결단하고 싶은 주제들, 개인적이고 핵심적인 주제들로 아이들이 귀에 익숙해질 때까지 가르치고 배우게 하라.

우리는 부부 관계와 자녀와 가족들을 위해 온갖 투자를 할 수 있고 또한 해야 한다. 물리적이고 정서적인 지원, 카풀과 카운슬링은 물론이고 가능한 한 아낌없이 재정적으로 지원해야 한다. 그러나 성경의 증언을 볼 때 우리의 영향력을 가장 효과적이고 주도적으로 활용할 수 있는 방안은 자녀들을 위한 기도에 투자하는 것이다. 기도로 우리는 가족 개개인을 더 깊이 알아 가고 하나님을 더 잘 알아 갈 수 있다. 우리가 어떤 훌륭한 역할을 요구받았을지라도, 자녀들에게 기도하는 남편이나 아내, 부모나 조부모처럼 인생에서 유익한 친구나 동반자는 없다.

주님, 오늘 저의 가족들의 필요와 갈등, 목표와 관심사, 그들의 현재와 미래를 주님 앞에 내어 맡깁니다. 이들은 사랑하는 저의 가족이지만 사실 주님의 가족이며 저는 다만 당신이 베푸신 은혜로 그들과 삶을 공유할 뿐임을 알고 있습니다. 그들을 위해 기도하는 일을 결단코 쉬지 않게 해주소서. 그들을 위한 주의 뜻을 구하고 사랑과 성실함으로 그들을 대할 때 당신의 지혜를 구하게 하소서. 그렇게 당신을 향한 저의 감사한 마음을 최선을 다해 드러내도록 도와주소서. 계절과 때에 따라 그들의 물리적이고 영적인 필요를 잘 분별하도록 하시고, 믿음과 사랑과 성령의 능력으로 아이들을 신실하게 당신께 맡기도록 도와주소서. 제가 올리는 기도로 앞으로 많은 세대가 축복을 받게 해주소서. 예수님의 이름으로 기도합니다. 아멘.

> **Q 생각해 보기**
>
> 가정에서 기도 응답을 받은 경험이 있는가? 가족 중에 당신을 위해 가장 많이 기도한 사람은 누구인가? 당신의 가정에서 하나님의 행하심이 필요한 세 가지 영역은 무엇인가?

33
통치자와 권세 잡은 자들을 위한 기도

너는 그들로 하여금 통치자들과 권세 잡은 자들에게 복종하며 순종하며 …
범사에 온유함을 모든 사람에게 나타낼 것을 기억하게 하라 딛 3:1-2

힘이 있는 사람들이 내린 결정과 행동은 긍정적이든 부정적이든 그들의 영향권 내에 있는 사람들에게 상당한 영향을 미친다. 절차를 무시하고 법을 어기고 습관처럼 책임을 전가하는 경영인과, 반대로 성실함과 탁월한 실력으로 기업을 운영하는 경영인을 생각해 보라. 자녀들을 무시하거나 학대하는 아버지와, 자녀들을 사랑하고 지지하며 현명하게 양육하는 아버지를 생각해 보라. 고대 이스라엘의 지도자인 모세와 아론과 같은 성경의 인물들을 생각해 보라. 두 사람이 시내산에서 하나님께 반응한 방식은 서로 달랐다. 한 사람은 십계명을 받았지만 다른 한 사람은 금송아지를 만들었다. 우리가 가진 권한은 하나님의 일을 하는 데 도움이 될 수도 있고, 하나님의 뜻을 추구하는 데 더 부정적으로 작용할 수도 있다.

이런 위치에 있는 사람들의 영향력은 파급 범위가 매우 클 뿐 아니라 다양한 역할에 맞게 어려운 결정과 힘든 일을 계속적으로 처리해야 하기 때문에 성경은 우리에게 지도자들을 위해 기도하라고 명령한다. "모든 사람을 위하여 간구와 기도와 도고와 감사를 하되 임금들과 높은 지위에 있는 모든 사람을 위하여 하라 이는 우리가 모든 경건과 단정함으로 고요하고 평안한 생활을 하려 함이라"(딤전 2:1-2). 우리는 그들의 구원을 위해 기도하며 올바로 다스리고 통치할 수 있도록 기도해야 한다. 개인 생활이나 직무 수행 시에 정해진 기준을 엄격히 준수하고 중요한 우선순위를 고수하게 해달라고 기도해야 한다.

우리는 이런 저런 상황에서 관리자나 부모, 공무원, 법 집행 당국자처럼 우리보다 높은 이들에게 복종해야 하지만, 한편으로는 우리 역시 자녀나 직원, 학생, 혹은 우리의 지도와 가르침과 안내를 필요로 하는 다른 이들에게 일종의 권위를 행사하는 자리에 있기도 하다. 그러므로 '기도하라'는 이 성경의 명령은 이런 관계에서도 동일하게 적용된다. 그들뿐 아니라 우리를 위해서도 이 기도를 해야 하는 것이다. 우리는 "영혼을 지키는 사람들"(히 13:17, 새번역)로서 엄중하게 자신의 책임을 감당하고 세심하고 품위 있게 그 책무를 이행할 수 있도록 기도해야 한다. 언젠가는 이런 역할을 얼마나 충실히 감당했는지 각자 결산할 날이 올 것이다.

이번 장은 전체 구조를 다루도록 돕는 데 주력할 것이다. 우리는 모든 명령 계통을 포함해서 전체 권력 구조를 위해 기도하며, 지도자들뿐 아니라 지도자를 따르는 자들을 위해서도 기도해야 한다. 그리고 그 기도의 목적은 오직 하나님의 영광이다.

흔히 '권세'를 생각하면 조직도와 매일의 일상 업무라는 차원에서 생각하는 경향이 있다. 그러나 권세는 하나님이 부여하신 것이라는 점이 더 중요하다. "권세는 하나님으로부터 나지 않음이 없나니 모든 권세는 다 하나님께서 정하신 바라"(롬 13:1). 그러므로 기도는 권위를 거부하거나 권위에 분개하는 우리의 본능적 성향에 혁명적인 인식의 전환을 요구한다. 하나님은 그들이 범죄를 저지르지 않는 이상, 모든 상황에서 권위에 순종하는 것이 실제로 하나님께 순종하는 것이라고 말씀하신다. 그리고 권위를 행사하는 위치에 있는 사람들을 위해 기도함으로 우리는 모든 사람의 최선의 이익을 위해 복무할 수 있다.

권위의 행사가 이루어지는 활동 영역은 기본적으로 가정, 교회, 국가, 직장의 4개 영역이다.

예를 들어, 가정에서는 자녀들이 부모들을 위해 기도하고, 부모들은 자녀들을 위해 기도하며, 아내는 남편을 위해 기도하고, 남편은 아내를 위해 기도해야 한다. 하나님은 이런 방법으로 각 가족 구성원을 축복하시고, 가정을 천국의 영향력을 전파할 군대로 만들어 가신다. 하나님의 설계대로 따를 때 가정은 가장 이상적으로 운영된다. "아내들아 남편에게 복종하라 이는 주 안에서 마땅하니라 남편들아 아내를 사랑하며 괴롭게 하지 말라 자녀들아 모든 일에 부모에게 순종하라 이는 주 안에서 기쁘게 하는 것이니라 아비들아 너희 자녀를 노엽게 하지 말지니 낙심할까 함이라"(골 3:18-21). 서로를 위해 기도하는 가운데 가정 내 권위를 올바로 행사할 때, 각기 스스로가 궁극적으로 주님께 복종하고 있음을 인정하게 되며 관계의 모든 이음새는 튼튼하고 견고해진다. 서로를 돌보고 돕게 되고 서로를 위해 기도하게 된다. 이 모든 일은 주님께 복종하는 마음으로 이루어진다.

교회에서는 목회자와 리더들에게 복종할 뿐 아니라 그들을 위해 꾸준히 기도하며, 그들이 진심을 다해 그리스도께 복종함으로 서로가 믿음을 본받고 모범을 보일 수 있게 해달라고 기도해야 한다(히 13:7). 그들을 사랑하고 지원하는 이유는 그들이 사명을 기쁘게 감당할 때 온 교회가 복을 받을 수 있기 때문이며, 그들이 진정한 소명을 끝까지 집중하여 감당하도록 능력을 받게 하기 위해서다.

또한 교회 지도자들은 예수님이 제자들을 위해서, 바울이 교회들을 위해서 기도했던 것처럼 성도들을 위해 기도하며 그들에 대한 관심의 짐을 져야 한다. 성도들을 성실하게 가르치고 그들의 영혼을 지키는 파수꾼 역할을 하며 그리스도의 주 되심 아래 그들을 이끌어 주는 지도자라는 역할의 막중한 중요성을 깨달아야 한다. 그리스도는 "몸인 교회의 머리"시며 "만물의 으뜸"이 되시는 분이다(골 1:18).

직장뿐 아니라 정부를 위해서도 동일하게 기도해야 한다. 나라의 고위 지도자들과 선출직 관리들, 심지어 나와 견해가 다른 이들을 위해서도 진심으로 기도하라. 그들의 리더십은 그들의 관할권 아래 있는 수많은 이들의 삶에 막대한 영향을 미친다. 하나님은 여전히 불완전한 권세자들을 사용하셔서 그의 완전한 뜻을 이루어 가신다(요 19:11; 행 4:24-28). 물론 주님은 통치자의 마음을 변화시키실 수 있고(잠 21:1) 우리의 열정적인 기도와 간구는 그 일을 이루시는 수단으로 사용될 수 있다.

또한 직장의 상사와 올바른 경영을 위해서 기도하라. 권세를 행사하는 모든 이들처럼 그들은 크게 4가지 책무를 부여받는다. 무엇보다 1)방향을 제시하고 지시하며 모범을 보인다. 2)한계를 지우고 규칙을 세워 보호한다. 3)성과가 뛰어난 사람을 칭찬한다. 4)잘못을 행한 사람을 징계한다. 우리는 영향력이 행사되는 이 영역들을 놓고 기도해야 한다. 또한 '사람들을 그리스도께로 이끈다'는 다섯째 책무도 추가할 수 있을 것이다. 어떤 직무를 맡은 리더라면 누구나 자신의 직위를 하나님께 맡김으로 전체 문화뿐 아니라 개인의 삶에서 영적 변화를 이끌어 내는 도구로 사용될 수 있기 때문이다.

기도와 권위는 강력한 조합이다. 우리는 우리가 돌봐야 하는 이들을 위한 하향식 기도뿐 아니라 우리에게 리더십을 행사하는 이들을 지원하는 상향식 기도도 드려야 한다. "이것이 우리 구주 하나님 앞에 선하고 받으실 만한 것이니 하나님은 모든 사람이 구원을 받으며 진리를 아는 데에 이르기를 원하시느니라"(딤전 2:3-4).

궁극적으로 그리스도는 모든 만물이 창조된 이유이시다. 그러므로 직장이나 학교 혹은 매일의 일상에서 만나는 사람들을 위해 기도하는 일 역시 거룩한 소명을 삶으로 실천하는 것이다. 그것은 매우 실제적인 일인 동시에 지극히 영원한 일이다. 하나님은 이런 기도로 영광을 받으신다. 그리고 이 기도로 그의 뜻이 더 즉각적이고 철저하게 이루어진다.

아버지, 모든 권세가 당신께로부터 온다는 것을 인정합니다. 또한 제게 힘을 행사하는 모든 이들이 권위를 인정받는 이유는 오직 당신 때문임을 인정합니다. 교회의 리더와 정부 지도자, 가정의 어른, 직장의 상사들을 위해 기도합니다. 그들은 당신께 복종한다는 증거로 당신이 제게 허락하신 권위자들입니다. 그들이 구원에 이르게 하시고 주를 경외하는 마음으로 모든 결정을 내리게 해주소서. 그들을 사용하여 저를 인도하시고 보호하시며 훈련하시고 격려해 주셔서 당신의 뜻을 이행하게 해주소서. 저의 권위 아래 있는 이들에게 저도 동일하게 행하게 해주소서. 저를 축복의 통로로 사용해 주소서. 은혜를 내려 주셔서 당신의 절대적 권세와 주권 아래서 사람들이 온전한 잠재력을 발휘하도록 제가 매일 돕게 해주소서. 예수님의 이름으로 기도합니다. 아멘.

> **Q 생각해 보기**
>
> 우리에게 권위를 행사하는 사람들과 우리의 권위 아래 있는 사람들을 위해 기도하는 것이 중요한 이유는 무엇인가?(딤전 2:1-7) 지난 30년 동안 성도들이 권위를 가진 사람들을 위해 꾸준히 기도해 왔다면 우리 사회는 어떻게 변화되었겠는가?

34
추수할 일꾼들을 위한 기도

추수할 것은 많되 일꾼이 적으니 그러므로 추수하는 주인에게 청하여
추수할 일꾼들을 보내 주소서 하라 눅 10:2

예수님은 우리가 눈을 들어 주위와 세상 곳곳에 살고 있는 사람들을 살펴보고 그들이 얼마나 상처입고 공허함에 시달리는지, 목자가 절실히 필요한 양처럼 의미와 목적을 찾아 얼마나 방황하고 있는지 알기를 원하신다(마 9:36-38). 예수님은 그런 이들을 보시고 깊은 연민을 느끼셨다. 우리도 예수님과 같은 마음을 품어야 한다. 예수님은 추수의 주인이신 하나님께서 영혼을 추수하는 밭으로 더 많은 일꾼을 보내 주시도록 구체적으로 기도하라고 우리에게 명령하셨다. 절박한 인간의 필요를 해결할 예수님의 방법은 바로 기도다. 더 많은 사람들이 사역으로 섬기도록 기도하는 것이다.

이런 기도는 매우 전략적이고 구체적이어야 한다. 하나님의 나라가 임하도록 기도할 때 먼저 그의 나라를 찾고 섬기는 사람들이 날마다 늘어나게 해달라고 기도해야 한다. 하나님께 철저히 복종하고 성령으로 충만한 사람, 자신의 일생을 복음과 하나님의 말씀

이 필요한 사람들에게 전하기로 헌신한 사람은 결혼생활과 가정과 교회와 기업과 한 도시 문화에 영향을 미칠 수 있다. 에스라서, 느헤미야서, 에스더서는 하나님께 기꺼이 순종한 한 사람으로 인해 전 민족의 운명이 바뀔 수 있음을 보여 준다. 믿음으로 충만한 천국의 종들을 세워 달라는 기도는 영적 핵폭탄을 투하하는 것과 같은 일이다.

우리는 개인의 필요와 안위에 지나치게 집착하다가 영적으로 길을 잃고 방황하는 세상의 비극에 눈감을 때가 너무나 많다. 우리가 생각하는 이상으로 많은 사람이 길을 잃고 예수님을 간절히 필요로 한다. 많은 사람이 예수님에 대해 듣고 그를 영접했지만 그를 거부하는 이들도 적지 않다. 세상에서 가장 놀라운 소식, 즉 복음을 들어야 할 이들은 여전히 너무나 많다. 우리의 책임이 막중하다. 그러나 하나님께는 불가능이 없다. 이것은 하나님의 왕국 소명이자 목표다. 그러므로 우리는 이 일을 어떤 일보다 가장 중요한 우선순위로 삼고 열정을 쏟아야 한다.

예수를 따르는 자들은 누구나 하나님의 '추수밭'의 일꾼으로 부르심을 받았다. 우리는 각기 있는 자리에서 기도하고 섬기며 베풀고 세상으로 나가야 한다(마 13:30; 눅 20:10). 이미 이 땅과 해외와 각자 속한 교회와 선교지로 선택한 나라에서 열심으로 섬기며 이 강력한 전 지구적 명령에 순종하고 있는 자들의 군대에 우리도 합류해야 한다. 또한 예수님은 그들을 위해 구체적으로 기도하라고 우리를 부르신다. 우리는 그들의 필요를 채워 주시도록 기도할 뿐 아니라 그들이 가장 시급히 감당해야 할 사명에 대해서도 열정을 갖고 정밀하게 기도해야 한다.

지역 교회의 경우 모든 사역자들에게 기도 용사들이 필요하다. 그들의 사역은 영원하고 필수적이다. 소명은 감당하기 벅차고 지치기 쉽다. 그들에게 거는 기대는 끝이 없다. 하나님은 성실하고 희생적으로 사명을 감당하라고 명령하신다. 헌신적이고 신실해야 하며 열정적이고 순결해야 한다. 순전한 마음으로 주를 경외해야 하고 회중들이 섬김과 훈련으로 지역 공동체에 손을 내밀도록 가르쳐야 한다. 그러나 적은 집중적으로 그들을 공격한다. 그들과 그들의 가족을 공격 목표로 정해 놓고 그들이 지쳐서 가정과 사역에서 이탈하고 건강을 해치도록 몰아간다. 그들의 섬김은 상당 부분 가시적으로 드러나지만, 성경 연구에 매진하고 영적 조언을 준비하며 끝이 없어 보이는 갈등을 중재하는 것과 같은 책무들은 사적이라서 눈에 잘 띄지 않는다. 그들은 반대와 불평 속에서 무거운 부담을 짊어져야 한다. 그래서 선한 일의 무게에 짓눌려 낙담하고 힘들어한다. 우리는 아론과 훌이 모세를 보좌했던 것처럼 그들의 힘만으로는 그 일들을 감당할 수 없음을 알고 기도로 그들의 팔을 끝까지 들어주어야 한다(출 17:11-12). 그들 역시 죄의 시험을 받고 그만두고 싶다는 유혹을 받는다. 사람들의 환심을 사기 위해 메시지를 순화시키고 싶은 유혹을 받는다. 우리의 기도가 필요한 이유가 이 때문이다. 당신의 기도가 그래서 필요하다. 더 훌륭한 목회자를 원한다면 지금 재직 중인 목사님을 위해 담대하고 성실하게 기도하라. 교회에도 동일하게 기도를 요청하라.

바울의 권면대로 기도하라. "또 나를 위하여 구할 것은 내게 말씀을 주사 나로 입을 열어 복음의 비밀을 담대히 알리게 하옵소서 할 것이니 … 나로 이 일에 당연히 할 말을 담대히 하게 하려 하심이라"(엡 6:19-20). 목사님의 마음과 그의 결혼생활과 가정을 보호해 주시도록 하나님께 기도하라. 거리낌 없이 확신을 갖고 주저함 없이 사역을 이루어가도록 기도하라. 사람들보다 하나님을 더 두려워하는 목회자가 되도록 기도하라. 그의 노력을 통해 많은 이들이 복음으로 나아와 그리스도를 닮아가게 해달라고 성령께 기도하라.

하나님의 추수밭에 더 많은 일꾼을 보내 주시도록 기도할 때 지금 다니는 교회를 위해서만 기도해서는 안 된다. 성경을 믿는 교회들, 지역 공동체와 전국의 목회자들을 위해서도 기도하라. 그들 역시 이 추수밭에서 우리와 함께 수고하는 동역자들이다. 속한 도시의 목회자들이 함께 만나서 서로를 위해 기도하고 공동 집회를 가질 수 있도록 기도하라. 그래서 "주의 말씀이 너희 가운데서와 같이 퍼져 나가 영광스럽게" 되도록 기도하라(살후 3:1).

선교 기관이나 캠퍼스 사역, 가정 사역, 기독교 학교와 대학, 인도주의 단체처럼 여러 형태의 사역 기관들을 위해서 기도하라. 이들은 온 세대에 하나님의 말씀을 전하고, 주변에 있는 소외되고 아무도 돌아보지 않는 잃어버린 자들에게 손을 내밀며 삶을 함께 나눈다. 그들이 주 안에서 강하고 "견실하며 흔들리지 말고 항상 주의 일에 더욱 힘쓰는 자들이" 되도록 기도하라. "이는 너희 수고가 주 안에서 헛되지 않은 줄 앎이라"(고전 15:58).

또한 현재와 미래의 선교사들을 위해 기도하라. 국내와 해외

선교사들을 위해 기도하라. 어떤 이들은 위험한 상황에서 교회를 시작한다. 어떤 이들은 미개발 국가들에게 새로운 영농 기술을 가르친다. 해외 학교에서 영어를 가르치는 이들도 있다. 고아들을 양부모에게 입양시키는 일을 하기도 한다. 위성 장비로 하나님의 말씀을 전하는 이들도 있다. 선교사들의 사역은 아주 다양하고 폭넓다. 그러나 한 몸 된 지체들처럼 우리가 함께 기도하고 섬기면 국내에서는 물론이고 해외까지 전 지구적인 차원의 문화에서 그리스도를 높이고 드러낼 수 있다. 그렇게 해서 그의 말씀과 구원을 알리고 받아들이게 하며 생명을 얻도록 할 수 있다. 선교사들이 하나의 단체처럼 입장을 표명할 수 있다면 이렇게 호소할지 모른다. "기도를 계속하고 기도에 감사함으로 깨어 있으라 또한 우리를 위하여 기도하되 하나님이 전도할 문을 우리에게 열어 주사 그리스도의 비밀을 말하게 하시기를 구하라"(골 4:2-3).

마지막으로, 세계 여러 나라의 잃어버린 자들을 위해 꾸준히 기도하라. 특별히 기독교적 영향력이 거의 미미하거나 전무한 곳의 사람들을 위해 기도하라. 세계는 대략 11,500개의 종족으로 구성되어 있다. (종족이란 일반적으로 언어와 민족성을 기준으로 공통의 자아 정체성을 가진 이들을 말한다.) 현재 자료를 보면 기독교 인구가 2퍼센트 미만인 종족이 절반 이상(약 6,800개)이나 된다. 그리고 이 중 절반(대략 3,200개)은 그리스도인들이 한 명도 없고 어떤 형태의 복음도 듣지 못하고 있다. 성경도 없고 교회도 없고 선교사도 없다. 영적인 빛이 전혀 비치지 않는다.

어디서나 복음을 접할 수 있는 특권을 누리는 우리는 주의 이름을 모르는 그 민족들을 결코 잊어서는 안 된다. 미국 인구는 약 3억 2천 명이다. 세계 인구는 이제 70억 명을 넘는다. 미국은 오늘날 전 지구의 불과 5퍼센트도 채 안 된다. 많은 이들이 미국을 우주의 중심처럼 보겠지만 천국에서는 전 세계에서 엄청난 수의 영혼들이 모일 것이다. 하나님은 만민을 가슴에 품으신다. 우리의 심장 역시 열국을 향한 주님의 심장 박동 소리에 맞추어 고동쳐야 한다. "주께서는 … 아무도 멸망하지 아니하고 다 회개하기에 이르기를 원하시느니라"(벧후 3:9).

그러므로 예수님은 "추수하는 주인에게 청하여 추수할 일꾼들을 보내 주소서 하라"(마 9:38)라고 말씀하셨다.

> 주님, 제게 열국을 품을 마음을 주소서. 잃어버린 영혼들을 향한 사랑과 긍휼의 마음을 주소서. 복음을 뜨겁게 사랑하고 주를 섬기며 삶을 헌신한 이들에 대해 감사하며 배려하는 마음을 갖게 하소서. 그들의 필요를 공급해 주시고, 용기를 주시며, 사역이 형통하게 하시고, 마음에 담대함을 주소서. 주의 추수밭에 더 많은 일꾼들을 일으키시고 훈련하게 해주소서. 주의 성령으로 충만하게 하시고, 악한 자에게서 건져 주시며, 주님 오실 때까지 주의 말씀을 세상에 담대히 선언하고 주를 대변하도록 힘을 주소서. 주의 음성에 순종하도록 저를 도와주시고 이 땅에서 주의 나라를 확장하는 데 제 역할을 감당하게 해주소서. 예수님의 이름으로 기도합니다. 아멘.

> **Q 생각해 보기**
> 과거에 신앙적으로 큰 도움을 준 목회자는 누구인가? 목회자와 선교사들을 위한 기도는 교회에 어떤 긍정적인 영향을 미치는가? 사역으로 하나님을 섬기는 중요성을 다음 세대에 전할 수 있는 방법은 무엇인가?

35
교회와 부흥을 위한 기도

**진실로 그의 구원이 그를 경외하는 자에게 가까우니
영광이 우리 땅에 머무르리이다 시 85:9**

사람들이 모여 기도하기 시작하자 부흥이 일어났다. 그렇게 시작된 기도는 100년여 년 동안 중단되지 않았다.

1727년 독일로 이주한 소수의 그리스도인들은 종교적 열정보다는 불화와 싸움으로 더 유명세를 날렸다. 그러나 지도자들은 하나님께서 역사하시도록 기도하기 시작했다. 작은 정착촌을 이룬 지 5년이 지나고 부흥이 일어났다. 서로 반목하고 불화하던 신자들은 서로에 대한 불평과 적대감을 내려놓았다. 주변 사람들이 수십 명씩 회심하기 시작했다. 사람들은 이 사건을 '황금의 여름'(골든 썸머)이라 불렀다. 하나님은 자기 백성들 가운데 좌정하셨고 사람들은 기쁨과 하나 됨과 성령의 강력한 능력을 경험했다.

8월까지 20-30대 젊은이들이 밤낮으로 각기 순번을 정해 한 시간씩 기도에 전념했다. 이렇게 릴레이 기도를 한 지 6개월 안에 25명의 사람들이 고국을 떠나 신세계로 가기로 결단했다. 근대의 첫 선교사들이었다. 그 수는 결국 수백 명까지 늘어났다. 존 웨슬리는 이 공동체의 영향으로 회심을 경험했다. 그와 그의 형제 찰스는 친구인 조지 휫필드George Whitefield와 함께 잉글랜드에서 일어난 거대한 부흥 운동의 주역이 되었다. 휫필드는 곧 미국 식민지로 건너가서 조나단 에드워즈와 여러 사람들과 함께 1730년대와 1740년대의 일차 대각성 운동을 주도했다. 작은 독일의 촌락에서 시작된 기도는 100여 년 동안 꺼지지 않고 불타올랐다. 그들이 온 세상을 복음화하는 데 헌신하자 온 민족과 문화에 일대 변화가 일어났고 그 불은 꺼지지 않고 오랫동안 계속되었다.

에드워즈는 "하나님이 자기 교회를 위해 큰일을 이루시고자 할 때는 먼저 자기 백성들의 비상한 기도가 선행되도록 하신다"라고 말했다. 평범한 사람들이 비상한 방법으로 기도하는 것이다.

이제 책을 마무리하는 시점에서 우리 역시 이 기도를 드린다. 우리와 교회, 세상, 궁극적으로는 하나님의 영광을 위해 기도한다. 마음을 모아 이 시대에 놀랍고 큰일을 행하시도록 간절한 마음으로 기도한다. 이 순간이나 멀지 않은 미래뿐 아니라 우리 평생에 이 기도가 지속되기를 기도한다.

이 나라와 세계 여러 나라들의 상태를 바라보며 전반적인 무기력감에 굴복하는 것도 이제는 지친다. 아무것도 할 수 없다는 패배감, 냉담함, 두려움을 더 이상 참기 어렵다. 몸담고 사는 도시나 세상 끝은 말할 것도 없고, 지역 공동체와 이웃에서 그리스도를 드러내는 일마저 무심한 교회들을 보는 것도 힘들다. 자신의 죄에 대해서는 관대하고 이기적인 욕심을 쫓는 데 골몰한 신자들,

수백만 명의 사람들이 예수 없이 죽어감에도 무의미한 종교 행위에 만족하는 신자들을 보는 것이 괴롭다.

그러나 과거에 하나님의 성령이 행하셨던 것처럼 가정이 살아나고 상한 심령들이 회복되는 놀라운 역사가 우리에게 일어나지 않을 이유는 없다. 매일 구원의 역사가 집단적으로 나타나고 더 많은 사람들이 그리스도께로 돌아오는 역사가 일어나지 않을 이유는 없다.

술과 마약에 중독되고 폭력과 음란물과 자기 파괴에 중독되어 처절하게 망가진 자들도 하나님을 향한 새로운 열심을 품고 영적 자유를 누리며 살아갈 수 있다. 하나님의 긍휼히 여기시는 사랑과 용서로 인종 간의 긴장과 갈등이 눈처럼 일시에 녹아 버릴 수 있다. 서로를 죽일 듯 적대하던 이들이 선한 사마리아인들로 변화될 수 있다. 이전에 심각한 경쟁 관계였던 이들 사이에 우정이 싹틀 수 있다. 방탕한 아들이 집으로 돌아올 수 있고 기승을 부리던 범죄가 역사상 가장 낮은 수준으로 떨어지는 변화가 일어날 수 있다. 사람들이 모두 일제히 집단적 급성 영적 굶주림을 느끼고 교회로 몰려드는 놀라운 일도 벌어질 수 있다. 문화의 전체 풍경이 달라질 수 있다.

이런 변화들, 나아가 이보다 더한 일들을 체험하지 못할 이유가 없다. 기도하지 않겠다고 일부로 결심하지 않는 이상, 관심을 갖지 않겠다고 입술을 깨물지 않는 이상 이런 일은 일어날 수 있다. 시간을 초월해 우리를 부르시고 이 시대에 다시 부흥의 역사를 일으킬 분을 믿으라고 권면하시는 하나님 말씀의 증거와 약속들을 믿고 원수의 거짓말에 속아 넘어가지 않는다면 이런 일들은 언제라도 가능하다.

성경은 부흥의 불길을 일어나게 하는 데 사용할 재료들을 분명하게 적시하고 있다. "내 이름으로 일컫는 내 백성이 그들의 악한 길에서 떠나 스스로 낮추고 기도하여 내 얼굴을 찾으면 내가 하늘에서 듣고 그들의 죄를 사하고 그들의 땅을 고칠지라"(대하 7:14). "여호와의 말씀에 너희는 이제라도 금식하고 울며 애통하고 마음을 다하여 내게로 돌아오라 하셨나니 너희는 옷을 찢지 말고 마음을 찢고 너희 하나님 여호와께로 돌아올지어다"(욜 2:12-13).

예수님은 지상 사역이 시작됨을 선언하시며 이렇게 말씀하셨다. "주의 성령이 내게 임하셨으니 이는 … 나를 보내사 포로 된 자에게 자유를, 눈 먼 자에게 다시 보게 함을 전파하며 눌린 자를 자유롭게 하고"(눅 4:18). 이 동일한 성령이 지금 성도들에게도 임하신다. 우리가 하나님께 굴복할 때 그는 지금도 놀라운 역사를 일으키실 수 있다. 실제로 예수님은 우리가 기도하고 온 삶으로 그를 영화롭게 할 때 성령의 능력을 힘입어 "이보다 큰 일"도 할 수 있다고 말씀하셨다(요 14:12).

비결은 한마음으로 회개하며 겸손한 가운데 기도하는 것이다. 포기하지 말고 기도하고, 비상한 기도를 드리며, 하나님이 언제나 우리보다 더 중요하고 선한 것을 이루고자 하시는 분임을 믿고 간절한 마음으로 기도하면 된다.

하나님은 헌신하는 백성들을 원하신다. 그와 사랑으로 하나 된 백성들을 원하신다. 추수할 일꾼으로 기꺼이 사용되기를 바라는 마음의 소유자를 원하신다. 그의 말씀에 삶으로 복종하는 이들을 찾으신다. 오직 하나님만이 주실 수 있는 축복을 받을 준비가 된 사람들을 원하신다.

1900년대 초 웨일즈 부흥 운동을 주도한 에반 로버츠Evan Roberts는 자신이 전하는 메시지와 마음의 갈망을 몇 가지로 간결하게 소개했다. 첫째, 모든 알려진 죄를 고백하고 그리스도로 용서함을 받는다. 둘째, 의심스럽거나 확신이 서지 않는 습관을 모두 버린다. 셋째, 성령께 즉각적으로 순종한다. 넷째, 주 예수 그리스도를 공개적으로 고백한다. 다시 말해서 '기도'하고 '순종'하는 것이다.

그는 "저를 꺾어 주소서"라고 틈나는 대로 기도했고 이 기도는 당시 상황을 기록한 글을 통해 지금도 우리 귓가에 울려 퍼지고 있다. 이 기도에 대한 응답으로 하나님의 능력이 임했고 수천 명의 사람들이 주님을 향한 뜨거운 사랑에 불타올라 자신을 헌신했다. "저를 꺾어 주소서"는 이런 뜻이다. "제가 당신께 굴복하고 주의 뜻을 먼저 구하며 한 치의 망설임도 없이 주의 말씀을 따르게 하시고 저를 마지막에 두게 하소서. 그리고 마침내 저의 자만심이 죽게 하소서."

그러므로 우리는 역사의 이 순간에 한마음으로 구한다. 하나님의 성령과 능력이 폭포수처럼 쏟아져 내림으로 우리를 통해 그의 완전한 뜻이 이루어지며, 이 세대에 이루시고자 하는 모든 일을 우리로 감당할 수 있게 해주시기를 구한다. 당신이 주님과 풍성한 관계를 누리며 그와 더 긴밀하게 동행하고 헌신적이고 능력 있는 기도의 용사가 되도록 준비되어 가는 데 이 책이 도움이 되었으면 좋겠다.

함께 서로 손을 맞잡는 데서 나아가 함께 무릎을 꿇자. 주님께 굴복하자. 그리고 하나님이 우리 안에서, 각자의 가정에서, 교회와 세계 나라들 사이에서 어떤 일을 이루실지 보도록 하자. 기도에 더욱 힘쓰자. 한마음으로 기도하자. 기도로 싸우자. 전심을 다해 그를 구하자.

"여호와여 내가 만민 중에서 주께 감사하고 뭇 나라 중에서 주를 찬양하오리니 주의 인자하심이 하늘보다 높으시며 주의 진실은 궁창에까지 이르나이다 하나님이여 주는 하늘 위에 높이 들리시며 주의 영광이 온 땅에서 높임 받으시기를 원하나이다 주께서 사랑하시는 자들을 건지시기 위하여 우리에게 응답하사 오른손으로 구원하소서"(시 108:3-6).

> 하늘에 계신 주 하나님 우리 아버지, 우리에게는 당신이 필요합니다. 당신이 정말 필요합니다. 지금까지 없었던 믿음과 회개의 역사가 우리 안에 일어나도록 예수의 보혈을 힘입어 주의 이름으로 간구합니다. 완악한 우리 마음이 부드러워지게 하시고 죄에 대해 애통해하는 마음을 갖게 해주소서. 교회가 한마음으로 금식하고 주를 간절히 구하며 기도에 전념하게 하시고, 무엇보다 주의 영광이 우리에게 쏟아져 내리도록 간구하게 하소서.
> 스스로 겸비하여 기도하며 악한 길에서 돌아서게 하시고, 이 땅을 고치실 때까지 주의 얼굴을 구하게 하소서. 오 주님, 자비를 베푸소서. 우리를 용서해 주소서. 우리를 정결케 하시고 고쳐 주소서.
> 오 주님, 부흥이 일어나게 하소서. 허다한 무리들이 예수를 믿고 구

원을 얻게 하소서. 주의 자녀로서 오직 주를 섬기는 일에만 열심을 내게 하소서. 세상이 주의 영광을 보게 하시고 주의 이름이 이 세대 열방 중에 높임과 찬양을 받게 하소서. 예수님의 이름으로 기도합니다. 아멘.

> **Q 생각해 보기**
>
> 부흥이란 무엇인가? 과거에 부흥을 이끌었던 것은 무엇인가? 지금 교회가 부흥을 위해 기도하지 못하도록 방해하는 것들은 무엇이라 생각하는가? 256-257페이지에 수록된 '기도의 리듬'을 읽고 교회나 소모임이 열방을 위해 기도하는 백성이 되는 데 도움이 될 수 있는 방안을 생각해 보라. 하나님은 기도에 대해 개인적으로 무엇이라고 말씀하시는가? 구체적으로 어떤 것을 실천하도록 인도해 주시는가? 이번 장 마지막에 나오는 기도를 발판으로 삼아 부흥을 위해 기도하는 시간을 가지라.

부록

부록1. 기도의 리듬

부록2. 영적 온도 테스트

부록3. 복음

부록4. 성경 구절에 근거한 기도

부록5. 영적 무기: 수많은 의심과 부정적 감정과 싸울 때 무기로 사용할 성경 말씀

부록6. 하나님의 이름

부록7. 기도 사역의 시작

부록1. 기도의 리듬

이 책의 마지막 장에서 살펴본 간절한 부흥의 요청은 단순한 희망 사항이 아니다. 하나님은 과거에 여러 도시와 나라 가운데 성령을 부어 주시고 교회가 영적으로 각성하여 수많은 이들이 구원에 이르도록 역사하셨다. 그러나 하나님은 바로 지금 이곳에서도, 우리가 몸담고 있는 도시와 나라에서도 그 일을 하실 수 있다. 하나님은 보통 한마음으로 전심을 다해 끈질기게 기도하는 무리들에게 부흥의 불길이 일어나게 하신다. 과거 세대에 지워지지 않을 선명한 자국을 남긴 유명한 대부흥 운동은 기도의 골방과 기도하는 무리와 기도하는 교회의 비옥한 토양에서 발생했다. 때로 하나님은 하나님이 듣고 응답하시리라는 믿음을 끝까지 버리지 않았던 성도들의 수개월 혹은 수년에 걸친 노력을 이용하시기도 했다.

오늘날 수많은 사역 기관과 교회들이 수백 년 전 '기도 집회'로 알려진 기도 형태에 영감을 받아 한목소리로 올리는 기도를 고수하고 유지하고자 하는 이유가 여기에 있다. 이런 기도는 시간을 정해 기도에 전념하는 적극적인 개인들과 집단이 있어야 하고, 이 열기가 다른 곳으로 확산되어 다른 사람들도 같은 일정을 따라 기도하는 파급 효과가 일어나야 한다. 하나님은 자신을 버리고 회개하며 사모하는 마음으로 기다리는 자기 백성들에게 응답하시고, 성도들이 한마음으로 주를 바라볼 때 축복해 주시며 더 강력한 역사를 베풀어 주신다.

교회를 소집해서 다음에 나오는 기도의 리듬대로 실행하는 방안을 고려해 보라.

주간 기도 - 개별적 기도

최소한 일주일에 한 번 혼자이든 소모임이든 시간을 따로 정해 가정과 교회의 부흥, 국가의 영적 각성을 위해 구체적으로 기도하라. 말씀 선포가 효과가 있도록, 일주일 동안 온 도시에서 말씀이 능동적으로 살아 역사하도록 기도하라.

월간 기도 - 전 교회적 기도

전 교회가 함께하면 좋겠지만 최소한 가정 모임이나 성경 공부 모임, 혹은 더 많은 사람이 모이는 기도회 차원에서 '부흥과 영적 각성'이라는 단일한 기도 제목을 두고 적어도 한 달에 한 번 이상 특별 기도회를 가지라.

분기별 기도 - 지역 차원의 기도

지역 소재 교회들이 분기에 한 번씩 모여 해당 도시의 영적 필요를 위해 간구하는 결전의 날을 정하고 함께 기도하는 것을 생각해 보라. 한 곳에 다 모일 수는 없다 하더라도, 지역에 거주하는 교회들이 동일한 시간에 같은 기도 제목으로 함께 기도한다는 인식만 있어도 놀라운 시도와 체험이 될 것이다.

연례 기도 - 전국 차원의 기도

전국 기도의 날(미국의 경우 5월 첫 목요일)은 전국의 신자들이 한마음으로 부흥과 회개를 위해 집중 기도하는 날이다. 이날을 소홀히 여기거나 처리할 업무에 치여 놓치지 않도록 하라. 이 시간을 잊지 말고 다른 그리스도인들과 함께 이 땅의 부흥과 영적 각성을 위해 간절히 기도하라.

부록2. 영적 온도 테스트

당신의 영적 체온은 뜨거운 편인가? 차갑거나 미지근한 편인가? 아래 항목 중 본인에게 해당하는 항목이 무엇인지 확인해 보라. 하나님이 죄를 밝혀 주신다면 회개하고 앞으로 주님과 새롭고 진정어린 관계를 누리도록 그의 용서와 은혜를 구하라.

차가운 그리스도인인지 미지근한 신자인지 알려 주는 지표
1. 신앙생활에 기쁨이 없고 감동이 없을 때
2. 옛날처럼 하나님을 사랑하고 따르지 않을 때
3. 고백하거나 회개하지 않은 죄가 하나 이상 있을 때
4. 피해를 입힌 사람에 대해 용서하고 싶지 않은 마음이 있을 때
5. 하나님이 싫어하시고 사람들이 듣기에도 모욕적인 말을 할 때
6. 기도 응답이나 하나님의 능력을 체험하지 못할 때
7. 유흥을 즐길 시간은 있지만 성경을 공부하고 기도할 시간은 없을 때
8. 교만이나 두려움이나 염려로 하나님의 명령에 순종하지 못할 때
9. 가족들이 보기에 집에서 하는 행동과 교회에서 하는 행동이 다를 때
10. 하나님이 싫어하시는 경건하지 못한 것을 즐겨 볼 때
11. 나와 불화 중인 사람과 화해하고자 아무 노력도 하지 않을 때
12. 건성으로 예배하고 찬양에 성의가 없을 때
13. 아낌없이 베풀고 기꺼이 희생하기보다 마지못해 베풀고, 베푼다 하더라도 이해타산적으로 굴 때
14. 교회에서 자발적으로 봉사하기보다 억지로 봉사할 때
15. 그리스도를 모른 채 죽을지 모를 주변의 이웃이나 동료나 친구들에 대해 무심하고 복음을 전하기 위한 노력을 하지 않을 때
16. 스스로의 영적 상태에 대해 무지하며 회개하거나 변화가 있어야 한다는 생각을 하지 않을 때(계 3:15-19)

▶ 1998년 Life Action Ministries에서 출간한 낸시 레이 더모스의 「부흥이 정말 필요할 때」 중 '성령께서 다시 임재하심으로 부흥이 일어나야 할 필요를 알려 주는 다섯 번째 증거'를 인용함.

부록3. 복음

하나님은 그를 기쁘시게 하고 영화롭게 하실 목적으로 우리를 창조하셨다. 그러나 우리 모두는 교만과 이기심 때문에 자신의 존재 목적에 이르지 못했고 하나님을 영화롭게 해드리지도 못했다. 모두가 하나님께 범죄했고 하나님이 마땅히 받으셔야 하는 영광과 찬양을 돌려 드리지 못했다(롬 3:23).

그러므로 누구라도 스스로 선한 사람이라 주장한다면 정직하게 자신을 돌아볼 필요가 있다. 거짓말, 속임수, 욕심, 도적질, 권위에 대한 반발, 사람들을 미워함 등으로 하나님을 욕되게 하지는 않았는가? 이런 죄들은 이 세상에서 대가를 치르는 것으로 그치지 않는다. 그 죄를 고백하지 않으면 하나님 앞에 당당히 설 수 없고 천국에서 영원토록 그와 함께 살 수 없다.

하나님은 거룩하시므로 모든 악을 거부하실 수밖에 없다(마 13:41-43). 그는 완전하신 분이므로 죄를 짓고도 처벌받지 않을 사람은 없다. 죄를 지은 사람을 처벌하지 않는다면 그는 공정한 심판자라 할 수 없을 것이다(롬 2:5-8). 성경은 우리가 죄로 인해 하나님과 분리되었으며 "죄의 삯은 사망"이라고 말한다(롬 6:23). 이 사망은 물리적일 뿐 아니라 영적이며 결국 하나님과 영원히 분리되도록 만든다.

대부분의 사람들은 일시적인 선행으로는 죄를 해결할 수 없고 하나님의 관점으로 볼 때 우리를 깨끗하게 할 수 없음을 깨닫지 못한다. 이런 일이 가능했다면 자의적인 노력으로 천국에 들어갈 수 있을 것이고, 죄에 대한 하나님의 공의가 무색해질 것이다. 이런 일은 불가능할 뿐 아니라 하나님이 마땅히 받으셔야 할 영광을 부정하는 것이다.

희망적인 소식은 하나님이 공의로우실 뿐 아니라 사랑과 자비의 하나님이시라는 것이다. 그는 우리가 용서받고 그를 알 수 있는 더 나은 길을 우리에게 마련해 주셨다.

성경은 하나님이 우리를 사랑하시고 긍휼히 여기셔서 독생자 예수 그리스도를 보내셨다고 말한다. 그는 우리 대신 죽으시고 피 흘리심으로 우리 죄의 대가를 치르셨다. 희생을 통해 우리 죄를 위한 순전한 제사를 드리셨고 하나님께 정당한 죄의 속전을 지불하셨다. 이렇게 예수님은 우리가 받을 심판을 대신 받으셨다. 예수님의 죽음으로 하나님의 공의가 충족되었고 또한 하나님의 자비와 사랑이 완벽하게 증명되었다. 하나님은 예수님을 죽은 지 사흘 만에 다시 살리셔서 우리의 산 구세주가 되게 하셨고 그가 하나님의 아들임을 증명하셨다(롬 1:4).

"우리가 아직 죄인 되었을 때에 그리스도께서 우리를 위하여 죽으심으로 하나님께서 우리에 대한 자기의 사랑을 확증하셨느니라"(롬 5:8). "하나님이 세상을 이처럼 사랑하사 독생자를 주셨으니 이는 그를 믿는 자마다 멸망하지 않고 영생을 얻게 하려 하심이라"(요 3:16).

예수의 죽음과 부활로 우리는 용서받고 하나님과 화평을 누릴 기회를 얻었다. 구원이 값없이 주는 선물이라는 말이 수긍이 되지 않을지 모른다. 그러나 성경은 하나님이 값없이 구원을 주심으로 우리에게 그 은혜의 풍성함과 자비를 보여 주셨다고 가르친다(엡 2:1-7). 그는 지금 온 세상의 사람들에게 회개하고 죄에서 돌이켜 겸손히 예수를 의지하여 구원을 받으라고 명령하신다. 우리는 자신의 인생을 그의 주 되심과 통치에 맡겨 드림으로 용서를 받고 값없이 영원한 생명을 얻을 수 있다. 세계의 수많은 사람들이 예수 그리스도께 인생을 의탁하고 하나님과 평화를 누리며 살아간다. 그러나 선택은 각자의 몫이다.

지금 인생을 예수님께 의탁하는 데 방해가 되는 것이 있는가? 용서의 필요성을 이해하고 하나님과의 관계를 시작할 준비가 되어 있다면 바라건대 지금 기도하며 인생을 예수 그리스도께 의탁하라. 실수와 잘못을 정직히 인정하고 용서를 구하라. 죄에서 돌이켜 그를 믿고 십자가의 효력을 믿겠다고 결단하라. 그런 다음 마음을 열어 주님을 나의 삶에 받아들이고, 우리 안에 충만히 임재하시며 마음을 변화시켜 주시고 통치하시도록 요청하라. 어떻게 하나님께 아뢸지 모르겠다면 아래 기도를 참고하라.

> 주 예수님, 제가 주께 범죄하였고 하나님의 심판을 받아 마땅한 자임을 알고 있습니다. 주께서 저의 죄를 위해 십자가에서 죽으셨음을 믿습니다. 이제 죄에서 돌이켜 주의 용서하심을 구하고자 합니다. 예수님, 당신을 나의 인생의 주님과 주인으로 영접합니다. 저를 변화시켜 주시고 평생 주를 위해 살도록 도와주소서. 이 세상에서 숨을 거둔 뒤 천국에서 당신과 함께 할 집을 주셔서 감사합니다. 예수님의 이름으로 기도합니다. 아멘.

진심으로 기도하고 인생을 예수 그리스도께 바쳤다면 이 결단을 주변 사람들에게 알려야 한다. 그리고 그 결단이 진심이었다면 이제 갓 시작한 영적 여정에서 중요한 몇 가지 단계를 밟아야 한다.

우선, 성경을 가르치는 교회를 찾아야 한다. 그곳에서 그리스도의 명령대로 세례를 받고 싶다고 말하라. 세례식은 공개적으로 예수님과 한 몸이 되고 사람들과 믿음을 공유하며 새로운 영적 행로를 시작하는 데 아주 중요한 이정표가 된다. 새로운 교회에 등록하고, 정기적으로 출석하며, 예수 그리스도를 믿는 성도들과 인생을 공유하라. 그들이 당신을 격려하고 기도해 주며 성장하도록 도와줄 것이다. 우리는 누구나 교제와 서로에 대한 책임 있는 돌봄이 필요하다.

쉽게 이해할 수 있는 성경을 구해서 매일 일정한 시간을 투자해 읽으라. 요한복음부터 시작해서 신약 전체를 읽으면 좋다. 성경을 읽을 때 하나님을 사랑하고 동행하는 법을 가르쳐 달라고 구하라. 기도로 새 생명을 주신 하나님께 감사를 드리고, 실패하면 죄를 고백하고 회복해 주시도록 구하라.

주와 동행할 때 하나님이 주신 기회를 이용해 사람들에게 믿음을 전하라. 성경은 "너희 속에 있는 소망에 관한 이유를 묻는 자에게 대답할 것을 항상 준비하되"(벧전 3:15)라고 말한다. 하나님을 알고 그를 알리는 것보다 더 큰 기쁨은 없다!

하나님은 우리가 하나님 안에서 확신과 안정감을 누리도록 길을 열어 주셨다. 인생은 예측할 수 없거나 알지 못하는 것들로 가득하지만, 그는 지금 우리와 함께하시며 그로 인해 우리의 영혼은 영원히 안전함을 확신할 수 있다.

하나님은 그의 약속의 진리대로 살고 깨달아 가는 우리를 축복해 주신다.

부록4. 성경 구절에 근거한 기도

세밀하고 성경적인 이 계획들과 처방을 활용해 인생의 소중한 사람들을 위한 기도를 본격적으로 시작해 보라. 이 계획과 처방을 늘 손에 지니고 다니면서 기억하고, 언제라도 짬을 내어 기도할 수 있도록 하라. 이렇게 하면 구체적인 요청에 하나님이 어떻게 응답하시는지 알 수 있을 것이다. 하나님과 정기적으로 만나는 시간을 정하여, 가족과 교회 지도자들부터 구원받지 못한 이들과 우리가 사는 도시의 영적 상태에 이르기까지 기도하라. 그러면 기도로 사랑하는 이들을 비롯한 여러 사람들을 품을 수 있을 것이고, 나아가 새롭고 경이로운 방식으로 그분을 경험하게 될 것이다.

1. 아내를 위한 기도
2. 남편을 위한 기도
3. 자녀들을 위한 기도
4. 출석 중인 교회의 목회자나 사역자들을 위한 기도
5. 정부 당국자들을 위한 기도
6. 그리스도를 모르는 자들을 위한 기도
7. 다른 성도들을 위한 기도
8. 추수할 일꾼을 위한 기도
9. 거주 중인 도시를 위한 기도

아내를 위한 기도(혹은 자신을 위한 기도)

1. 마음과 뜻과 정성과 힘을 다하여 주를 사랑하도록(마 22:36-40)
2. 그리스도 안에서 자신의 아름다움과 정체성을 확인하고 그의 성품을 닮아가도록(잠 31:30; 벧전 3:1-3)
3. 하나님의 말씀을 사랑하고 그 말씀으로 그리스도를 닮아가도록(엡 5:26)
4. 너그러움을 베풀고 사랑으로 진리를 말하며 남을 험담하지 않도록(엡 4:15,29; 딤전 3:11)
5. 자신을 존중하고 주께 하듯이 지도자들에게 복종하도록(엡 5:22-24; 고전 14:35)
6. 감사할 줄 알며 환경이 아니라 그리스도 안에서 만족하도록(빌 4:10-13)
7. 손님 접대하기를 힘쓰고 그리스도께서 주시는 기쁨으로 사람들을 섬기도록(빌 2:3-4)
8. 일생 가족에게 해를 끼치지 않고 선을 행하도록(잠 31:12; 고전 7:34)
9. 경건한 늙은 여자들을 멘토로 삼아 성장하도록(딛 2:3-4)
10. 아내와 어머니로서 역할을 폄훼하는 거짓말을 믿지 않도록(딛 2:5)
11. 사랑을 베풀며 오래 참고 쉽게 화를 내지 않고 즉각적으로 용서할 수 있도록(엡 4:32; 약 1:19)
12. 오직 남편을 통해서만 성적 욕구를 충족시키고 남편의 성적 욕구를 충족시키도록(고전 7:1-5)
13. 기도에 힘쓰며 다른 사람들을 위해 효과적으로 중보하도록(눅 2:37; 골 4:2)
14. 가정과 자녀들을 그리스도의 방법으로 성실하게 이끌도록(잠 31:27)
15. 비방을 당하거나 신뢰를 잃을 어떤 빌미도 제공하지 않도록(딤전 5:14)

남편을 위한 기도(혹은 자신을 위한 기도)

1. 마음과 뜻과 정성과 힘을 다하여 주를 사랑하도록(마 22:36-40)
2. 신실하게 행하며 약속을 지키고 결심하고 헌신한 것은 이행하도록(시 15편; 112:1-9)
3. 아내를 조건 없이 사랑하며 정절을 지키도록(고전 7:1-5; 엡 5:25-33)
4. 오래 참고 상냥하며 쉽게 화를 내지 않고 즉각 용서할 수 있도록(엡 4:32; 약 1:19)
5. 불필요한 데 관심을 기울이거나 위축되어 수동적이 되지 않고 책임을 적극 감당하도록(느 6:1-14)
6. 부지런히 일해서 가족과 자녀들을 성실하게 부양하도록(잠 6:6-11; 딤전 5:8)
7. 지혜로운 친구들과 사귀고 어리석은 친구들을 멀리하도록(잠 13:20; 고전 15:33)
8. 현명하게 판단하고 정의를 추구하며 인자를 사랑하고 하나님과 겸손히 동행하도록(미 6:8)
9. 자신의 지혜와 힘이 아니라 하나님의 지혜와 힘을 의지하도록(잠 3:5-6; 약 1:5; 빌 2:13)
10. 선택이나 결정을 내릴 때 사람이 아니라 하나님을 두려워하도록(시 34; 잠 9:10; 29:25)
11. 용기와 지혜와 확신을 지닌 강건한 영적 지도자가 되도록(수 1:1-10; 24:15)
12. 모든 속박과 나쁜 버릇과 중독에서 벗어나도록(요 8:31,36; 롬 6:1-19)
13. 일시적인 것이 아니라 하나님 안에서 정체성과 만족을 확인하도록(시 37:4; 요일 2:15-17)
14. 하나님의 말씀을 읽고 말씀에 근거해 결정을 내리도록(시 119:105; 마 7:24-27)
15. 하나님께 신실하다는 인정을 받고 미래 세대에 강한 유산을 남기도록(요 17:4; 딤후 4:6-8)

자녀들을 위한 기도

1. 마음과 뜻과 정성과 힘을 다해 주를 사랑하고 이웃을 제 몸과 같이 사랑하도록(마 22:36-40)
2. 어릴 때부터 그리스도를 주로 알아 가도록(딤후 3:15)
3. 악과 교만과 위선과 죄를 미워하도록(시 97:10; 38:18; 잠 8:13)
4. 인생의 각 영역(영적, 정서적, 정신적, 육체적)에서 악으로부터 보호받도록(요 10:10; 17:15; 롬 12:9)
5. 죄를 지었을 때 드러나게 하시고 주의 징계를 받도록(시 119:71; 히 12:5-6)
6. 주로부터 지혜와 명철과 지식과 사리 분별력을 받도록(단 1:17,20; 잠 1:4; 약 1:5)
7. 권위를 부여받은 이들을 존중하고 순종하도록(롬 13:1; 엡 6:1-3; 히 13:17)
8. 생각과 행동이 올바른 친구들과 어울리고 나쁜 친구들을 만나지 않도록(잠 1:10-16; 13:20)
9. 경건한 배우자를 만나고 자녀들을 경건하게 양육해서 그들이 그리스도를 위해 살아갈 수 있도록(신 6장; 고후 6:14-17)
10. 일생 성적으로나 도덕적으로 순결한 삶을 살도록(고전 6:18-20)
11. 주 앞에서 유순하며 깨끗한 양심을 지키도록(행 24:16; 딤전 1:19; 4:1-2; 딛 1:15-16)
12. 악을 두려워하지 않고 주를 경외하며 살도록(신 10:12; 시 23:4)
13. 가정과 교회와 세상에서 그리스도의 나라를 알리는 데 복의 통로가 되도록(마 28:18-20; 엡 1:3; 4:29)
14. 하나님의 뜻을 아는 지식으로 가득하고 모든 선한 일에 열매를 맺도록(엡 1:16-19; 빌 1:11; 골 1:9)
15. 사랑이 풍성하며 최선의 것이 무엇인지 분별하고 그리스도의 날까지 흠이 없도록(빌 1:9-10)

교회의 목회자나 사역자들을 위한 기도

1. 마음과 뜻과 정성과 힘을 다해 주를 사랑하도록(마 22:36-40)
2. 성령의 채우심과 기름 부으심을 체험하도록(요 15:4-10; 요일 2:20,27)
3. 마음과 말과 행동으로 그리스도를 높이도록(시 19:14; 고전 11:1; 딤전 1:17; 히 5:4)
4. 아내를 사랑하고 배우자로서 정절을 지키며 그리스도를 닮은 남편이 되도록(엡 5:25; 골 3:19; 벧전 3:7)
5. 오직 성령만이 줄 수 있는 지혜와 용기와 민감성으로 가정과 교회를 인도하도록(말 4:6; 엡 6:4; 골 3:21; 딤전 5:8)
6. 그리스도 안에 거하며 기도에 전념하고 하나님을 의지하도록(행 1:14; 롬 12:12; 골 4:2)
7. 진리의 말씀을 적절하게 배분해서 명확하게 복음을 전달하도록(고전 4:2; 엡 6:17; 살전 2:13; 딤후 2:15; 4:2)
8. 구원받지 못한 이들을 위한 마음을 주시고 효과적으로 결실을 거두는 영혼 구령자가 되도록(막 16:15; 눅 10:2; 벧전 3:15)
9. 하나님의 뜻에 맞추어 우선순위를 지켜갈 수 있도록(잠 2:5-6; 빌 2:14-15; 골 1:10-12)
10. 순결하게 행하며 사탄의 악한 계교에서 보호를 받도록(엡 4:27; 살후 3:3; 딤전 3:7; 약 4:7; 벧전 5:8)
11. 교회에서 하나 됨을 이루고 하나님의 뜻에 대한 비전을 함께 공유하도록(요 17:21; 고전 1:10; 엡 4:3)
12. 말씀을 배우는 학도로서 새로운 차원의 명철을 끊임없이 발견하도록(딤후 2:15)
13. 건강과 주의 새롭게 하시는 힘을 얻도록(출 33:14; 시 116:7; 마 11:128; 히 4:13a; 요삼 2).
14. 그를 따르는 모든 양들에게 은혜와 능력과 자비를 베푸신 선한 목자를 본받도록(애 3:32; 막 6:34)
15. 결혼식과 장례식을 집전하고 성도들을 상담할 때 사랑과 위로와 격려를 적절하게 표현하고 전달하도록(고후 1:3-4; 살전 5:14)

정부 당국자들을 위한 기도

1. 맡은 역할을 통해 축복과 보호하심을 받고 강건할 수 있도록(요삼 2)
2. 하나님의 권위와 그 길과 말씀에 매일 복종하도록(벧전 2:13-17)
3. 그리스도를 알고 그의 주 되심에 복종하도록(딤전 2:4)
4. 지혜롭고 긍휼히 여기는 마음과 경건함으로 지도력을 행사하도록(딤전 2:2)
5. 올바르게 판단하고 정의를 추구하며 긍휼히 여기고 하나님과 겸손히 행하도록(미 6:8)
6. 성실히 행하며 약속을 지키고 결단한 대로 실행하도록(시 15편; 112:1-9)
7. 꼭 이루어야 할 일을 끝까지 감당하고 위축되어 수동적이 되지 않고 책임을 잘 감당하도록(느 6:1-14)
8. 돌봐야 할 사람들을 잘 살피고 보호하며 이끌어 주고 섬기도록(히 13:17)
9. 인종과 종교나 성별과 사회적 지위를 이유로 차별하지 않고 모든 사람을 존중하도록(벧전 2:17)
10. 악과 교만과 불의를 미워하고 사탄의 거짓말과 궤계에서 벗어나도록(벧전 5:8)
11. 하나님의 법을 근거로 법과 규칙을 세우고 가정과 우리가 사는 도시들이 강건해지도록(신 10:13)
12. 옳은 일을 행하는 자들을 보상하고 악을 행하는 자들을 처벌하도록(롬 13:1-5; 벧전 2:14)
13. 뇌물을 거부하고 치우친 판단을 하지 않도록(시 15편)
14. 맡은 직무를 성실히 감당하는 일꾼이 되도록(잠 6:6-11; 눅 12:42-44)
15. 역할과 직무에 경건의 모범이 되도록(수 24:15)

그리스도를 모르는 자들을 위한 기도

1. 하나님께서 진정한 성도들을 만나게 하셔서 복음을 알 수 있도록(롬 1:16; 딤전 2:5-6)
2. 그리스도를 외면하게 방해하는 세력과 절연하도록(요 7:47-52)
3. 그리스도를 믿지 못하게 방해했던 거짓이 드러나도록(고후 4:4)
4. 자비를 베풀어 주시고 사탄을 결박하여 어둠에서 빛으로 나아와 죄용서함을 받도록(눅 19:10; 행 26:18)
5. 믿는 자들에게 하나님이 베푸신 모든 일을 깨닫도록(엡 1:17-19)
6. 죄와 하나님의 심판, 구세주의 필요성을 깨닫게 해주시도록(요 3:18; 16:8-9; 고전 1:18; 엡 2:1)
7. 회개하는 마음을 주셔서 온전히 그리스도께 돌아오도록(딤후 2:25-26; 벧후 3:9)
8. 그들을 구원해 주시고 마음을 변화시켜 주셔서 하나님의 성령으로 충만해지도록(겔 36:26; 요 3:16; 엡 5:18)
9. 세례를 받고 성경을 제대로 가르치는 교회에 출석할 수 있도록(마 28:18-20)
10. 매일 지은 죄를 회개하고 성결한 삶을 살 수 있는 은혜를 주시도록(고후 6:17; 엡 5:15-18)
11. 하나님의 말씀에 순종하도록 도움으로 그리스도 안에서 자라게 해주시기를(요 8:31-32)
12. 소망이시며 평강과 행복의 참 근원이신 그리스도와 동행하는 삶이 되도록(요 4:10-14)
13. 악과 사탄과 그의 계략과 덫과 모든 진에서 건져 주시도록(고후 10:4-5)
14. 그리스도 안에 거하며 그의 뜻대로 살도록(요 15:1-17)
15. 하나님 앞에 설 때 충성된 자로 인정을 받도록(마 25:21; 딤전 1:12; 딤후 4:7)

다른 성도들(혹은 자신)을 위한 기도

1. 예수 그리스도의 주권에 인생을 온전히 내어 맡기도록(롬 10:9-10; 12:1-2)
2. 성경을 제대로 가르치는 교회에서 세례를 받고 성도와 교제하며 섬기고 예배하며 자라가도록(마 22:36-40; 28:18-20; 행 2:38)
3. 그리스도 안에 거하며 성령으로 충만하고 그의 뜻대로 사는 법을 배우도록(요 15:1-17)
4. 제자로서 그리스도 안에서 자라가며 하나님의 말씀에 순종하도록(요 8:31-32)
5. 온 마음과 뜻과 정신과 힘을 다하여 주를 사랑하도록(마 22:36-40; 눅 6:46-49)
6. 사랑과 인애로 행하며 주변의 잃어버린 영혼들과 신자들에게 관심을 기울이도록(골 4:5-6).
7. 무엇보다 그리스도 안에서 정체성을 확인하고 만족을 얻도록(시 37:4; 엡 1:3-14; 요일 2:15-17)
8. 그리스도 안에서 그 유업의 소망과 풍성함과 능력을 알아 가도록(엡 1:18-19)
9. 혼자 있을 때나 교회에서나 함께 마음을 모아 기도에 전념하도록(마 6:6; 18:19-20; 골 4:3)
10. 매일 죄를 회개하고 하나님 앞에서 거룩하게 행하도록(고후 6:17; 엡 5:15-18)
11. 삶에서 우리를 얽매이게 하는 것들이나 각종 중독과 사탄의 진에서 벗어나도록(요 8:31; 36; 롬 6:1-19; 고후 10:4-5)
12. 성실하게 살며 약속을 지키고 결심한 대로 실행하도록(시 15편; 112:1-9)
13. 소망되시며 평화와 기쁨의 참 근원이신 그리스도와 동행하도록(요 4:10-14)
14. 복음을 전하고 삶으로 다른 사람을 제자 삼는 일에 성실하도록(마 28:18-20)
15. 하나님 앞에 설 때 충성된 자라 인정을 받도록(마 25:21; 딤전 1:12; 딤후 4:7)

추수할 일꾼을 구하는 기도

1. 성도들의 눈을 여시고 잃어버린 영혼을 사랑하고 긍휼히 여기는 마음을 주시도록(마 9:27-28; 요 4:35; 롬 5:5; 10:1)
2. 하나님의 나라 사역과 섬김에 새로운 세대를 불러 주시도록(마 9:38)
3. 하나님의 부르심에 순종하고자 하는 믿음과 용기와 적극성을 주시도록(막 13:10-11)
4. 영적으로나 재정적으로 그들의 사역을 뒷받침할 자원을 주시고 기도와 격려로 함께하도록(사 56:7; 빌 4:18-19)
5. 육신이 아니라 성령의 능력으로 섬기도록(요 15:4-10; 갈 5:16-25; 요일 2:20,27)
6. 말과 행동으로 하나님의 뜻을 드러내도록(시 19:14; 고전 11:1; 딤전 1:17)
7. 성실하며 사역의 열매를 맺는 일꾼이 되도록(잠 6:6-11; 막 16:15; 벧전 3:15)
8. 지속적인 후원과 효과적 사역을 위해 책임지고 함께하도록(고후 8:1-7; 히 3:13)
9. 그리스도 안에 거하고 하나님을 의지하며 기도에 전념하도록(행 1:14; 롬 12:12; 골 4:2)
10. 건강과 안식과 새롭게 하심을 주께서 허락하시기를(출 33:14; 마 11:28; 요삼 2)
11. 고된 사역 속에서 견고한 결혼생활과 가정생활로 축복해 주시기를(엡 5:22-6:4; 딤전 3:4-5)
12. 복음 전도에 결실이 따르고 그리스도의 제자들을 세우도록(마 28:18-20)
13. 교회를 시작하고 각 교회에서 온전한 리더십을 공고히 할 수 있도록(딛 1:5)
14. 가서 섬기는 곳마다 하나 됨과 부흥의 촉매제로 사용되도록(대하 7:14; 시 133편)
15. 하나님 앞에 설 때 신실한 자로 인정을 받도록(마 25:21; 딤전 1:12; 딤후 4:7)

거주 중인 도시를 위한 기도

1. 우리가 사는 도시를 축복해 주시고 가족들이 자유롭게 살며 성장하고 하나님을 삶으로 예배하며 섬길 수 있는 안전하고 평화로운 곳이 되게 해주시도록(시 122:6-9; 요삼 2)
2. 온 도시에 건강한 목회자들과 교회를 세워 주셔서 빛이 되고 선을 이루는 영적 세력이 되도록(마 5:16; 행 16:4-5)
3. 성도들의 눈이 열려 잃어버린 자들을 불쌍히 여기고 사랑하도록(마 9:27-28; 요 4:35; 롬 5:5; 10:1)
4. 서로를 위해서 그리고 그 지역의 부흥과 회복을 위해서 지역 목회자들이 함께 기도로 마음을 모으도록(골 4:3; 딤후 1:8)
5. 기도와 말씀을 전하는 일과 도시의 필요를 섬기는 일에 교회가 하나 되도록(딤후 4:1-3; 딛 1:5)
6. 우리의 지도자들을 인도해 주시고 명철을 주시며 사람이 아니라 하나님을 두려워하도록(신 10:12; 약 1:5)
7. 부패하고 무능한 정부 지도자들을 하나님을 두려워하며 백성들을 지혜롭고 공정하며 희생적으로 섬길 지도자들로 바꾸어 주시도록(시 101:7-8; 미 6:8)
8. 악한 관행이나 제품으로 공동체를 파괴하고 있는 부패한 기업체들과 조직들이 무너지도록(시 55:9-11)
9. 가정과 이 도시에 선한 영향을 끼칠 강하고 건강한 기업체들을 세워 주시도록(잠 28:12)
10. 이 도시에 영향을 미치는 사탄의 세력을 꾸짖어 주시고 복음과 기도와 예수의 보혈로 적의 진을 파할 수 있도록(엡 6:12-20; 계 12:11)
11. 부패한 법과 기준을 의롭고 경건한 법과 기준으로 바꾸어 주시도록(신 16:19-20)
12. 이 도시의 각 가정에서 부부 관계와 자녀 양육이 건강하게 이루어지도록(시 112:1-9; 128; 엡 5:22-6:4)
13. 시민을 보호하고 범죄를 차단하는 법이 엄정하게 집행되도록(롬 13:1-5)
14. 교회에 성령을 부어 주시고 부흥을 주셔서 이 도시에 영적 각성 운동이 일어나도록(대하 7:14)

부록5. 영적 무기:
수많은 의심과 부정적 감정과 싸울 때 무기로 사용할 성경 말씀

분노 롬 12:19-21; 고전 13:4-5; 엡 4:26-27; 약 1:19-20

원망, 용서치 않음 마 6:14-15; 18:21-22; 막 11:25; 엡 4:32; 히 12:14-15

낙심 왕상 19; 시 30:5; 42; 103; 143:7-8; 빌 4:4-7; 살전 5:16-18

구원을 의심함 요 1:12; 3:15; 롬 10:9-10,13; 엡 2:8-9; 요일 2:20-25; 5:13

두려움 시 23:4; 27:1; 34:4; 91:1-2; 잠 1:33; 3:21-26; 마 10:28; 딤후 1:7

사랑받지 못한다는 감정 요 3:16; 15:9, 12-12; 롬 5:8; 엡 3:17-19; 요일 3:1; 4:9-11

탐욕 시 37:4; 잠 25:15; 28:22; 딤전 6:6-10

죄책감, 정죄받는다는 느낌 시 32편; 롬 8:1-2; 요일 1:9

무기력 시 31:24; 전 9:4; 마 12:21; 고전 9:10; 13:7,13; 엡 1:12,18; 2:12-3

연약한 믿음 시 34:8; 잠 3:5-6; 렘 33:3; 마 17:19-20; 19:26; 히 11:1, 6; 약 5:16

확신의 저하 신 31:6; 수 1:9; 대상19:13; 시 27:1-4,14; 빌 4:13

욕심 욥 31:1; 잠 6:25; 마 5:28; 갈 5:16; 빌 4:8; 딤후 2:22; 약 2:16

교만 시 10:4; 잠 6:16-17; 8:13; 16:18; 롬 12:3; 약 4:6-10; 요일 2:16

자기 부정 창 1:26-28; 시 139:1-14; 엡 1:1-6; 요일 2:20-25; 5:13

연약함 시 6:2; 79:8; 마 8:17; 26:41; 롬 8:26

근심 마 6:25-28; 막 4:19; 13:11; 눅 12:11; 빌 4:6-7,12,19

부록6. 하나님의 이름

구약의 히브리어 이름

엘로힘(강한 창조주) – 창 1:1-2
엘 엘리온(지극히 높으신 하나님) – 창 14:18; 시 78:56; 단 3:26
아도나이 여호와(주 하나님) – 신 3:24
엘 로이(살피시는 하나님) – 창 16:13
엘 벧엘(하나님의 집에 계신 하나님) – 창 35:7
엘 카나(질투하시는 하나님) – 출 20:5
여호와(관계하시는 하나님) – 창 2:4
여호와-엘리(나의 주 하나님) – 시 18:2
여호와-엘로힘(주 하나님) – 창 3:9-13, 23
여호와-이레(여호와께서 준비하심) – 창 22:8-14
여호와-닛시(깃발되신 하나님) – 출 17:8-15
여호와-메카데쉬(구속이 되시는 하나님) – 출 31:13; 레 20:7-8; 신 14:2
여호와-샬롬(평화가 되시는 주) – 삿 6:24
여호와-체바오트(만군의 주) – 삼상 1:3,11
여호와-엘리온(지극히 높으신 여호와) – 시 7:17
여호와-라아(목자되시는 하나님) – 시 23:1
여호와 라파(치료자 하나님) – 출 15:23-26
여호와 삼마(거기 거하시는 하나님) – 겔 48:35
여호와 시드케누(우리의 의가 되시는 하나님) – 렘 23:5-6

예수님의 이름

전능자 – 계 1:8
알파와 오메가 – 계 1:8; 22:13
하나님의 기름부으심 – 시 2:2; 눅 4:18; 행 10:38
믿음의 주요 또 온전하게 하시는 이 – 히 12:2
사랑하는 자 – 마 12:18; 엡 1:6

생명의 떡 - 요 6:32, 35, 48, 51
신랑 - 마 9:15; 요 2:29; 계 21:2
그리스도 - 눅 9:20
보혜사 - 요 14:16
모사 - 사 9:6
창조주 - 사 43:15; 요 1:3; 골 1:16
구원자 - 롬 11:26
임마누엘 - 사 7:14; 마 1:23
충신과 진실 - 계 19:11
죄인의 친구 - 마 11:19
하나님 - 요 1:1; 롬 9:5; 요일 5:20
소망의 하나님 - 롬 15:13
선한 목자 - 요 10:11,14
교회의 머리 - 엡 1:22; 5:23; 갈 1:18
치료자 - 마 4:23; 8:16-17
대제사장 - 히 4:14-15; 6:20; 7:26; 8:1
소망 - 행 28:20; 딤전 1:1
심판자 - 딤후 4:1, 8; 약 5:9
만왕의 왕 - 딤전 6:15; 계 17:14; 19:16
하나님의 어린양 - 요 1:29; 사 53:7; 계 7:9
세상의 빛 - 요 8:12; 9:5
추수하시는 주 - 마 9:37-38
만주의 주 - 딤전 6:15; 계 17:14; 19:16
평강의 주 - 살후 3:16
선생 - 눅 5:5; 17:13; 엡 6:9
중보자 - 딤전 2:5; 히 8:6; 요일 2:1
메시야 - 요 1:41; 4:25-26
전능하신 하나님 - 사 9:6
화평 - 엡 2:14
평강의 왕 - 사 9:6
우리 죄를 위한 화목 제물 - 요일 2:2; 4:10

부활이요 생명 - 요 11:25
의 - 렘 23:6; 고전 1:30; 빌 3:9
반석 - 고전 10:4
의사 - 마 9:12
구속자 - 욥 19:25; 시 130:8; 사 59:20
구원 - 눅 2:30
거룩 - 고전 1:30; 히 13:12
구주 - 눅 2:11; 빌 3:20; 딤후 1:10
세상의 구주 - 요 4:42; 요일 4:14
목자 - 히 13:20; 벧전 2:25; 5:4
하나님의 아들 - 마 14:33; 눅 1:35; 요 1:34
인자 - 마 8:20; 눅 18:8; 요 1:51
선생 - 막 6:34; 눅 4:15; 요 3:2
진리 - 요 1:14; 14:6
승리 - 요 16:33; 계 3:21; 17:14
하나님의 지혜 - 고전 1:24
기묘 - 사 9:6
하나님의 말씀 - 계 19:13

성령의 이름

전능자의 숨결 - 욥 32:8
보혜사 - 요 14:16,26
그리스도의 영 - 벧전 1:11
지혜와 총명의 영 - 사 11:2
믿음의 영 - 고후 4:13
불의 영 - 사 4:4
영광의 영 - 벧전 4:14
간구하는 심령 - 슥 12:10
아들의 영 - 갈 4:6
거룩의 영 - 롬 1:4

예수 그리스도의 영 - 빌 1:19
심판하는 영 - 사 4:4
판결하는 영 - 사 28:6
지식과 여호와를 경외하는 영 - 사 11:2
생명의 영 - 롬 8:2
하나님의 영 - 고전 6:11
생명의 영 - 롬 8:2
하나님의 영 - 고전 6:11
양자의 영 - 롬 8:15
살아 계신 하나님의 영 - 고후 3:3
주의 성령 - 사 63:14; 눅 4:18
진리의 영 - 요 14:17; 요일 4:6
지혜와 계시의 영 - 엡 1:17
지혜와 총명의 신 - 사 11:2
전능자의 음성 - 겔 1:24
여호와의 목소리 - 사 30:31; 학 1:12

하나님의 다른 이름들

소멸하는 불 - 히 12:29
영원하신 여호와 - 창 21:33; 사 40:28
아버지 - 마 5:16; 골 1:2
위로의 하나님 - 고후 1:3
영광의 하나님 - 시 29:3
거룩하신 아버지 - 요 17:11
스스로 있는 자 - 출 3:14
세상을 심판하시는 이 - 창 18:25
하늘의 왕 - 단 4:37
전능하신 주 - 계 4:8; 16:7; 21:22
마음의 반석 - 시 73:26

부록7. 기도 사역의 시작

예수님은 마가복음 11장 17절에서 "내 집은 만민이 기도하는 집이라"라고 말씀하셨다. 당신의 교회도 만민이 기도하는 집으로 사용되고 있는가? '기도에 전념'하라는 하나님의 말씀에 순종하고 있는가? 모든 교회는 적극적이고 살아 있는 기도 사역을 우선순위로 삼고 이 기도로 교회의 전체 사역을 뒷받침해야 한다.

이런 기도 사역이 당신의 교회에서 아직 시행 전이거나 시행 중이라도 활발하지 않다면, 하나님은 이 책을 읽는 데 투자한 당신의 시간과 기도에 대한 새로운 열정을 교회의 기도 사역을 강화시키는 마중물로 쓰실 것이다.

기도 사역의 목표는 교회를 위한 모든 기도를 도맡아 하는 것이 아니라, 성도들이 교인들과 이 나라의 도시들과 열방을 위해 지속적이고 효과적으로 기도하도록 훈련하고 준비시키며 조직화하는 데 있다.

성공적인 기도 사역이 되기 위해서는 리더십과 비전, 사역을 수행할 팀이 필요하다. 그러나 교인들이 기도에 전념하면 모든 교회 사역이 축복을 받을 것이다.

개인이나 소그룹이 정해진 시간에 와서 기도드릴 수 있도록 기도 작전실 혹은 기도방을 마련하라. 소그룹반이 모두 기도 코디네이터를 둔 모습과 주일 아침에 시간을 정해 합심해서 집중 기도를 드리는 모습을 상상해 보라. 소그룹들이 기도회로 모여 기도하고 교회 전체가 금식하며 기도드리는 시간을 가진다고 생각해 보라. 교회의 모든 일을 주관해 주시고 능력으로 임재해 주시도록 교회 전체가 기도하며 하나님이 행하신 일을 찬송하는 모습을 생각해 보라. 모든 교인이 적극적인 전문 기도 용사가 된다고 생각해 보라. 성도들이 주일마다 응답된 기도의 놀라운 간증거리를 들고 예배를 드리러 오는 모습을 생각해 보라. 우리는 하나님이 이런 놀라운 일을 이루시는 데 함께 참여할 수 있다.

지금 당장 이 일을 두고 기도하고 다른 사람들과 함께 이야기해 보라. 성령은 모든 성도가 그와 더 깊은 교제로 나아가도록 부르고 계신다. 하나님은 우리가 개인적으로 기도하도록 돕기를 원하며, 더불어 우리 교회들이 열방을 위해 간절히 기도하는 집이 되기를 원하신다.

단단한 기도공부

1판 1쇄	2020년 3월 5일
1판 4쇄	2022년 7월 25일

지은이	알렉스 켄드릭, 스티븐 켄드릭
옮긴이	김진선
발행인	조애신
편집	이소연
디자인	임은미
마케팅	전필영
경영지원	전두표

발행처	도서출판 토기장이
주소	서울시 마포구 동교로 71-1 신광빌딩 2F
출판등록	1998년 5월 29일 제1998-000070호
전화	02-3143-0400
팩스	0505-300-0646
이메일	tletter77@naver.com

ISBN	978-89-7782-432-4

- 이 책은 저작권 법에 따라 보호를 받는 저작물이므로 무단 전재와 무단 복제를 금합니다.
- 이 책의 전부 또는 일부를 이용하려면 반드시 저자와 도서출판 토기장이의 동의를 받아야 합니다.
- 이 도서의 국립중앙도서관 출판예정도서목록(CIP)은 서지정보유통지원시스템 홈페이지 (http://seoji.nl.go.kr)와 국가자료종합목록 구축시스템 (http://kolis-net.nl.go.kr)에서 이용하실 수 있습니다. (CIP제어번호 : CIP2020006872)

도서출판 토기장이는 생명 있는 책만 만듭니다.
"우리는 진흙이요 주는 토기장이시니 우리는 다 주의 손으로 지으신 것이니이다" (이사야 64:8)